Gert Schnider

Lehrreiche
Kinder- und Jugendpartien

Joachim Beyer Verlag

ISBN 978-3-95920-162-9
1. Auflage 2022
© by Joachim Beyer Verlag
Ein Imprint des Schachverlag Ullrich, Zur Wallfahrtskirche 5, 97483 Eltmann
Alle Rechte vorbehalten. Nachdruck, jegliche Vervielfältigung oder Fotokopie, sowie Übertragung in elektronische Medien, nur mit schriftlicher Zustimmung des Verlags.
Herausgeber: Robert Ullrich
Bildnachweis:
Titelbild: Adobe Stock (WavebreakmediaMicro)
Aurelia Schernthaner: S. 7, 25, Josip Martinovic: S. 112,
Erich Gigerl: S. 16, 17, 25, 38, 41, 54, 57, 58, 62, 64, 77, 106, 119, 137, 140, 157, 160, 165, 167, 173, 194, 212, 228

Inhaltsverzeichnis

Vorwort 6

Geleitwort 8

Wichtige Vorbemerkung 9

Die Bedeutung von Zeichen und Abkürzungen 10

Kapitel 1 – Die Italienische Eröffnung ohne c3 11

Kapitel 2 – Die Italienische Eröffnung nach Greco 28

Kapitel 3 – Die Italienische Eröffnung (sonstige Varianten) 46

Kapitel 4 – Das Zweispringerspiel im Nachzug 67

Kapitel 5 – Schottisch 94

Kapitel 6 – Das Viersprigerspiel 126

Kapitel 7 – Spanisch (Abtauschvariante und Nebenvarianten) 149

Kapitel 8 – Spanisch (Hauptvariante) 179

Kapitel 9 – Verschiedene Gambits 204

Vorwort

Bei vielen Vorträgen und Trainingsveranstaltungen für Jugendliche habe ich bemerkt, dass sich das Publikum am meisten für Partien interessiert, die von Spielern aus dem jeweiligen Umfeld stammen, also gewissermaßen von 'guten Bekannten'. Auch ist das Interesse an solchen Partien größer, deren Spieler ungefähr derselben Altersgruppe angehören oder die eine ähnliche Spielstärke aufweisen.

In dieser Erkenntnis habe ich schon vor längerer Zeit damit begonnen, interessante Partien zu sammeln und zu kommentieren, die von meinen Schülern stammen, und somit von Spielern, die noch im Kinder- bzw. Jugendalter sind und deren Spielstärke sich weitgehend noch auf einem eher bescheidenen Niveau bewegt.

Die meisten Trainer teilen die Ansicht, dass man aus Partiesammlungen enorm viel lernen kann. Nun enthalten die üblichen Sammlungen aber zumeist nur Großmeisterpartien, die zwar für starke Spieler sehr nützlich und lehrreich sind, die jedoch denjenigen wenig bringen, die nur über gewisse Grundkenntnisse in den Bereichen Taktik, Positionsspiel und Strategie verfügen.

Entsprechend habe ich eine Sammlung von Kinder- und Jugendpartien zusammengestellt, in denen das Niveau der Spieler weitgehend dem der Lernenden entspricht. In diesen Partien kommen sämtliche Themen vor, die auch in den Partien von Spielern größerer und größter Spielstärke anzutreffen sind. Der einzige wirklich wichtige Unterschied besteht darin, dass die Partien von Weltklassespielern frei von groben Fehlern und Ungenauigkeiten sind, die für die Partien von Lernenden noch typisch sind.

Die meisten Partien in diesem Buch stammen von meinen Schülern und wurden zum Großteil bei Turnieren gespielt, bei denen ich als Betreuer zugegen war. Seit nunmehr über 20 Jahren fahre ich mit den Mitgliedern des steirischen Jugendkaders zu Österreichischen Meisterschaften, zu Europa- und Weltmeisterschaften sowie zu allerlei anderen Turnieren – und in diesem Buch möchte ich einiges von dem zeigen, was wir in dieser Zeit gemeinsam gelernt und geleistet haben. Die Sammlung enthält ebenso Partien von Jungen und Mädchen der Altersgruppe U8 – wie auch solche von unseren stärksten Jugendspielern und -spielerinnen.

Angereichert wird das Ganze mit drei historischen Partien des frühen italienischen Meisters Gioacchino Greco, der schon vor sage und schreibe *fünf* Jahrhunderten wunderschöne Angriffspartien gespielt hat. Ebenso eingeschlossen sind ein paar meiner eigenen Partien sowie einige weitere, die mir bei österreichischen Jugendmeisterschaften aufgefallen sind.

Die Partien sind nach Eröffnungen geordnet, wobei jedem Kapitel einige interessante Stellungen aus den folgenden Partien als Übungsaufgaben vorangestellt sind. Über diese Aufgaben sollte man gründlich nachdenken, wobei es aber gar nicht so wichtig ist, ob man die richtige Lösung findet, denn allein schon der Prozess des Nachdenkens bringt seinen eigenen Lerneffekt mit sich – etwa in Anlehnung an die alte Weisheit: Der Weg ist das Ziel.

Am Anfang jedes Kapitels werden Partien von jüngeren und entsprechend weniger fortgeschrittenen Spielern gezeigt, gefolgt von Partien stärkerer Jugendspieler und -spielerinnen sowie auch von mir selbst, wobei in letzteren dargestellt wird, wie die jeweiligen Varianten auf höherem Niveau gespielt werden können.

Bei den meisten Partien habe ich auf drei Dinge Wert gelegt, die man sich als Leser speziell merken sollte. Als Trainer habe ich festgestellt, dass eine Trainingsstunde besser im Gedächtnis haften bleibt, wenn den Schülern quasi auf den Punkt gebracht klargemacht wird, was es darin zu lernen gibt. Zu diesem Zweck eignet sich am besten ein prägnanter Titel oder auch ein 'lockerer Spruch'.

Am Ende jedes Kapitels werden die wichtigsten Motive und Konzepte daraus noch einmal hervorgehoben. Darüber hinaus werden allerlei interessante Varianten gezeigt, die auf diesem oder jenem Spielstärkenniveau Erfolg versprechen können – und außerdem wird hier und da 'verraten', welche Vorbereitungen und 'Trickvarianten' bei Jugendmeisterschaften zum Erfolg geführt haben.

IM Gert Schnider beim Vorzeigen einer lehrreichen Jugendpartie
Fotografin: Aurelia Schernthaner

Einige der kommentierten Partien wurden schon in der Zeitschrift Schach-aktiv abgedruckt, für die ich viele Jahre gearbeitet habe. Ich habe die Kommentare für dieses Buch überarbeitet. Die Betrachtung der „spanischen Bauernstrukturen" ist als Jugendteil im Heft 12/2020 erschienen.

Gert Schnider, Graz im März 2022

Geleitwort

Schach hat sich weltweit ausgebreitet. Zugleich hat er sich kräftig verjüngt. IM Gert Schnider hat diese Entwicklung als Ligaspieler in Österreich und Deutschland mitgemacht. Ebenso wirkt er als qualifizierter Lehrer und Trainer für die junge und jüngste Generation. Mit seiner Sammlung an Partien trachtet er, Schach altersgerecht zu vermitteln.

Prof. Kurt Jungwirth

Mitbegründer der Europäischen Schachunion

Wichtige Vorbemerkung

Am Beginn jedes Kapitels gibt es einige Diagramme mit interessanten Stellungen aus den danach folgenden Partien. Nehmen Sie sich für jede Stellung ein paar Minuten Zeit und überlegen Sie, was Sie spielen würden. Die Auflösungen finden Sie in den Partien.

Und am Ende jedes Kapitels werden einige Motive und Konzepte aufgeführt, die man sich zu den jeweiligen Themen merken sollte.

Die Bedeutung von Zeichen und Abkürzungen

!	ein sehr guter Zug
!!	ein ausgezeichneter Zug
?	ein schwacher Zug
??	ein grober Fehler
!?	ein beachtenswerter Zug
?!	ein Zug von zweifelhaftem Wert
+ −	Weiß hat entscheidenden Vorteil
− +	Schwarz hat entscheidenden Vorteil
±	Weiß steht besser
∓	Schwarz steht besser
±	Weiß steht etwas besser
∓	Schwarz steht etwas besser
=	ausgeglichen
x	schlägt
+	Schach
#	matt

ÖM Österreichische Meisterschaften

U8, U10 usw. Altersklasse unter 8 Jahren, unter 10 Jahren usw.

M Mädchen − z.B. U8 M − Altersklasse unter 8 Jahren Mädchen

Kapitel 1

Die Italienische Eröffnung ohne c3

1.e4 e5 2.Sf3 Sc6 3.Lc4 Lc5 4.Sc3 (oder 4.d3)

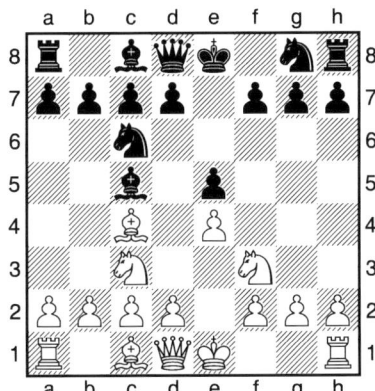

Italienisch ist eine der ersten Eröffnungen, die man als Anfänger erlernt und die zumeist auch in Anfängerkursen besprochen wird. Der Grund dafür besteht darin, dass hier die wichtigsten der „Goldenen Eröffnungsregeln" in die Tat umgesetzt werden.

1. Zentrum besetzen!
2. Figuren entwickeln!
3. König in Sicherheit bringen!

Der Läufer zielt sofort nach f7 und bei unaufmerksamer Verteidigung kann dort rasch ein Unglück geschehen. Dieser Sachverhalt wird in Kapitel 4 zum „Zweispringerspiel im Nachzug" verdeutlicht.

Interessante Stellungen aus Kapitel 1

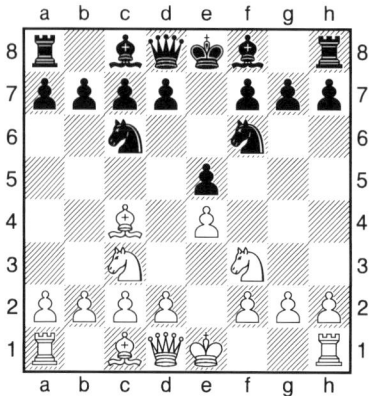

1) Mit welcher tollen Idee kann Schwarz sofort um die Initiative kämpfen?

(Partie 1 nach 4.Lc4)

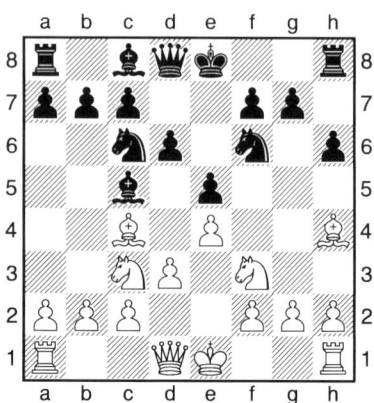

3) Wieder die Fesselung! – Was ist hier anders und wie sollte Schwarz entsprechend spielen?

(Partie 2 nach 7.Lh4)

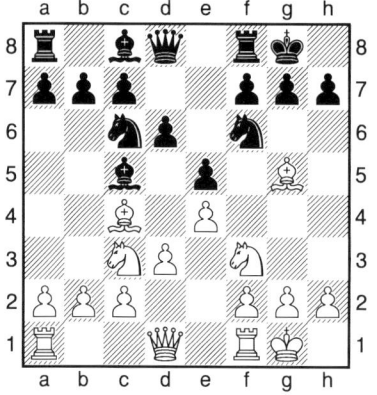

2) Wie soll Schwarz auf die Fesselung des Springers reagieren?

(Partie 1 nach 7.Lg5)

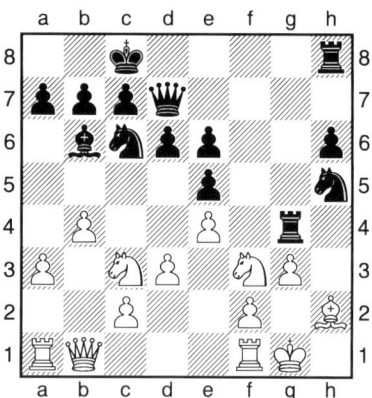

4) Schwarz gewinnt!

(Partie 2 nach 17.g3)

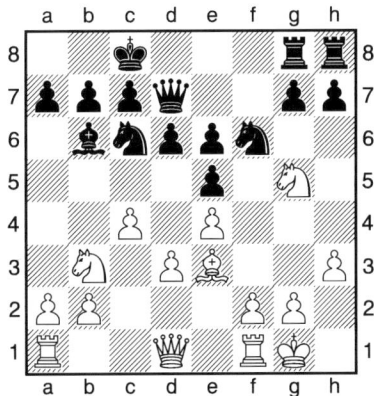

5) Wie startete Schwarz den Angriff?

(Partie 3 nach 14.c4)

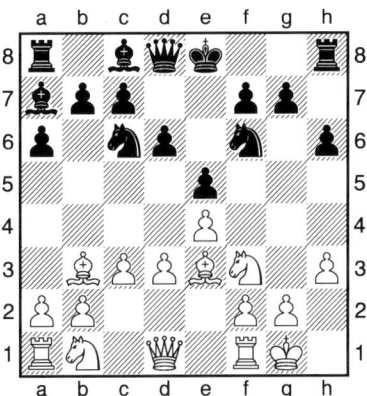

7) Wie kann Schwarz die Initiative übernehmen?

(Partie 4 nach 9.Le3)

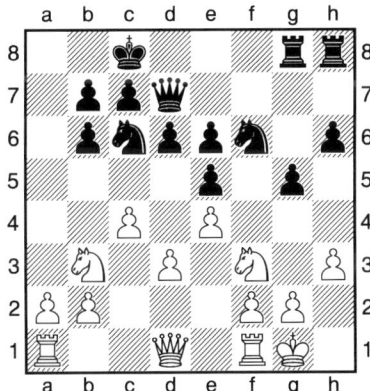

6) Wie soll Weiß sich verteidigen?

(Partie 3 nach 16...axb6)

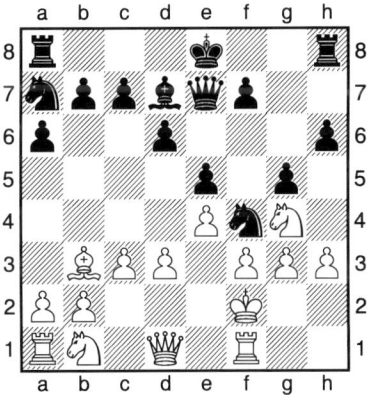

8) Soll Schwarz auf h3 nehmen?

(Partie 4 nach 15.g3)

Die Fesselung des Sf6

So kann Weiß schnell gewinnen

Partie 1
Sonja Röhrer (800)
Siobhan Mensah (868)
ÖM U8 M, St. Kanzian 2018

1.e4 e5 2.Sf3 Sc6 3.Sc3

Will Weiß Italienisch spielen, sollte der Läufer schon hier nach c4 gestellt werden.

3…Sf6 4.Lc4?!

Schwarz kann nun die ungenaue weiße Zugfolge ausnutzen.

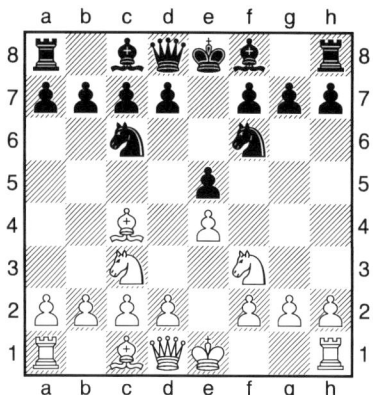

4...Lc5?!

So allerdings nicht. – Stärker ist 4...Sxe4! mit folgenden Möglichkeiten.

1) Nach 5.Sxe4 d5 bekommt Schwarz die Figur zurück.

a) Nach 6.Lxd5? Dxd5 7.Sc3 Dd6 hat Schwarz einen Bauern im Zentrum und verfügt über das Läuferpaar.

b) Nach 6.Ld3 dxe4 7.Lxe4 deckt 7...Ld6= den e5–Bauern, denn Weiß kann sonst auf c6 tauschen und danach den Bauern gewinnen.

2) Der Zwischenzug 5.Lxf7+ verschlechtert die weiße Lage. Nach der möglichen Folge 5...Kxf7 6.Sxe4 d5 7.Seg5+ Kg8 steht Schwarz mit einem tollen Zentrum und starken Läufern viel besser. Die verlorene Rochade ist hier kein großes Problem, denn Schwarz wird sich einfach mit h6 nebst Kh7 entwickeln.

(Eine Partie zu 4…Sxe4! ist in Kapitel 4 zum „Viersspringerspiel" zu finden.)

5.0–0 0–0 6.d3 d6 7.Lg5

Eine sehr unangenehme Fesselung. Wie soll Schwarz darauf reagieren?

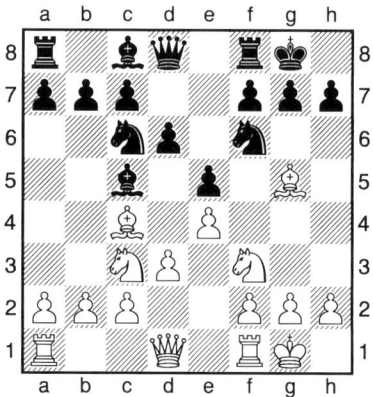

7...d5??

Dieser schwere Fehler verliert nicht nur einen Bauern, sondern zwingt Weiß fast zur guten Antwort. Anfänger geraten wegen dieser Fesselung des Sf6 oft in Panik. In der nächsten Partie sehen wir dann, wie Schwarz den Zug Lg5 bestrafen kann, wenn er zu früh geschieht.

1) 7...Le6 ist die sichere Lösung. Der weiße Springer soll abgetauscht werden, sobald er auf d5 auftaucht; z.B. 8.Sd5 Lxd5 9.Lxd5 h6 10.Lxf6 Dxf6 11.Lxc6 bxc6 12.c3± und mit der besseren Bauernstruktur hat Weiß die etwas besseren Chancen.

2) Eine starke Verteidigung ist 7...h6 8.Lh4.

a) Aber jetzt nicht sofort 8...g5?, denn das ist sehr gefährlich, wenn Schwarz bereits rochiert hat.

Wie kann Weiß das ausnützen?

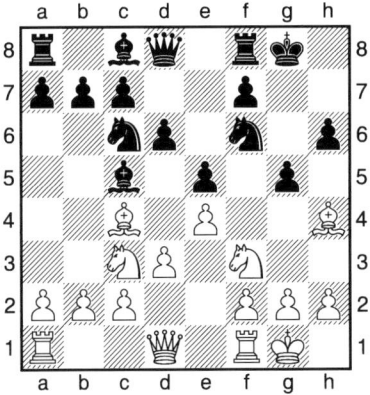

Analysediagramm

Weiß kann auf g5 eine Figur opfern, denn der schwarze König steht dann sehr offen und der Sf6 ist dauerhaft gefesselt. Nach 9.Sxg5! hxg5 10.Lxg5 droht Sd5 mit Rückgewinn der Figur.

10...Le6 11.Sd5 Lxd5 12.exd5 Sb8 13.Kh1!

Weiß sollte hier gewinnen. Die Idee ist, mittels f2–f4 die Linie für den Turm zu öffnen. Sofort war das nicht möglich, weil der f2–Bauer gefesselt war.

b) Richtig ist 8...Sd4! 9.Sxd4 Lxd4 10.Sd5 g5!, denn der Springer f3 wurde abgetauscht und kann nicht mehr auf g5 geopfert werden.

8.Sxd5

Der gefesselte Sf6 wird noch einmal angegriffen.

8...Sd4?

Die beste Verteidigung ist 8...Le7, um die Fesselung aufzuheben.

9.Lxf6

Erzwingt ein Loch in der schwarzen Rochadestellung.

Noch stärker ist allerdings 9.Sxd4!

1) Nach 9...Lxd4 10.Df3+– wird der Sf6 ein drittes Mal angegriffen und kann nicht mehr verteidigt werden.

2) Und nach 9...exd4 10.Sxf6+ gxf6 11.Lh6 Te8 12.Dh5 wird bald der weiße Mattangriff entscheiden.

9...gxf6 10.c3 Lg4?

Ein verzweifelter Gegenangriff. Wenn man unter Druck ist, weil der Gegner angreift, passieren häufig Fehler.

10...Se6 rettet den Springer und bringt ihn an den Königsflügel, um den König zu schützen. Außerdem kann der Springer von hier aus nach f4 ziehen (nachdem der weiße Sd5 vertrieben wurde), um einen Gegenangriff zu starten. Mit einem Mehrbauern sollte Weiß aber angesichts des offenen schwarzen Königs trotzdem gewinnen.

11.cxd4 exd4 12.h3 Lxf3 13.Dxf3

Die Dame schließt sich dem Angriff an.

13...De8?? 14.Sxf6+ Kh8

Wie gewinnt Weiß am schnellsten?

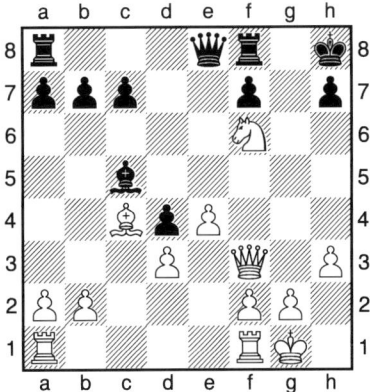

15.Sxe8

Diese vernünftige Vorgehensweise reicht natürlich auch, aber Weiß konnte direkt mattsetzen.

Nach 15.Df5 (oder auch 15.Dh5) droht Matt auf h7 und nach 15...Kg7 16.Dg5+ Kh8 17.Dh6 lässt sich dies nicht mehr verhindern: 17...Dxe4 18.dxe4 Tg8 19.Dxh7#.

15...Taxe8 16.Lxf7 Td8 17.Df6#

Beide Spielerinnen konnten inzwischen Österreichische Meistertitel der Mädchen erreichen.

---

3 Dinge zum Merken

1. Die Fesselung des Sf6 ist sehr unangenehm, wenn Schwarz schon rochiert hat.
2. Gefesselte Figuren soll man noch einmal angreifen!
3. Auf g5 kann Weiß manchmal eine Figur opfern.

Siegerinnen der ÖM U8 M 2018

Siobhan Mensah (Steiermark, 2.), Francesca Wagner (Vorarlberg, 1.) und Sonja Röhrer (Steiermark, 3.)

im Hintergrund ÖSB-Präsident Christian Hursky

Der Angriff von Harry und Garry

Wie man ein verfrühtes Lg5 ausnützt

Partie 2
Stefan Brandauer (1200)
Stefan Kreiner (1826)
Styrian op U14/17, Mureck 2009

1.e4 e5 2.Sf3 Sc6 3.Lc4 Lc5 4.d3 d6 5.Sc3 Sf6 6.Lg5

Das sollte Weiß normalerweise erst spielen, wenn Schwarz rochiert hat.

6...h6!

Wie soll Weiß den Angriff auf seinen Läufer beantworten?

Stefan Kreiner bei der ÖM U16 2010

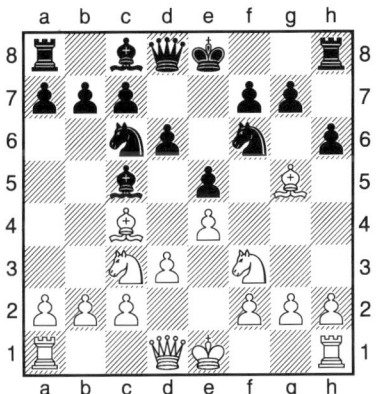

7.Lh4?!

Richtig ist die sogenannte „Canal-Variante" 7.Lxf6 Dxf6 8.Sd5, die nach dem gebürtigen Peruaner Esteban Canal (1896-1981) benannt wurde.

Nun ist 8...Dd8 notwendig, denn c7 muss gedeckt werden. Nach 9.c3 ist 9...Le6? ein typischer Fehler.

(Richtig ist es, mit a6!? eine „Garage" für den Läufer zu schaffen, in die dieser nach 10.d4 La7= einparken kann.)

Man beachte die Stellung der schwarzen Leichtfiguren: „Dietrich", der weiße d-Bauer freut sich sehr darüber, sie der Reihe nach anzugreifen.

Wie kann Weiß großen Vorteil erlangen?

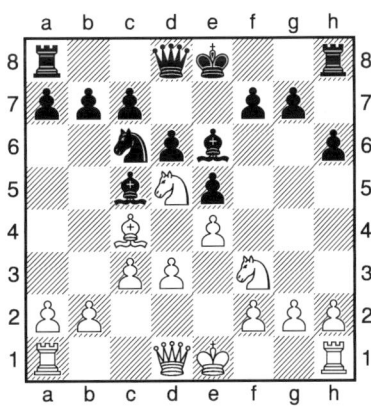

Analysediagramm

10.d4 exd4

(Nach 10...Lb6? 11.Sxb6 axb6 12.d5 gewinnt Dietrich eine Figur.)

11.cxd4 Lb4+ 12.Sxb4 Lxc4

(12...Sxb4? 13.Da4+ Sc6 14.d5+−)

13.Sxc6 bxc6 14.Dc2

Nun gewinnt Weiß nach Wegzug des Läufers den c6–Bauern, denn 14...Lb5? scheitert an 15.a4 La6 16.Dxc6+ mit Figurengewinn.

Zurück zur Partie: Wie soll Schwarz nach **7.Lh4?!** mit der Fesselung des Sf6 umgehen?

7...g5!

Da Schwarz noch nicht kurz rochiert hat, kann er seine Königsflügelbauern ohne Angst vorrücken lassen. Er plant, nach Le6 und Dd7 die große Rochade zu machen.

8.Lg3 Le6 9.Lxe6 fxe6 10.h3 Dd7

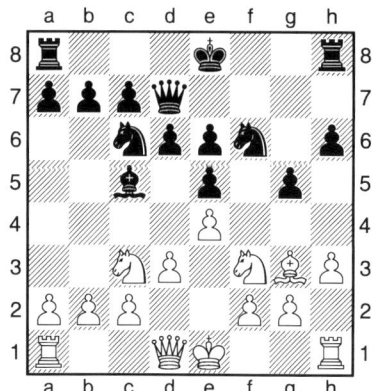

11.0–0?

Rochiert in den schwarzen Angriff hinein – Harry und Garry stehen schon bereit, den weißen Königsflügel zu stürmen. Weiß sollte stattdessen den König in der Mitte lassen oder auch die große Rochade anstreben.

Am besten ist 11.Sa4, um den starken schwarzen Läufer abzutauschen.

11...0–0–0

11...a6!? baut eine Garage für den Lc5. Das ist oft eine sinnvolle Vorsichtsmaßnahme, um einen Abtausch dieses Läufers durch Sa4 zu verhindern.

12.a3 Tdg8 13.b4 Lb6

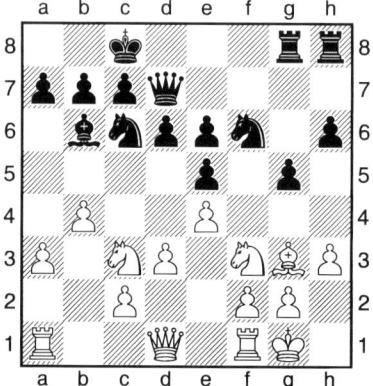

14.Db1?

Die beste Verteidigung ist 14.Sa4, um den starken Lb6 abzutauschen.

14...Sh5

Droht Figurengewinn, denn der f2–Bauer ist gefesselt.

Das sofortige 14...h5 ist allerdings noch stärker.

15.Lh2 g4!

Schwarz öffnet die g-Linie für den Angriff auf den weißen König.

16.hxg4 Txg4 17.g3?

Wie gewinnt Schwarz?

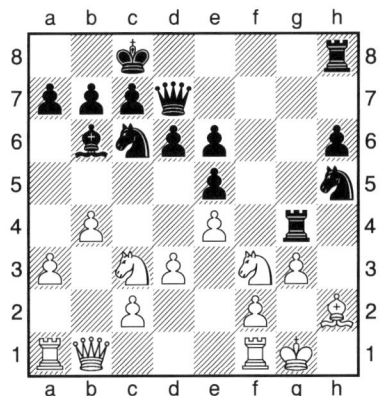

17...Sxg3!

Gefesselte Figuren oder Bauern können keine Deckungsaufgaben wahrnehmen, wenn es sich um eine *echte* Fesselung handelt! Der g3-Bauer ist daher nur durch den Lh2 gedeckt, aber zweimal angegriffen.

18.Lxg3 Txg3+ 19.Kh2 Txf3 20.Sd1 Dd8 21.Kg2 Sd4

21...Dg5+ setzt schneller matt: 22.Kxf3 Sd4# oder 22.Kh2 Dh5+ 23.Kg1 Tg8#.

22.Dc1 Tg8+ 23.Dg5 Txg5+ 24.Kh2 Th5+ 25.Kg2 Dg5#

---

3 Dinge zum Merken

1. Wenn Schwarz noch nicht rochiert hat, kann er den Lg5 mit h6 und g5 vertreiben.
2. Gefesselte Figuren (Bauern) decken keine Felder!
3. Nicht in einen Angriff hineinrochieren.

Wer rochiert – verliert!

0-0 in Verbindung mit h3 ist gefährlich, wenn der Gegner noch nicht rochiert hat.

Partie 3
Paul Kogler (1200)
Jasmin-Denise Schloffer (1200)
ÖM U8 Schwarzach 2008

1.e4 e5 2.Sf3 Sc6 3.Lc4 Lc5 4.d3 Sf6 5.0–0 d6 6.h3

Eine Angriffsmarke für den schwarzen g-Bauern. Solche Eselsohren sind sehr beliebt, weil viele Spieler Angst vor der Fesselung mit Lg4 haben. Diesen Zug sollte Weiß aber erst spielen, nachdem auch Schwarz rochiert hat.

6...Le6

6...h6 7.Sc3 g5! ist auch schon direkt möglich und stark. Das zeigt, warum 0-0 in Verbindung mit h3 gefährlich ist.

7.Lb3 Dd7!?

Jasmin möchte groß rochieren und dann am Königsflügel mit „Garry" (dem g-Bauern) und „Harry" (dem h-Bauern) einen Mattangriff starten.

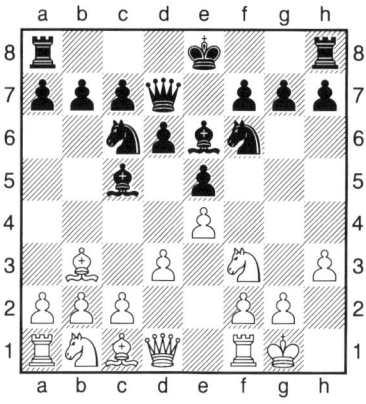

8.Sg5 Sd4 9.Lxe6 fxe6

Doppelbauern sind nicht unbedingt schlecht. So bekommt Schwarz hier nicht nur die halboffene f-Linie für die Schwerfiguren, sondern auch die Kontrolle über die wichtigen Felder d5 und f5.

Nach 9...Sxe6 bleibt die Bauernstellung normal, aber Weiß könnte noch eine Figur abtauschen. Und Jasmin möchte doch auf Matt spielen!

10.c3 Sc6 11.Le3 0–0–0!?

Jasmin hat keine Angst vor einem weiteren Doppelbauern – sie möchte sofort angreifen.

Solider wäre 11...Lxe3 12.fxe3 h6 13.Sf3 0–0–0 gefolgt von g5–g4.

12.Sd2

Weiß sollte rasch etwas im Zentrum unternehmen, bevor Schwarz Zeit für den Angriff am Königsflügel hat. Daher sollte er 12.d4! spielen.

Schlecht ist hingegen 12.Lxc5? dxc5, denn nun ist auch noch die d-Linie halboffen und Weiß bekommt Probleme mit dem d3–Bauern.

12...Tdg8 13.Sb3 Lb6 14.c4?

Im Prinzip ist es die richtige Idee, auch einen Angriff gegen die schwarze Rochadestellung starten, aber mit dem gewählten Vorgehen kommt er nicht durch. Besser wäre 14.Lxb6 axb6 15.a4, um a5 folgen zu lassen.

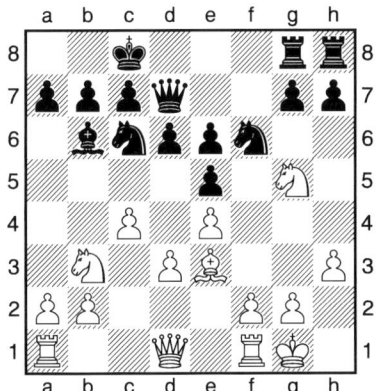

14...h6!

Auf in den Kampf, Harry und Garry!

Auch möglich ist 14...Lxe3 15.fxe3 und erst jetzt 15...h6 16.Sf3 g5.

15.Sf3 g5! 16.Lxb6 axb6

Wie soll sich Weiß verteidigen?

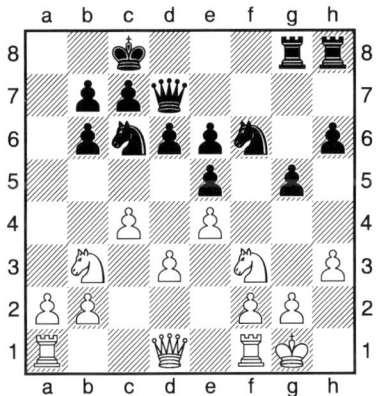

17.Sbd2?

Richtig ist 17.Se1! (Gut ist auch Sfd2 oder Sh2.) und nun z.B. 17...h5 18.g3.

Diese interessante Verteidigungsidee nennt man „parallele Blockade". Wenn Schwarz einen Bauern vorzieht, möchte Weiß den anderen vorziehen und so Linienöffnung am Königsflügel verhindern.

18...g4 19.h4 oder 18...h4 19.g4

17...h5!?

17...g4! öffnet sofort eine Linie für den Mattangriff.

18.g3?

Durch unnötige Bauernzüge auf der Seite des gegnerischen Angriffs wird dieser oft noch beschleunigt.

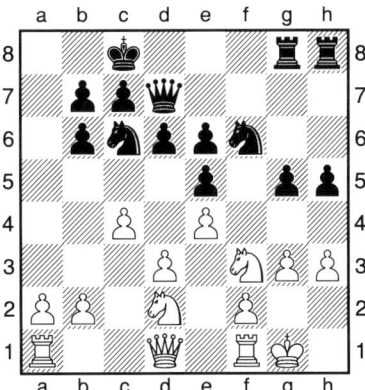

18...g4!

Dadurch, dass dieser Bauer zwei Ziele angreift, kann Jasmin zwangsläufig eine Linie öffnen.

Schlecht wäre 18...h4?, denn Weiß kann dann die Linien am Königsflügel mit 19.g4! geschlossen halten.

19.hxg4?

19.Sh4 gxh3 ist auch sehr gut für Schwarz, aber Weiß wird zumindest nicht gleich mattgesetzt.

19...hxg4

Die h-Linie erweist sich als tödlich für Weiß.

20.Sh2

Auf 20.Sh4 kann Schwarz den Angriff mit dem Opferspiel 20...Txh4 21.gxh4 Dh7 abschließen, um die Dame in die Gefahrenzone nah beim gegnerischen König zu bringen.

22.Kg2 Sh5

Der Springer liebt das Feld f4 im Angriff gegen den rochierten weißen König!

23.Th1 g3!

Möchte die nächste Linie öffnen.

24.f3 Sf4+ 25.Kg1 Sd4 26.Sb3 Sde2+ 27.Kf1 g2+ und Schwarz gewinnt.

20...Dh7!

Die Dame strebt in die Gefahrenzone!

21.Te1 Dxh2+ 22.Kf1

Wie setzt Schwarz nun am schnellsten matt?

22...Tf8

Das reicht natürlich auch zum Gewinn.

22...Sd4! schließt den Fluchtweg nach e2 und setzt schneller matt.

23.f3 gxf3 24.Sxf3 Dxb2 25.Te2 Th1+ 26.Sg1 Dd4 27.Tg2 Sg4+ 28.Ke2 De3#

Eine großartige Partie von einem 8-jährigen Mädchen! In diesem Jahr wurden die U8-Meisterschaften für Buben und Mädchen gemeinsam gespielt und Jasmin konnte ein paar Buben schlagen und die getrennte Mädchenwertung deutlich für sich entscheiden.

Sie hat in den folgenden Jahren noch viele weitere österreichische Jugendmeistertitel eingesammelt und ist inzwischen im österreichischen Damenkader.

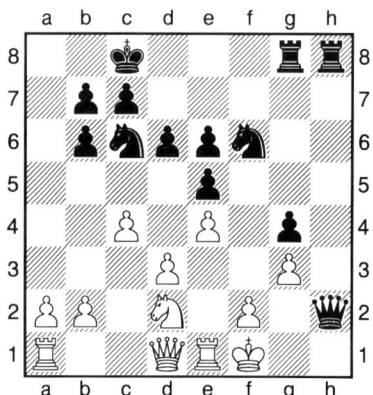

---

3 Dinge zum Merken

1. Der h3-Bauer ist eine gute Angriffsmarke für Garry, den g-Bauern.
2. Doppelbauern sind nicht immer schlecht (Linienöffnung, Kontrolle über wichtige Felder).
3. Die parallele Blockade hält Linien geschlossen.

Panik ist ein schlechter Ratgeber!

Partie 4
Leo Pernerstorfer (1313)
Julian Leitgeb (1281)
ÖM U12, St. Veit/Glan 2019

1.e4 e5 2.Sf3 Sc6 3.Lc4 Lc5 4.0–0 Sf6 5.d3 d6 6.h3 h6 7.c3 a6 8.Lb3 La7 9.Le3

Was soll Schwarz hier spielen?

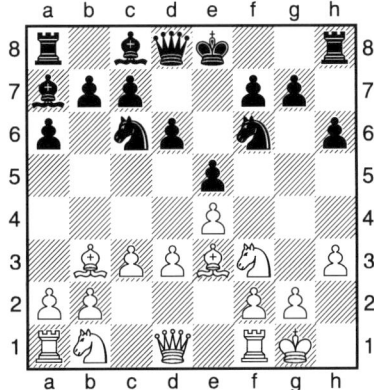

9...g5!

So ein Zug ist in der Praxis sehr unangenehm für Weiß. Wenn man den gegnerischen König angreift, gerät der Gegner oft in Panik.

10.Sh2

Weiß bekommt Angst und möchte den Zug g5–g4 verhindern.

10...De7! 11.Lxa7

Wie schlägt Schwarz hier zurück?

11...Sxa7

Natürlich nicht mit dem Turm, denn dann kann Schwarz nicht mehr groß rochieren.

12.f3?!

Besser wäre es, sich z.B. mit 12.Sd2 Ld7 13.Te1 normal weiterzuentwickeln, aber auch dann steht Schwarz nach 13...0–0–0 angenehmer. Er möchte mit h5 und Tdg8 seinen Angriff am Königsflügel fortsetzen.

12...Ld7

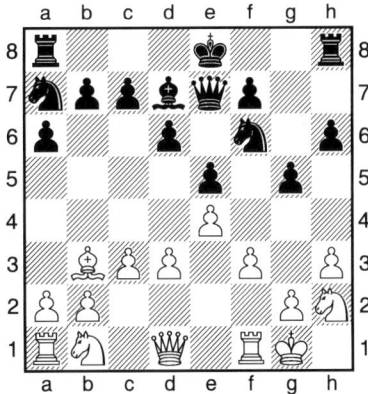

13.Kf2?

Panik ist ein schlechter Ratgeber. Weiß versucht, mit dem König zu flüchten, kommt dadurch aber in noch größere Gefahr.

13.Sg4 Sh5 14.Se3∓ ist eine bessere Verteidigung.

13...Sh5

Der direkte Angriff mit 13...h5 14.Sa3 0–0–0 15.De1 g4 wäre meine bevorzugte Wahl. Schwarz öffnet damit zumindest eine Linie am Königsflügel.

14.Sg4 Sf4 15.g3?

Was passiert nach 15...Sxh3+ 16.Kg2?

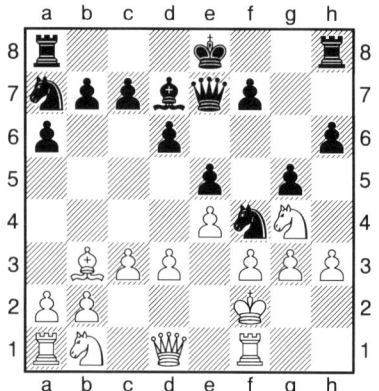

15...Sg6?

Schwarz hat Angst davor, dass der Springer von h3 nicht mehr entkommen kann. Gegen Angst hilft Rechnen!

15...Sxh3+ 16.Kg2 h5–+ und nach Wegzug des Sg4 kann Schwarz seinen Springer jederzeit mit g5–g4 überdecken. Und 17.Kxh3 hxg4+ öffnet die h-Linie mit entscheidendem Angriff.

16.Ke2 h5 17.Sf2 0–0–0 18.Kd2 Sc6 19.Kc2 Le6 20.Sd2 h4 21.g4 Sf4 22.Tc1

Der weiße König ist entkommen und es gibt keine direkte Mattgefahr mehr, aber Schwarz steht weiterhin extrem gut. Der Sf4 hat einen tollen Stützpunkt und greift zwei schwache Bauern an. Die weißen Figuren stehen passiv.

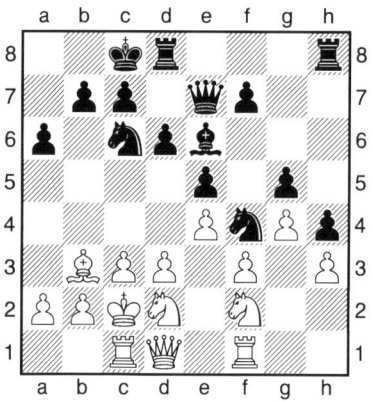

22...d5!?

Die Stellung zu öffnen ist eine vernünftige Idee. Damit wird die Schwäche auf d3 zugänglich.

23.exd5 Lxd5 24.Lxd5 Txd5 25.Sde4 Thd8 26.a3?

Bauern können nicht zurückziehen und dieser Zug hinterlässt eine Schwäche auf b3.

26...f6 27.Te1

Wie soll Schwarz nun fortsetzen?

27...Sg2?

1) Nach 27...Df7 28.Te3 Sa5 hat Schwarz entscheidenden Angriff. Weiß hat a3 und c3 gespielt und Schwarz kann nun auf dem Feld b3 eindringen.

2) Das Qualitätsopfer 27...Txd3 hätte ebenfalls gewonnen, aber ziemlich schwierige Berechnungen erfordert.

28.Te2 Sf4 29.Td2 T5d7 30.Df1

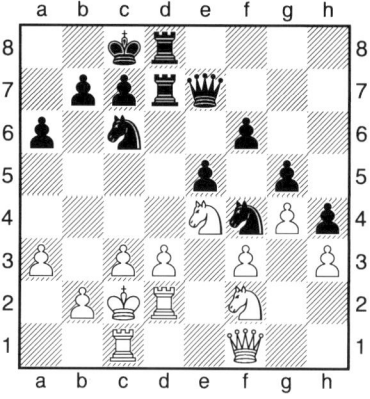

30...Kb8∓

Müde von einem harten Turnier brach Schwarz den Kampf mit einem Remisangebot ab, obwohl die schwarze Stellung weiterhin klar besser ist. Weiß hat natürlich sofort angenommen.

Julian ist ein sehr fleißiger Spieler, der seine Partien gewissenhaft analysiert und daraus lernt. Bereits ein Jahr später hat er sein erstes offenes Turnier gewonnen und in dem Jahr fast 500 Elopunkte dazugewonnen. Weiter so, Julian, dann hast du mich bald überholt!

---

3 Dinge zum Merken

1. Panik ist ein schlechter Ratgeber – immer sich zuerst beruhigen, bevor man zieht!
2. Gegen Angst hilft Rechnen! – Vor allem bei Anfängern werden fast alle Partien durch Taktik entschieden.
3. Vorsicht mit den Bauern – sie können nicht zurückziehen!

Julian Leitgeb bei der Steirischen Jugendlandesmeisterschaft U12 im Jahr 2020.

Wichtige Motive und Konzepte aus Kapitel 1

Fesselung des Sf6

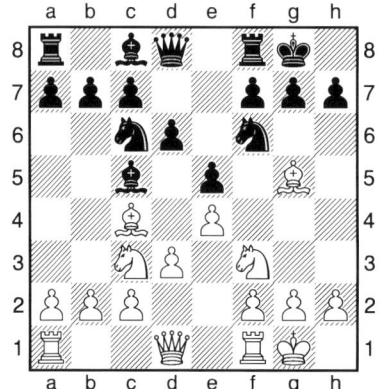

Der Lg5 fesselt den Sf6 an die Dame. Wenn der Springer wegzieht, geht sie verloren. Weiß möchte den Springer meist mit Sd5 noch einmal angreifen und dann durch Abtausch auf f6 die schwarze Rochadestellung aufreißen.

Angriffsmarke auf h3

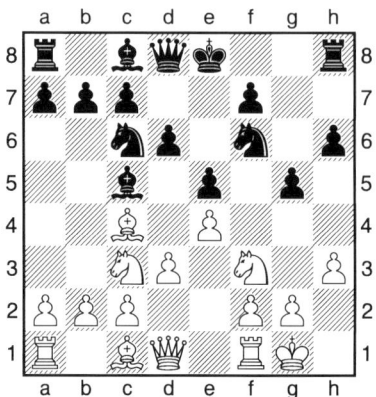

Der h3-Bauer ist eine Angriffsmarke. Schwarz kann durch Vorstoß seines g-Bauern die g-Linie öffnen und einen Angriff auf den weißen König starten.

Die parallele Blockade

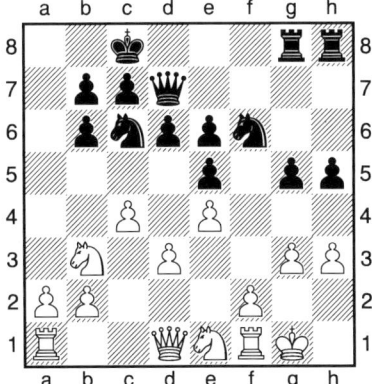

Die Bauern g3 und h3 bilden eine sogenannte „parallele Blockade" gegenüber den Bauern g5 und h5. Rückt einer der schwarzen Bauern vor, rückt auch der angegriffene weiße Bauer vor, um somit jegliche Linienöffnung zu verhindern.

Die Garage

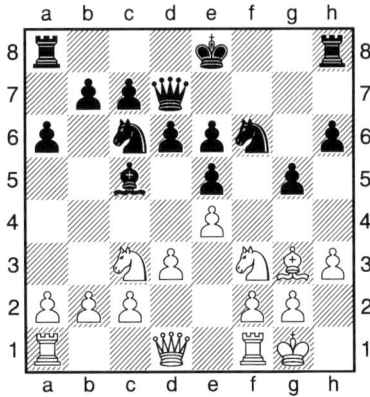

Der Zug a7-a6 schafft eine Garage für den Lc5. Wenn Weiß diesen Läufer mit Sa4 angreift, kann er sich nach a7 zurückziehen und steht dort sicher.

Kapitel 2

Die Italienische Eröffnung nach Greco

1.e4 e5 2.Sf3 Sc6 3.Lc4 Lc5 4.c3 Sf6 5.d4

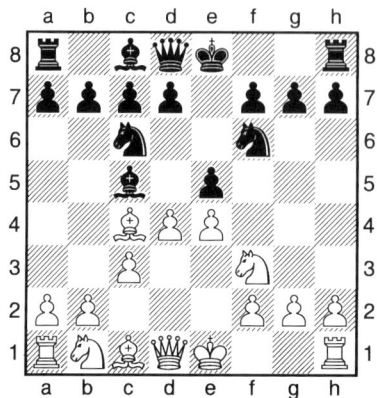

Italienisch mit c3 und d4 ist eine tolle Eröffnung für Lernende! Weiß baut direkt ein starkes Zentrum auf und Schwarz muss daher genau spielen, um nicht in Schwierigkeiten zu kommen. Diese Eröffnung wurde bereits im 17. Jahrhundert von dem Italiener Gioacchino Greco analysiert und in seinem Schachlehrbuch besprochen. Zu Beginn des Kapitels kommentiere ich drei Kurzpartien von Greco selbst, aus denen man viel lernen kann und deren Varianten in ähnlicher Form auch heute noch im Jugend- und Anfängerbereich häufig aufs Brett kommen. Da die Namen von Grecos Gegnern nicht überliefert sind, steht an deren Stelle „N.N.", eine Abkürzung für das lateinische „Nomen nescio" (den Namen kenne ich nicht).

Ich konnte als Jugendlicher mit der Greco-Variante ebenfalls einige Erfolge feiern und sogar meinen ersten starken internationalen Gegner schlagen. Es fühlt sich toll an, wenn man von Beginn an auf Matt spielt!

Solche Varianten sind aber auch sehr riskant. Wenn der Gegner weiß, wie er sich gegen den Angriff verteidigt, kann dieser leicht nach hinten losgehen. Bei einer U16-Europameisterschaft konnte einer meiner Schüler zeigen, wie man die Greco-Variante erfolgreich bekämpft (Partie 9). Daher wird diese Variante in höheren Elo-Kategorien nur selten gespielt.

Interessante Stellungen aus Kapitel 2

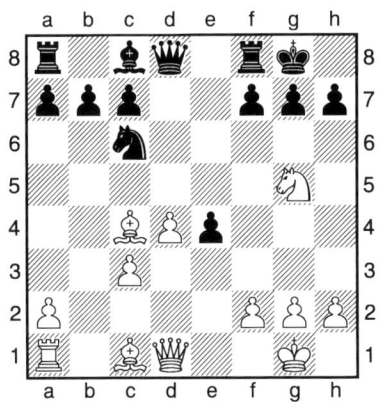

9) Wie schließt Weiß den Angriff ab?
(Partie 5 nach 12...0-0)

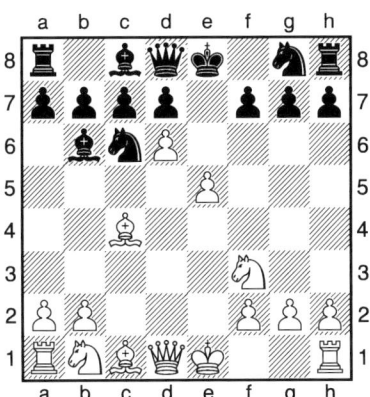

11) Wie entschied Weiß die Partie?
(Partie 6 nach 9...Sc6)

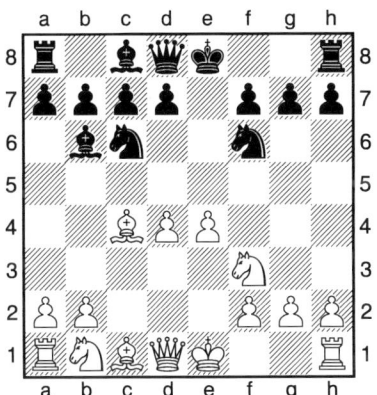

10) Wie nützt Weiß sein starkes Bauernzentrum?
(Partie 6 nach 6...Lb6)

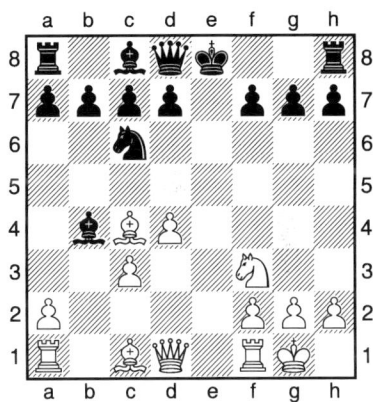

12) Wie soll Schwarz hier spielen?
(Partie 8 nach 9.bxc3)

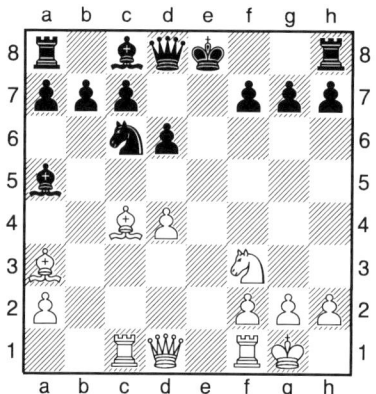

13) Wie gewinnt Weiß Material?
(Partie 8 nach 11…La5)

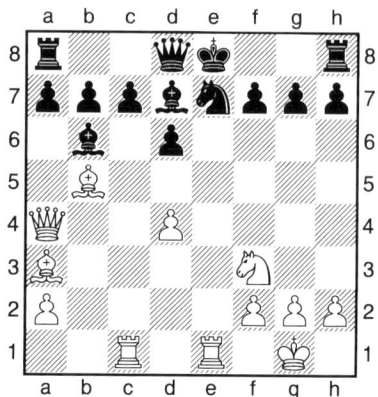

15) Wie gewinnt Weiß Material?
(Partie 8 nach 14…Se7)

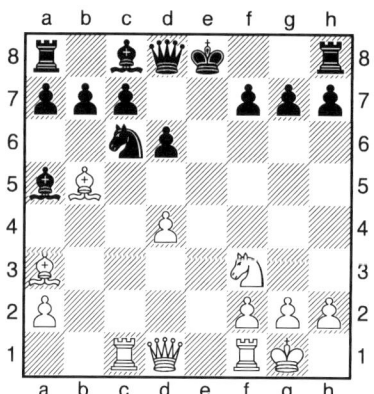

14) Wie soll Schwarz sich verteidigen?
(Partie 8 nach 12.Lb5)

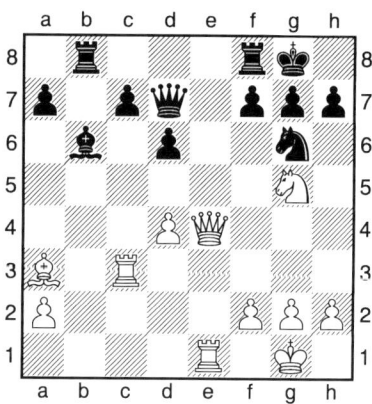

16) Schwarz kann auf zweierlei Art weiteres Material gewinnen.
(Partie 8 nach 22.Tc3)

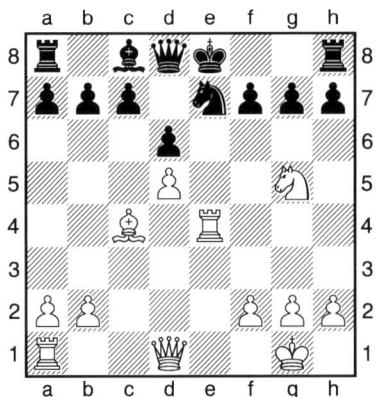

17) Wie soll sich Schwarz verteidigen?

(Partie 9 nach 13.Sxg5)

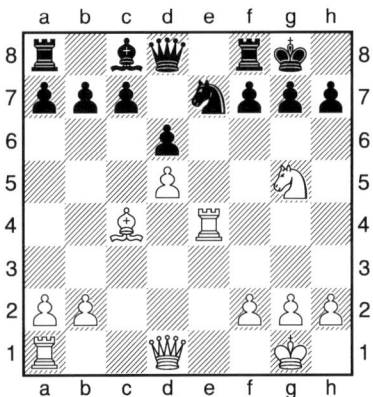

19) Wie kann Weiß weiter angreifen?

(Partie 10 nach 13...0-0)

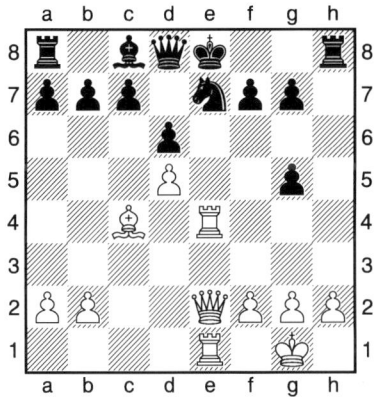

18) Wie verteidigt Schwarz sich gegen das drohende Matt?

(Partie 9 nach 15.Te1)

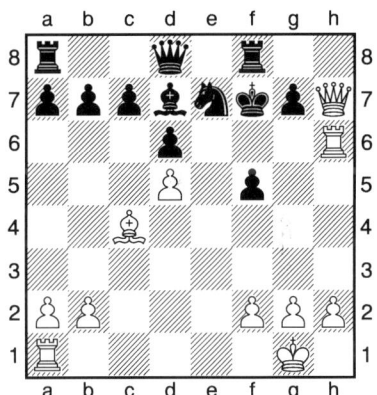

20) Wie führt Weiß den Mattangriff zu Ende?

(Partie 10 nach 18...Ld7)

Partien 5-7

Wie Greco seine Gegner schon im 17. Jahrhundert in Windeseile besiegte

Partie 5
Gioacchino Greco – N.N.
Europa um 1620

1.e4 e5 2.Sf3 Sc6 3.Lc4 Lc5 4.c3 d6?!

4...Sf6 greift sofort den e4–Bauern an und ist damit aktiver.

5.d4 exd4 6.cxd4 Lb4+?! 7.Sc3 Sf6 8.0–0 Lxc3 9.bxc3 Sxe4 10.Te1 d5 11.Txe4+!

Für die Öffnung der Stellung scheut Weiß keine Opfer.

11...dxe4 12.Sg5 0–0?

Das deckt zwar den f7–Bauern und evakuiert den König aus dem Zentrum, allerdings kommt dieser dadurch vom Regen in die Traufe.

Wie kann Weiß seinen Angriff erfolgreich abschließen?

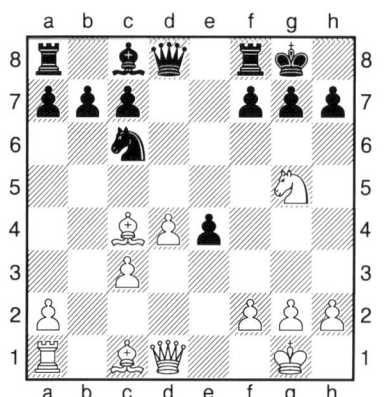

13.Dh5!

Der Doppelangriff auf f7 und h7 erzwingt den Gewinn.

13...h6 14.Sxf7 Df6 15.Sxh6+ Kh8 16.Sf7+ Kg8 17.Dh8#

Partie 6
Gioacchino Greco – N.N.
Europa um 1620

1.e4 e5 2.Sf3 Sc6 3.Lc4 Lc5 4.c3 Sf6 5.d4 exd4 6.cxd4 Lb6?

Durch das Schachgebot 6...Lb4+ kann Schwarz ein sehr wichtiges Tempo gewinnen.

Wie nützt Weiß sein starkes Bauernzentrum?

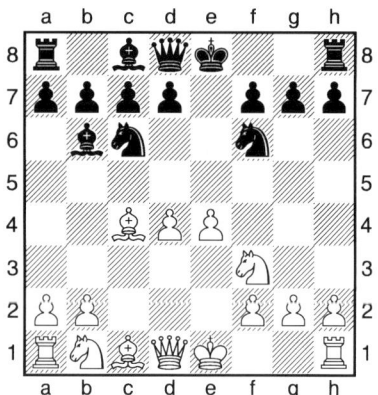

7.e5!

Ebenfalls stark ist 7.d5! und nun 7...Se7 8.e5! oder 7...Sa5 8.Ld3, wonach der Sa5 in großen Schwierigkeiten ist, da Weiß ihn mit 9.b4 zu gewinnen droht.

7...Sg8 8.d5!

Das weiße Zentrum schiebt die schwarzen Figuren an den Brettrand.

8...Sce7 9.d6! Sc6

Wie schloss Greco den Angriff ab?

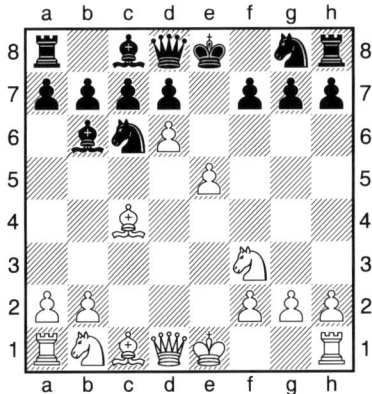

10.Dd5!

Die Mattdrohung auf f7 lässt sich nur noch unter Materialverlust abwehren.

10...Sh6 11.Lxh6 Tf8 12.Lxg7 Sb4 13.Dd2 Tg8 14.Lf6

Und **1–0**, da auch noch die schwarze Dame verloren geht.

---

3 Dinge zum Merken

1. Schnelle Entwicklung führt zu schnellen Angriffen.
2. Ein starkes Bauernzentrum kann den Gegner überrollen.
3. Für einen Königsangriff ist jedes Opfer gerechtfertigt.

Partie 7
Gioacchino Greco – N.N.
Europa um 1620

1.e4 e5 2.Sf3 Sc6 3.Lc4 Lc5 4.c3 Sf6 5.d4 exd4 6.cxd4 Lb4+ 7.Sc3 Sxe4 8.0–0 Sxc3 9.bxc3 Lxc3 10.Db3

10.La3! ist noch stärker (siehe Partie 8 Horn – Ragchaasuren).

10...Lxd4??

Schwarz musste unbedingt mit 10...d5! 11.Lxd5 0–0! die Entwicklung abschließen, sonst wird der König in der Mitte mattgesetzt.

11.Lxf7+ Kf8 12.Lg5 Lf6 13.Tae1!

Greco bringt mit jedem Zug einen neuen Angreifer ins Spiel und lässt dem Gegner somit keine Zeit, seine Stellung zu stabilisieren.

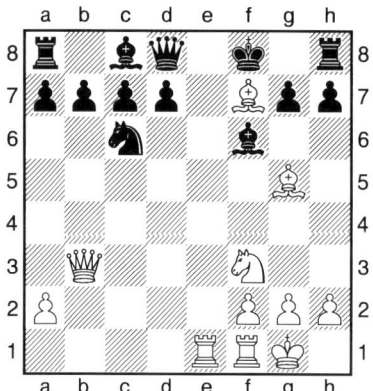

13...Se7 14.Lh5 Sg6 15.Se5! Sxe5 16.Txe5! g6

Oder 16...d5 17.Dxd5 Dxd5 18.Te8#.

17.Lh6+ Lg7 18.Tf5+ gxf5 19.Df7#

Solch kompromissloses Schach macht Lust darauf, selbst solche Angriffspartien zu spielen, oder?

Mich haben diese und ähnliche Partien als Kind sehr fasziniert und ich habe mit Freunden einige solche scharfe Varianten analysiert und jahrelang gespielt. Ein erfolgreiches Beispiel davon folgt in Partie 10. Aber auch heute kann man damit zumindest zu Beginn der Schachkarriere viele schöne Erfolge feiern. Und selbst wenn die Varianten gegen beste Verteidigung keinen Erfolg versprechen, so lernt man durch deren Studium oder Anwendung doch einiges über Angriff und Verteidigung sowie über das Phänomen 'Kompensation für geopfertes Material'.

Die Leser mögen sich also in Grecos Fußstapfen begeben und mit seiner Variante von Anfang an kompromisslos angreifen!

Immer bis zum Schluss konzentriert bleiben!

Partie 8
Sarah Horn (1120)
Börte Ragchaasuren (1099)
ÖM U12 M, St. Veit/Glan 2017

1.e4 e5 2.Sf3 Sc6 3.Lc4 Lc5 4.c3 Sf6 5.d4 exd4 6.cxd4 Lb4+

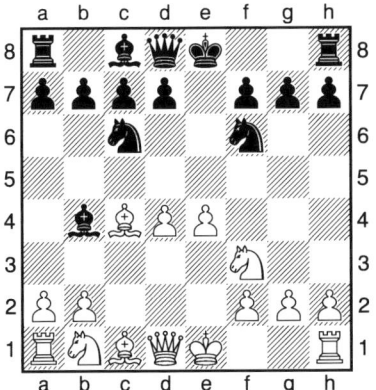

7.Sc3

Die Greco-Variante. Weiß opfert einen Bauern für Entwicklungsvorsprung und Angriff.

7...Sxe4 8.0–0 Sxc3?!

8...Lxc3 9.d5 Lf6 10.Te1 führt zu einer langen erzwungenen Variante, in der Schwarz Vorteil behält, wenn er alles richtig macht. Siehe Partie 9 für die Erklärung, wie Schwarz spielen soll.

9.bxc3

Wie soll Schwarz reagieren?

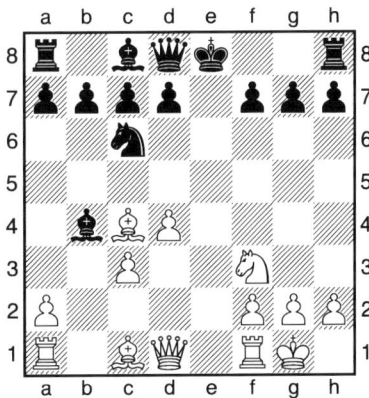

9...Lxc3?

Den zweiten Bauern zu nehmen ist zu viel. Schwarz sollte stattdessen in der Entwicklung aufholen.

1) Schlecht ist auch 9...Le7? 10.d5 Sa5 11.d6! mit den Möglichkeiten:

a) 11...Sxc4 12.dxe7 führt nach 12...Kxe7 13.De2+ zu Figurengewinn – und 12...Dxe7 13.Te1 kostet Schwarz sogar die Dame.

b) 11...cxd6 12.Lxf7+ Kxf7 13.Dd5+ Kf8 14.Lg5.

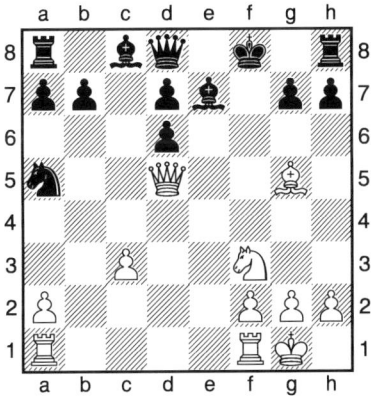

Analysediagramm

Der weiße Angriff wird rasch entscheiden, denn Schwarz kann sich nicht leicht zu Ende entwickeln und spielt daher eigentlich mit deutlich weniger Material.

2) Hingegen ist 9...d5! nach 10.Lb5 Le7 oder 10.cxb4 dxc4 noch recht ausgeglichen.

Zurück zur Partie nach **9...Lxc3?**

Weiß hat nun zwei Bauern geopfert und der Turm a1 ist bedroht. Wie soll man darauf reagieren?

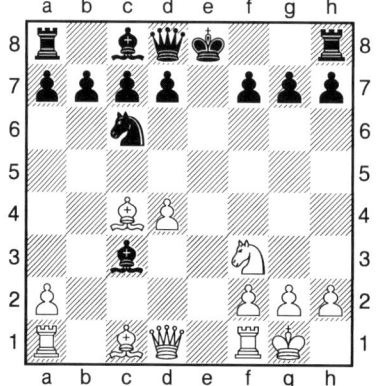

10.La3!

Weiß kümmert sich nicht um den angegriffenen Turm, sondern spielt direkt auf Königsangriff. Schwarz kann jetzt nicht mehr wegrochieren.

10...d6

Das schließt die Diagonale a3–f8, aber Schwarz wird nicht mehr dazu kommen, die Entwicklung abzuschließen, ohne dabei Material zu verlieren.

1) Schlechter ist 10...Lxa1 11.Te1+ Se7 12.Lxe7 Dxe7 13.Txe7+ Kxe7 14.Dxa1+– und Weiß hat Material gewonnen. Zusätzlich ist der König von Schwarz sehr schwach und die verbliebenen Figuren sind noch nicht entwickelt.

2) Und nach 10...Lb4 11.Lxb4 Sxb4 12.Te1+ Kf8 13.Db3+– hat Weiß entscheidenden Angriff.

11.Tc1 La5

Wie kann Weiß die überlegene Stellung zum Materialgewinn nutzen?

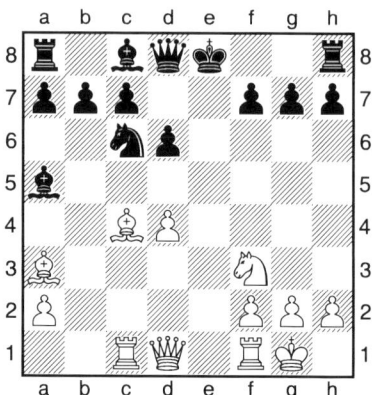

12.Lb5?

1) Mit dem besseren Ansatz 12.Da4! fesselt Weiß den Springer und droht ihn mit d4–d5 zu gewinnen. Und da zusätzlich der La5 bedroht ist, gewinnt Weiß eine Figur; z.B. 12...Ld7 13.d5 Se5 14.Dxa5.

2) Weniger gut ist der Versuch 12.d5 Se7 13.Da4+, aber Schwarz rettet die Figur mit 13...c6 14.dxc6 bxc6. Weiß hat weiterhin starken Angriff, aber Schwarz verliert noch nicht direkt.

Wie kann Schwarz die Stellung sichern?

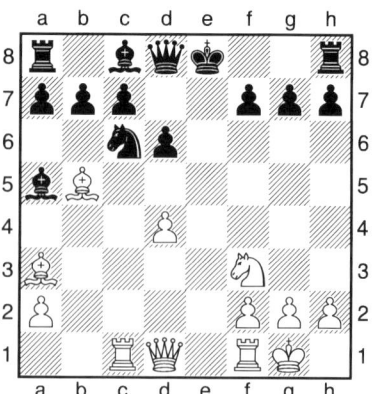

12...Ld7?

Mit 12...0–0! sollte Schwarz den König in Sicherheit bringen und steht dann mit zwei Mehrbauern deutlich besser.

13.Da4 Lb6 14.Tfe1+ Se7?

14...Kf8 ist notwendig. Nach beispielsweise 15.d5 Sb8 hat Schwarz zwar das Rochaderecht verloren, behält aber das Mehrmaterial.

Weiß gewinnt mit einer Kombination Material.

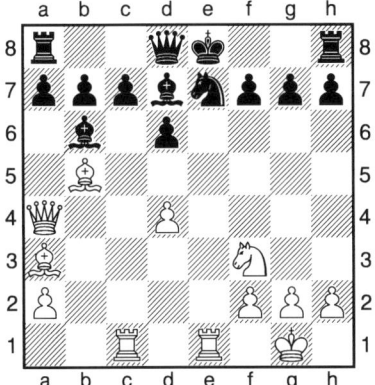

15.Sg5??

Mit 15.Txe7+! gewinnt Weiß entweder Dame und Springer für zwei Türme oder zwei Leichtfiguren für den Turm; z.B. 15...Dxe7 16.Te1 oder 15...Kxe7 16.Te1+ Kf8 17.Lxd7.

15...Lxb5 16.Dxb5+ Dd7 17.Dd5 0–0

Schwarz hat die Rochade geschafft, besitzt weiterhin zwei Mehrbauern und sollte nun gewinnen.

18.De4 Sg6 19.Dxb7 Tab8 20.Dd5 Sf4?!

„Ein reicher Mann sollte keinen Streit suchen!"

Mit einem Mehrbauern und einer starken Stellung sollte Schwarz einfach die Figuren aktivieren. Da auch Abtäusche hierbei willkommen sind, ist 20...Tfe8 ein guter Zug.

21.De4 Sg6 22.Tc3?

Wie gewinnt Schwarz weiteres Material?

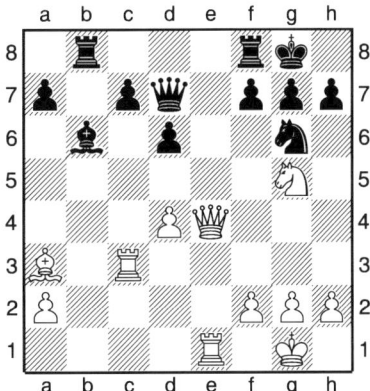

22...Tfe8!

Ein Spieß gegen Dame und Turm.

22...La5! ist ebenfalls ein Spieß, diesmal gegen zwei Türme.

23.Db1

Weiß kann noch alles decken, zieht aber die Dame in die Gegenüberstellung mit dem anderen schwarzen Turm. Wie kann Schwarz das ausnützen?

23...Lxd4

Dieser Abzug gewinnt weiteres Material. Und 23...Txe1+ 24.Dxe1 La5 mit einem weiteren Spieß ist sogar noch stärker.

24.Dc1 Lxc3 25.Dxc3 Txe1+ 26.Dxe1 Df5 27.Lc1 Tb1 28.h4!?

Ein schlauer letzter Trick.

28...Sxh4??

In völliger Gewinnstellung vergisst Schwarz die Grundreihe. Eine Partie ist erst zu Ende, wenn das Ergebnis unterschrieben ist. Man sollte sich also immer bis zum Schluss konzentrieren!

29.De8#

3 Dinge zum Merken

1. Man kann auch Material zurückgeben, vor allem wenn man schon einiges mehr hat.
2. Konzentration bis zum Schluss – eine Partie endet erst durch Matt oder Aufgabe.
3. Auf eine schwache Grundreihe aufpassen!

Sarah Horn bei der ÖM U12M 2017

Auch zähe Verteidigung kann zum Erfolg führen!

Partie 9
Fabian Matt (2125)
Lukas Handler (2225)
Jugend-EM U16, Prag 2010

1.e4 e5 2.Sf3 Sc6 3.Lc4 Lc5 4.c3 Sf6 5.d4 exd4 6.cxd4 Lb4+ 7.Sc3

Ein sehr riskanter Zug, der bei richtigem Spiel von Schwarz zu deutlichem schwarzen Vorteil führt. Da die Varianten aber nicht so leicht sind, ist die Variante bis zu einem gewissen Niveau durchaus spielbar. Hier versucht Weiß es allerdings gegen einen zu starken Gegner.

7...Sxe4 8.0–0

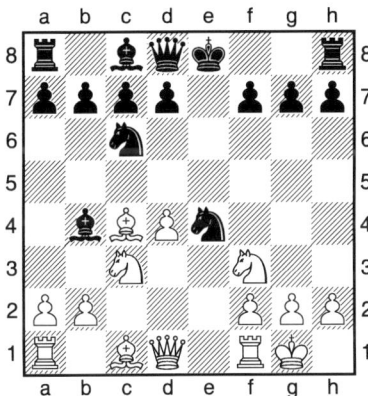

8...Lxc3

Zu der schlechteren Alternative 8...Sxc3?! findet sich eine Analyse in der vorigen Partie.

9.d5

Auf 9.bxc3 sichert Schwarz mit 9...d5! seinen Springer, bekommt Halt im Zentrum und steht mit einem Mehrbauern deutlich besser.

9...Lf6 10.Te1

Nach 10.dxc6 bxc6 nebst d7–d5 verbleibt Schwarz mit mindestens einem Mehrbauern.

10...Se7 11.Txe4 d6

Ansonsten spielt Weiß d5–d6 und Schwarz hat Probleme mit der Entwicklung des Lc8.

12.Lg5 Lxg5 13.Sxg5

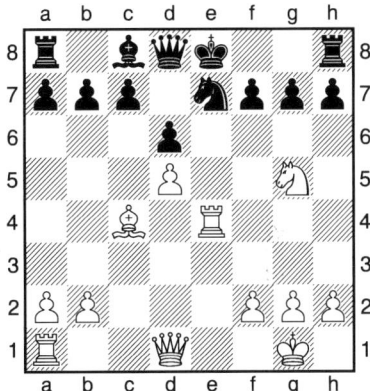

13...h6!

13...0–0 ist sehr riskant. Die Variante 14.Sxh7! Kxh7 15.Dh5+ Kg8 16.Th4 endet bei bestem Spiel mit einem Remis durch Dauerschach. Mehr dazu in der nächsten Partie.

14.De2 hxg5 15.Te1

Manchmal wird auch 15.Te3 versucht. Schwarz antwortet am einfachsten 15...Kf8 und nach 16.Te1 Le6 17.dxe6 f6 steht der schwarze König ausreichend sicher und Schwarz behält seinen Mehrbauern; z.B. 18.Th3 Txh3 19.gxh3 g6∓.

Wie soll sich Schwarz verteidigen?

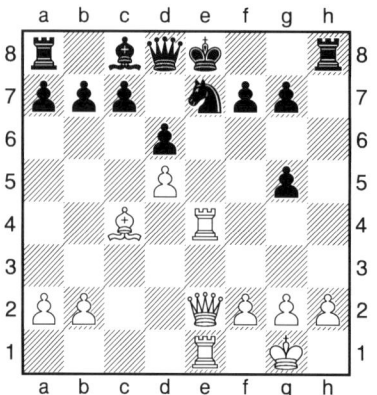

15...Le6!

Damit stellt Schwarz sicher, dass die e-Linie geschlossen wird.

15...Kf8? 16.Txe7 Le6 gewinnt eine Qualität, ist aber sehr gefährlich für den schwarzen König; z.B. 17.Txe6 fxe6 18.dxe6 De7 19.Df3+ Kg8 20.Dxb7 und da Weiß bei anhaltendem Angriff einen Bauern für die Qualität hat, steht er deutlich besser.

16.dxe6 f6! 17.Te3

Wie soll Schwarz seine Entwicklung abschließen?

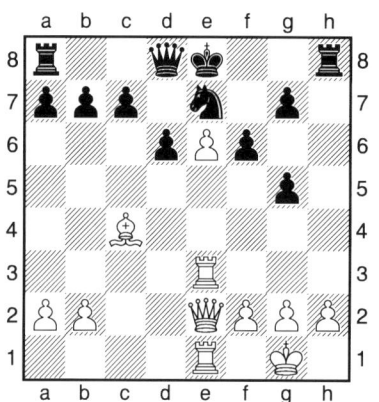

17...c6!

Schwarz möchte lang rochieren und zu dem Zweck seine Dame aktivieren.

17...Kf8 ist ebenfalls spielbar – mit der gleichen Stellung wie in der Variante mit 15.Te3.

18.Tb3!?

Der üblichere Zug ist 18.Th3 und nach 18...Txh3 19.gxh3 droht Weiß Dh5+, aber mit 19...g6 20.Df3 Da5 21.Td1 De5 –+ kann Schwarz sich leicht gegen alle Drohungen verteidigen.

18...Dc7 19.Ld3 d5 20.g3

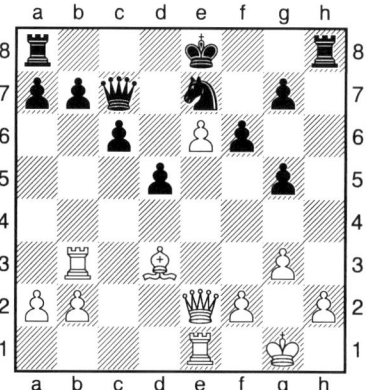

20...g6?!

1) 20...0–0–0?? wäre ein grober Fehler wegen 21.La6 mit entscheidendem Angriff.

2) Sicherer erscheint 20...b6!, um 0–0–0 mit großem Vorteil folgen zu lassen. Und wenn Weiß mit 21.La6 die lange Rochade verhindert, kann Schwarz mit 21...Kf8 22.Tf3 Kg8 eine sichere Stellung am Königsflügel erreichen. Er hat weiterhin einen gesunden Mehrbauern und steht daher deutlich besser.

21.Dc2 f5 22.Dc3 Tf8?

1) 22...0–0–0? ist noch immer nicht gut, denn nach 23.Dd2 hängt der g5-Bauer und 23...g4 kann Weiß mit 24.La6! bxa6

25.De2 Da5 26.De5 beantworten. Danch führen die Drohungen gegen a6 und b8 zu der Zugwiederholung 26...Dc7 27.De2=.

2) 22...0–0!∓ erscheint am sichersten.

23.Db4

23.a4! startet den Angriff am Damenflügel, denn irgendwann wird Schwarz wohl lang rochieren.

23...b6 24.Tc3?

Wenn Weiß mit 24.La6 die lange Rochade verhindert, hat er weiterhin Kompensation für den Bauern.

24...0–0–0

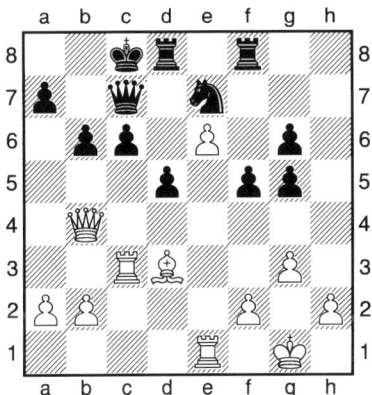

Lukas Handler bei der ÖM U16 2010

Nun ist der König ausreichend sicher und Schwarz kann sich daran machen, seinen Materialvorteil zu verwerten.

25.Lb5 Kb8 26.La4?

Ein besserer Versuch ist 26.Txc6 Sxc6 27.Lxc6 Dxc6 28.e7, aber Schwarz verbleibt nach 28...Df6 mit einem gesunden Mehrbauern.

26...Dd6 27.Dd4 Tc8 28.b4 Kb7 29.a3 f4 30.Dg7 Tg8 31.Df6 Tcf8 32.Dxg5 Tf5 33.Dg4 Tgf8 34.Te2 T8f6 35.Tec2?

Weiß musste 35.Lc2∓ versuchen.

35...b5 36.Lb3 Txe6

Jetzt sind alle Drohungen abgewehrt und Schwarz gewinnt leicht.

37.a4 Dxb4 38.h3 Te1+ 39.Kh2 De4 40.f3 Dd4 41.gxf4 bxa4 42.Dg3 Dd1 0–1

Lukas kannte die Variante bis zum 17. Zug. Er war bis dato einer meiner erfolgreichsten Schüler. Wir haben nach seiner ÖM U12 im Jahr 2002 mit dem gemeinsamen Training begonnen. Danach konnte er in etwas über 2 Jahren seine Elozahl um beinahe 600 Punkte von 1444 auf 2030 steigern und im Jahr 2004 die ÖM U14 gewinnen. Mit 16 hat er den FIDE-Meistertitel erlangt und war damals der jüngste FIDE-Meister Österreichs. Inzwischen ist Lukas Internationaler Meister und vielleicht gelingt ihm auch noch der Großmeistertitel – ich wünsche ihm viel Erfolg dabei.

> ### 3 Dinge zum Merken
>
> 1. In scharfen Varianten sollte man sich gut auskennen.
> 2. Linien zu schließen hilft bei der Verteidigung.
> 3. Wenn ein Angriff abgewehrt ist, bekommt der Verteidiger seine Chance.

Ein einziger Fehler entscheidet!

Partie 10
Gert Schnider (AUT)
Gergely Kiss (HUN/2255)
Mureck, 1995

1.e4 e5 2.Sf3 Sc6 3.Lc4 Lc5 4.c3 Sf6 5.d4 exd4 6.cxd4 Lb4+ 7.Sc3 Sxe4 8.0–0 Lxc3 9.d5 Lf6 10.Te1 Se7 11.Txe4 d6 12.Lg5 Lxg5 13.Sxg5 0–0?

13...h6 ist am stärksten, wie in der vorigen Partie gezeigt.

Wie soll Weiß nun fortsetzen?

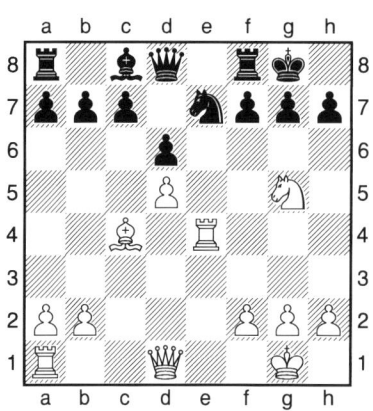

14.Sxh7!

Weiß muss rasch einen Angriff starten, um sein Bauernminus zu kompensieren. Der aktive weiße Turm und die Tatsache, dass Schwarz keine Verteidigungsfigur vor seinem König hat, rechtfertigen das Opfer.

14...Kxh7 15.Dh5+ Kg8 16.Th4 f5 17.Dh7+ Kf7 18.Th6 Ld7??

Richtig ist 18...Tg8 19.Te1 Df8 20.Lb5 Th8 21.Dxh8 gxh6 22.Dh7+ Kf6 23.Txe7 Dxe7 24.Dxh6+ Ke5 25.De3+ mit Remis durch Dauerschach.

Wie kann Weiß gewinnen?

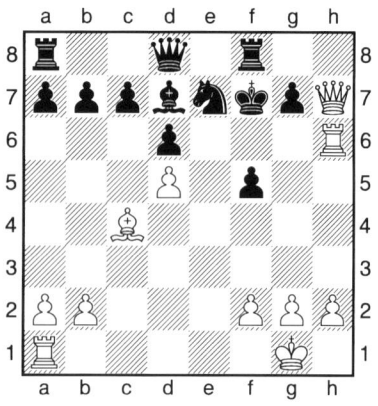

19.Le2!

Ein weiterer Angreifer wird herbeigeholt und Schwarz kann sich gegen die Drohung Lh5+ nicht mehr sinnvoll verteidigen.

Hier habe ich viel Zeit investiert, denn das war die erste Stellung in der Partie, die ich nicht kannte. Beim ersten eigenen Zug nach Abschluss des Theoriewissens sollte man immer besonders genau nachdenken, denn die Gefahr ist sehr groß, dass man einfach schnell weiterspielt und etwas Wichtiges übersieht.

In dieser Stellung war außerdem klar, dass jeder Zug die Partie entscheiden kann, denn ich habe eine Figur geopfert, aber dafür den gegnerischen König in Gefahr gebracht.

19...Tg8 20.Lh5+ Kf8 21.Tf6+ gxf6 22.Df7#

Das war der seinerzeit stärkste Gegner, den ich in einer Turnierpartie besiegen konnte. Ich kannte die Variante bis 18.Th6 und hatte auch einige Varianten nach 18...Tg8 bis ins Remis analysiert. Damals haben wir diese Analysen am Brett durchgeführt und ich habe die Varianten in einem Heft notiert. Heutzutage gehen die Analysen mit Computerhilfe viel schneller und taktisch deutlich genauer, aber die Zeit, die wir damals in die Analysen investiert haben, hat unsere taktischen Fähigkeiten geschult und mir dabei geholfen, in der Partie den Weg zum Matt zu finden. Außerdem waren die gemeinsamen Analysesitzungen am Brett eine sehr unterhaltsame und spannende Sache.

3 Dinge zum Merken

1. Analysen können bereits vor der Partie das Ergebnis entscheidend beeinflussen.
2. Auch starke Gegner können taktische Fehler machen.
3. Sobald das Eröffnungswissen endet, sollte man genau nachdenken.

Wichtige Motive und Konzepte aus Kapitel 2

König in der Mitte festhalten

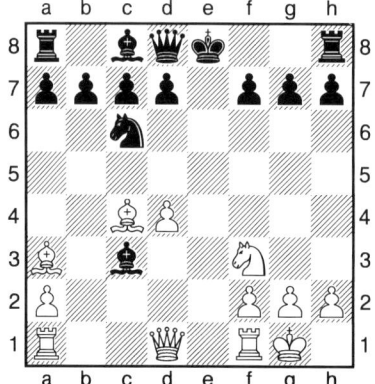

Der La3 verhindert die schwarze Rochade. Weiß möchte den schwarzen König nun im direkten Angriff erlegen. Eine mögliche Fortsetzung ist 1…Lxa1 2.Te1+ Se7 3.Lxe7 und Weiß gewinnt Material.

Liniensperre

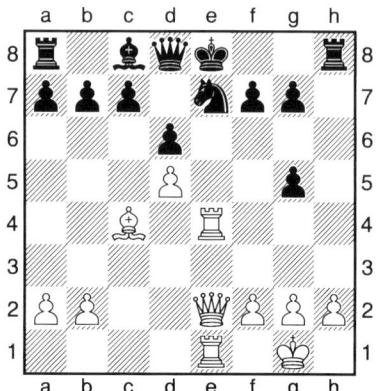

Weiß hat auf Kosten einer Figur eine bedrohliche Angriffsstellung auf der e-Linie eingenommen. Schwarz opfert nun mit 1…Le6 die Figur zurück, um die Linie zu versperren: 2.dxe6 f6!. Der e6-Bauer bleibt nun auf dem Brett und blockiert alle weißen Figuren.

Opfer auf h7

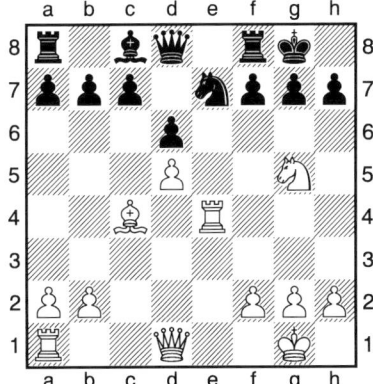

Weiß hat einen Bauern geopfert, steht dafür aber sehr aktiv. Nach 1.Sxh7 Kxh7 2.Dh5+ Kg8 3.Th4 hat er starken Angriff. Häufiger sind solche Opfer auf h7 allerdings mit dem Läufer.

Mit den Zentrumsbauern überrollen

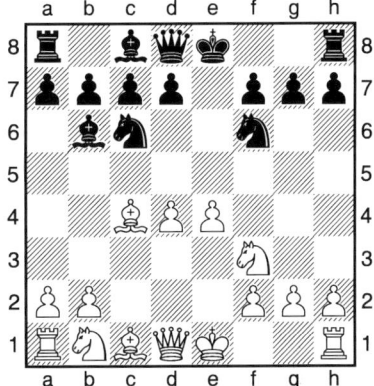

Weiß hat ein starkes Bauernzentrum und kann Schwarz damit überrollen. Jedes Vorrücken der weißen Bauern greift einen Springer an und gewinnt dadurch noch an Kraft. Nach 1.e5! Sg8 2.d5! Sce7 3.d6! gewann Weiß rasch.

Kapitel 3

Die Italienische Eröffnung
(sonstige Varianten)

1.e4 e5 2.Sf3 Sc6 3.Lc4 Lc5 4.c3 Sf6 5.d4 exd4

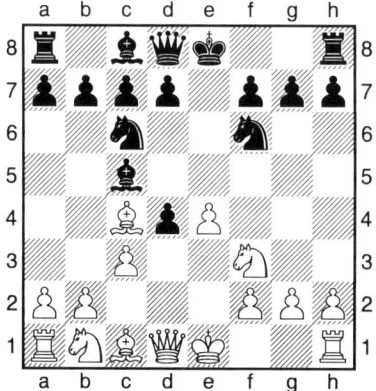

In diesem Kapitel beschäftigen wir uns mit moderneren Varianten in der Italienischen Partie – wie z.B. 6.e5 oder 6.cxd4 Lb4+ und jetzt 7.Ld2. Das ist im Gegensatz zur Greco-Variante korrekt und wird auch heute noch hin und wieder von Großmeistern gespielt, allerdings hauptsächlich dann, wenn sie remisieren wollen.

Zusätzlich gibt es in Partie 14 eine wunderschöne Kombination von einem Jugendspieler.

Auf die moderne Variante mit c3 und d3 möchte ich hier nicht eingehen, denn da diese nicht zu direkten taktischen Gemetzeln führt, ist sie eher für fortgeschrittene Spieler zu empfehlen.

Interessante Stellungen aus Kapitel 3

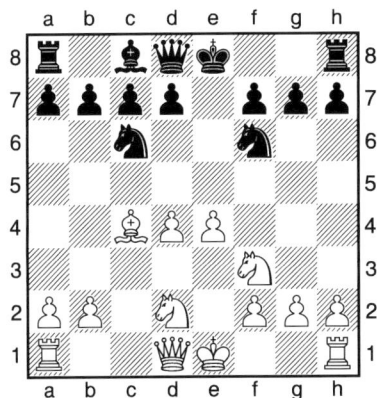

21) Was soll Schwarz spielen?

(Partie 11 nach 8.Sbxd2)

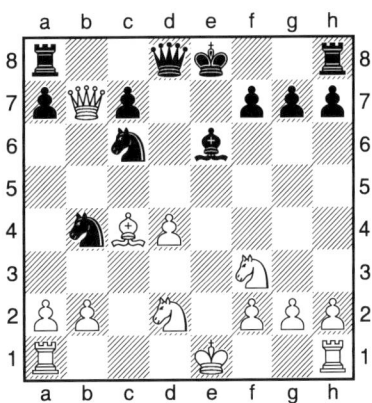

23) Was soll Weiß spielen?

(Partie 11, Analysediagramm)

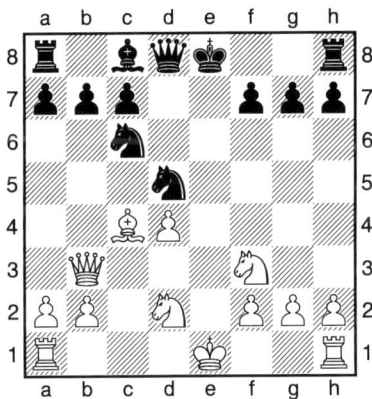

22) Wie soll Schwarz den Angriff auf den Sd5 beantworten?

(Partie 11 nach 10.Db3)

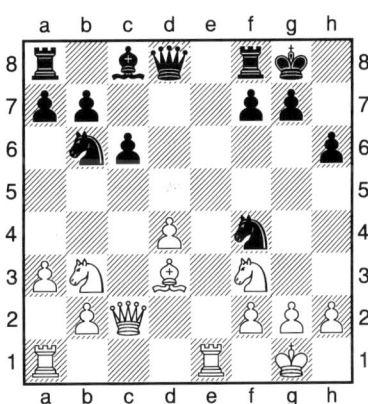

24) Wie soll Weiß auf 16…Sf4 reagieren?

(Partie 12)

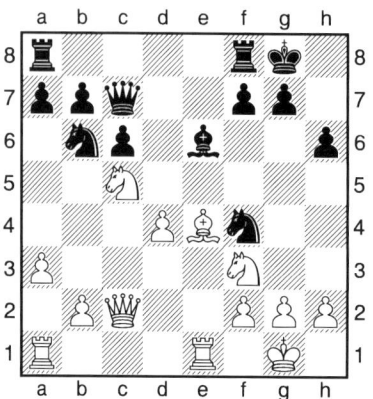

25) Wie kann Weiß hier in Vorteil kommen?

(Partie 12 nach 11…Le6)

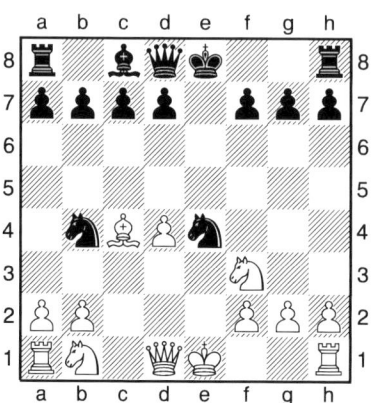

27) Wie bekommt Weiß den Bauern zurück?

(Partie 13 nach 8…Sxb4)

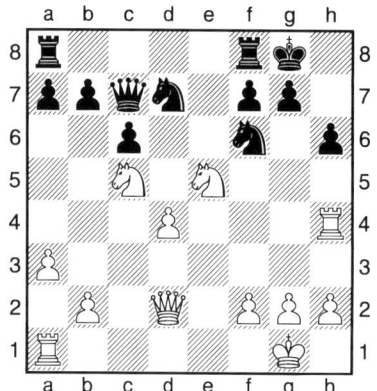

26) Wie kann Weiß die Partie für sich entscheiden?

(Partie 12 nach 23…Sbd7)

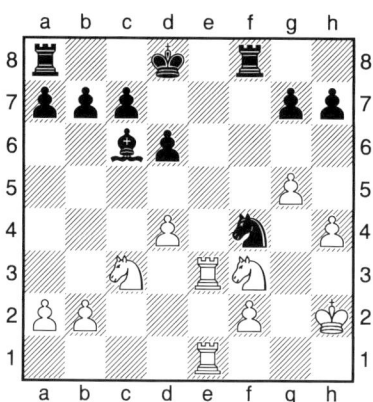

28) Wie soll Schwarz die Stellung weiter verstärken?

(Partie 13 nach 22.Kh2)

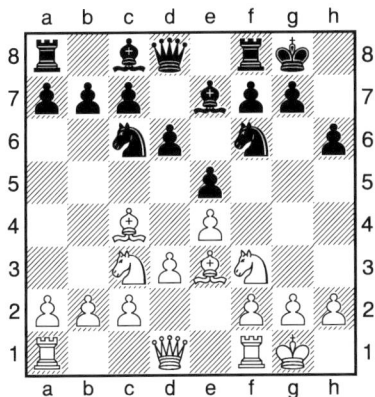

29) Wie soll Weiß fortsetzen?

(Partie 14 nach 7...d6)

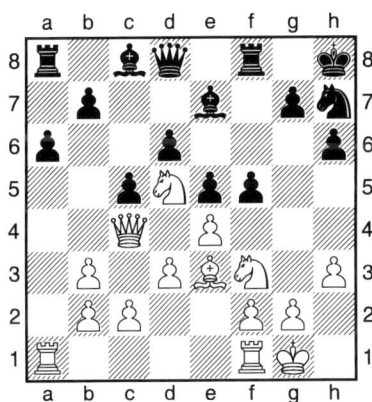

30) Gesucht ist eine spannende Taktik für Weiß!

(Partie 14 nach 14…Kh8)

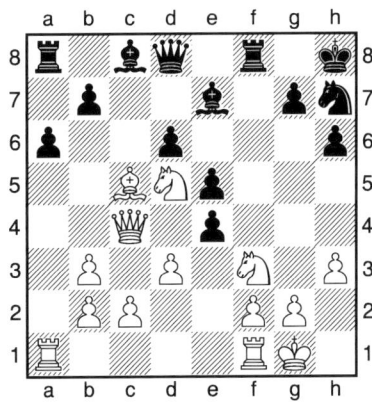

31) Wie gewinnt Weiß?

(Partie 14 nach 15…fxe4)

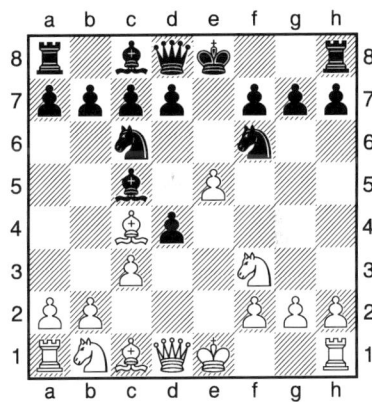

32) Wie soll Schwarz auf den Vorstoß e4-e5 reagieren?

(Partie 15 nach 6.e5)

Keine unnötigen Zwischenzüge!

Partie 11
Simon Bruckner (1650)
Christopher Binder (1722)
ÖM U18, St. Veit 2018

1.e4 e5 2.Sf3 Sc6 3.Lc4 Lc5 4.c3 Sf6 5.d4

5.d3 ist ein weniger direkter Versuch, der bei Großmeistern sehr beliebt ist.

5...exd4 6.cxd4

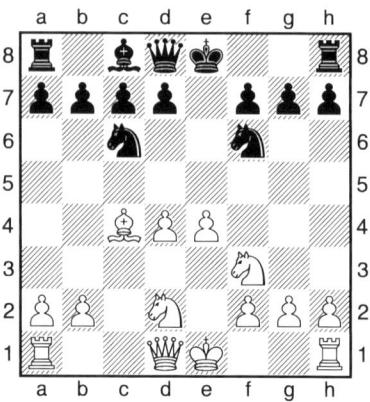

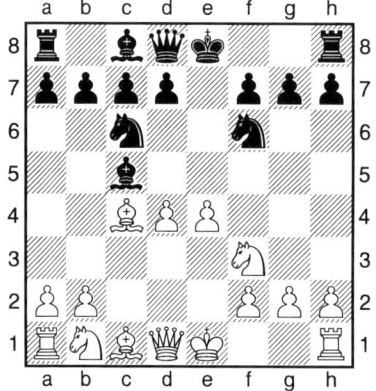

6...Lb4 7.Ld2 Lxd2+

Auch 7...Sxe4 ist hier möglich (mehr dazu in Partie 13, Enache – Katter).

8.Sbxd2

Was soll Schwarz nun gegen das weiße Zentrum unternehmen?

8...d5!

Schwarz zerstört sofort das starke Bauernzentrum.

8...Sxe4 9.Sxe4 d5 ist ebenfalls spielbar, denn dank der Bauerngabel bekommt Schwarz die Figur zurück.

9.exd5 Sxd5 10.Db3

Wie soll Schwarz auf diesen Angriff reagieren?

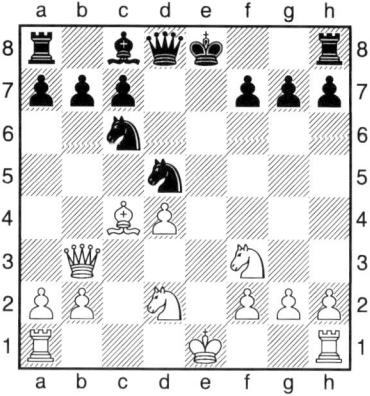

10...De7+??

Ein häufig anzutreffender Fehler: Schwarz stellt die Dame auf dieselbe Linie mit dem König!

1) 10...Sa5 11.Da4+ Sc6 12.Db3 Sa5 führt zu einem Remis durch Zugwiederholung.

2) 10...Sce7 ist der beste Zug, wenn Schwarz mit einem Remis nicht zufrieden ist. Nach z.B. 11.0–0 0–0 12.Tfe1 sichert Schwarz mit 12...c6! den Springer auf d5 und plant Db6. Auf diese Weise kann er den b7–Bauern decken und danach den Lc8 entwickeln.

3) 10...Sf6?? ist eine Katastrophe, denn nach 11.Lxf7+ Kf8 12.0–0 steht Weiß angesichts seines Mehrbauern sowie der geschwächten schwarzen Königsstellung auf Gewinn.

4) 10...Le6?! verliert zwar den b7–Bauern, ist aber nicht völlig dumm. Nach 11.Dxb7 versucht Schwarz mit 11...Sdb4!? noch einen Trick, denn die weiße Dame ist nun fast gefangen und außerdem droht auf c2 eine Springergabel.

Was soll Weiß hier spielen?

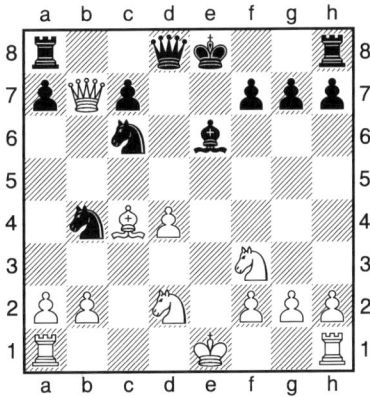

Analysediagramm

Nach 12.Lb5! Ld5 13.0–0± kann Weiß seine Dame bei Bedarf durch den Abtausch Lxc6+ befreien.

11.Kf1!

Nun hängt der Sd5 und es droht Te1 mit Materialgewinn auf der e-Linie.

11.Kd1 gewinnt ebenfalls, denn dann kann der h1–Turm auf die e-Linie.

11...Dd7

11...Sb6 ändert nichts mehr, denn nach 12.Te1+ Le6 13.Lxe6 gewinnt Weiß dank der offenen e-Linie.

12.Lxd5 Sa5 13.De3+ Kd8 14.Te1 f5 15.Dg5+ 1–0

---

3 Dinge zum Merken

1. Wenn Dame und König auf derselben Linie stehen, kann das leicht schiefgehen!
2. Ein Zwischenzug kann, wenn etwas bedroht ist, leicht zu Materialverlust führen.
3. Ein gegnerisches Bauernzentrum sollte man so schnell wie möglich zerstören.

Angriff mit dem Isolani

Partie 12
Laura Hiebler (1950)
Chiara Polterauer (1836)
ÖM U18 M, St. Veit 2015

1.e4 e5 2.Sf3 Sc6 3.Lc4 Lc5 4.c3 Sf6 5.d4 exd4 6.cxd4 Lb4+ 7.Ld2 Lxd2+ 8.Sbxd2 d5 9.exd5 Sxd5 10.Db3 Sce7

Schwarz will auf Sieg spielen.

Solider ist 10...Sa5 11.Da4+ Sc6=.

11.0–0 0–0 12.Tfe1 Sb6 13.Ld3 Sed5 14.Dc2 h6 15.a3

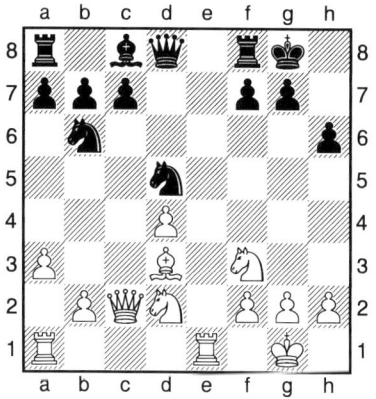

Angesichts des isolierten Bauern auf d4 ist die weiße Bauernstruktur schlechter, aber andererseits hat Weiß eine aktivere Figurenstellung und starke Vorpostenfelder für die Springer auf c5 und e5.

15...c6 16.Sb3 Sf4

Wie soll Weiß auf diesen Angriff reagieren?

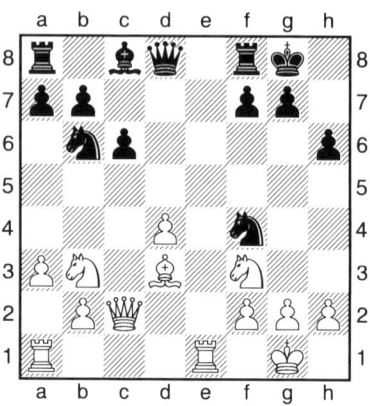

17.Le4

Weiß sollte den Abtausch vermeiden, denn im Endspiel wird der Isolani zur Schwäche.

17.Lh7+ Kh8 18.Le4 ist ebenfalls stark.

17...Dc7 18.Sc5 Le6?

Weiß hat nun eine gute Möglichkeit, Vorteil zu erlangen.

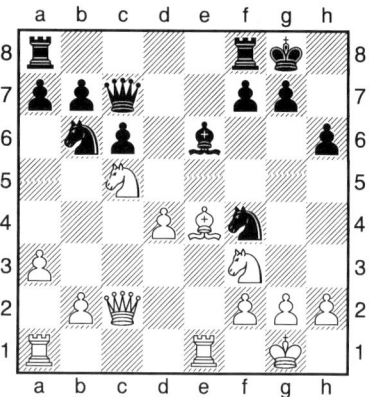

19.Se5?

Ein logischer Zug auf das zweite Vorpostenfeld, aber es gab eine viel bessere Möglichkeit.

Mit 19.g3! vertreibt Weiß den Springer und somit einen wichtigen Verteidiger des Läufers auf e6, wonach Schwarz Probleme bekommt.

1) Nach 19...Sfd5 20.Lh7+ Kh8 21.Txe6! fxe6 22.Sxe6 bekommt Weiß die Qualität zurück und hat einen wichtigen Bauern gewonnen.

2) Und nach 19...Sh3+ 20.Kg2 droht Weiß, auf e6 und dann auf h3 zu schlagen. Nach der möglichen Folge 20...Lc8 21.Lh7+ Kh8 22.Lf5 ist der Sh3 in Gefahr und nach 22...Sg5 23.Sxg5 hxg5 ist die schwarze Königsstellung ziemlich gefährdet.

19...Ld5 20.Dd2 Sh5?

Nach 20...Lxe4 21.Txe4 Sfd5 22.Tg4 hat Weiß Königsangriff und somit ein ausreichendes Gegengewicht für die Schwäche des d4-Bauern.

Wie soll Weiß nun fortsetzen?

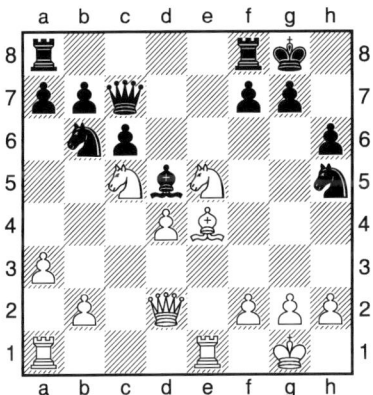

21.Te3?

Das gibt Schwarz noch einmal die Chance zum Figurentausch.

Mit 21.Lc2! vermeidet Weiß den Abtausch der Läufer und kann den Angriff dann mit Dd3 und Te3 verstärken.

21...Lxe4 22.Txe4 Sf6 23.Th4 Sbd7??

Wie entscheidet Weiß die Partie im Angriff?

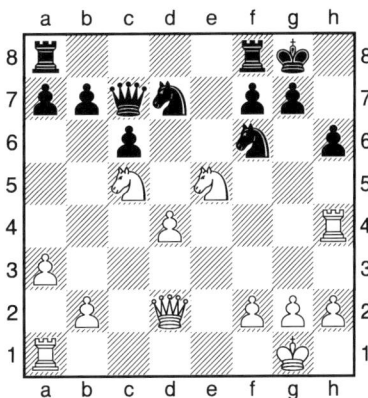

24.Scxd7!

So wird der Sf6 von der Verteidigung des Königs abgelenkt.

24...Sxd7 25.Sg4!

Nun droht entscheidend ein Opfer auf h6 nebst Mattangriff auf den nicht ausreichend verteidigten König.

25...f5 26.Sxh6+ gxh6 27.Dxh6 Kf7 28.Te1!

Verhindert die Flucht des schwarzen Königs.

28...Sf6

Wie gewinnt Weiß die geopferte Figur zurück?

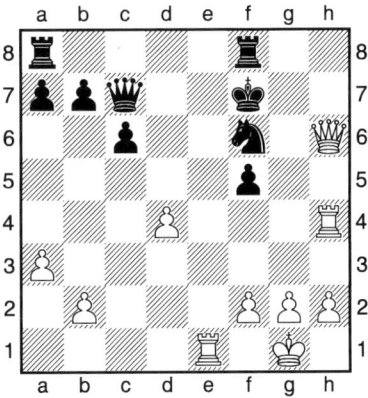

29.Dh7+! Sxh7 30.Txh7+ Kf6 31.Txc7

Mit zwei Mehrbauern ist das Endspiel leicht gewonnen.

31...Tad8 32.Td1 Tfe8 33.Kf1 Te7 34.Txe7 Kxe7 35.f3 Th8 36.Kg1 Kd6 37.g3 Kd5 38.h4 Kc4 39.Kf2 f4 40.Td2 a5 41.gxf4 Txh4 42.Kg3 Th8 43.f5 Kd5 44.Kg4 Tg8+ 45.Kf4 Tg1 46.Te2 Tg8 47.f6 Kxd4 48.Kf5 Kd3 49.Te7 Tg3 50.f4 1–0

Laura Hiebler konnte mehrere österreichische Meisterschaften der Mädchen gewinnen und sich im Jahr 2011 sogar zur Doppelstaatsmeistern in den Kategorien U14 und U16 krönen. Einige Monate nach dieser Partie errang sie den WFM-Titel.

3 Dinge zum Merken

1. Hat man einen Isolani, soll man angreifen!
2. Spielt man gegen einen Isolani soll man Figuren tauschen.
3. Vorpostenfelder soll man mit Figuren nutzen, besonders mit den Springern!

Laura Hiebler bei der ÖM U18 M 2015

Italienisches Endspiel

Partie 13
Dorothea Enache (1591)
Katharina Katter (1816)
ÖM U14 M, St. Veit/Glan 2019

1.e4 e5 2.Sf3 Sc6 3.d4 exd4 4.Lc4 Lc5 5.c3 Sf6 6.cxd4 Lb4+ 7.Ld2

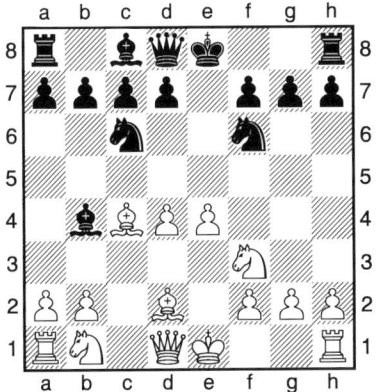

7...Sxe4!

Eine gute Entscheidung, denn Katharina spielt lieber Endspiele als ihre Gegnerin.

8.Lxb4 Sxb4

Wie bekommt Weiß den Bauern zurück?

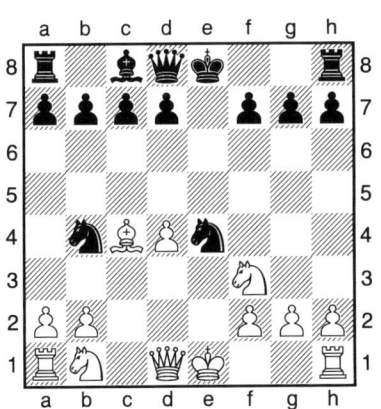

9.Lxf7+!

Immer zuerst Schachgebote und Schlagzüge berechnen!

9.Db3 mit Doppelangriff auf den Sb4 und den f7-Bauern gewinnt den Bauern auch zurück. Nach 9...d5! 10.Dxb4 dxc4 11.Dxc4 0-0 12.0-0 Le6 kann Schwarz allerdings gegen den Isolani spielen und steht etwas besser, weil bereits zwei Leichtfigurenpaare getauscht sind und der Isolani blockiert werden kann.

9...Kxf7 10.Db3+ Kf8! 11.Dxb4+ De7!

Schwarz möchte die Damen tauschen, denn im Endspiel kann der d4-Bauer zur Schwäche werden.

12.Dxe7+ Kxe7 13.0–0 Kd8

Der König geht aus der offenen Linie und deckt den schwachen c7-Bauern.

14.Te1 Sf6 15.Sc3 d6 16.h3 Lf5

Vielleicht nicht der beste Zug, aber die Provokation wird sich als erfolgreich erweisen.

16...b6 nebst Lb7 erscheint logischer, denn von dort aus kontrolliert der Läufer wichtige Felder und bedroht den Sf3.

17.g4 Ld7

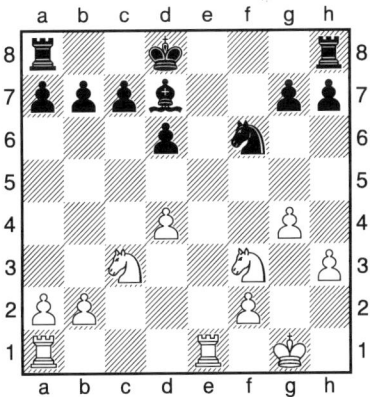

18.g5?

Das schwächt unnötig Felder. Bauern

können nicht mehr zurückziehen und Weiß bekommt Probleme auf der f-Linie.

18.Sg5 Te8 19.f4 ist annähernd ausgeglichen.

18...Sh5

Der Springer strebt nach f4.

19.h4 Tf8 20.Te3 Sf4 21.Tae1 Lc6 22.Kh2

Wie kann Schwarz die Stellung weiter verstärken?

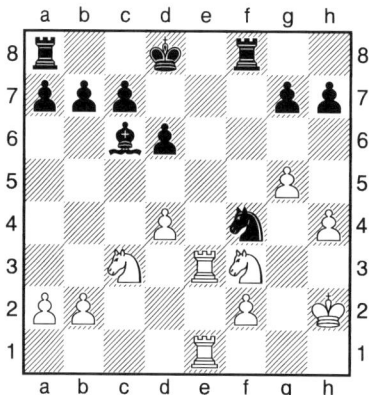

22...b5!

Der Sc3 soll vertrieben werden, um das Feld d5 für den eigenen Springer freizukämpfen.

23.Td1? Sd5?

Hier lässt Katharina ihre erste Gewinnchance aus.

23...b4! hätte sofort gewonnen: 24.Sb1 Sd5 25.Ted3 Lb5 und wenn der Turm die 3. Reihe verlässt, geht der Sf3 verloren.

24.Sxd5 Lxd5 25.Kg3 Kd7 26.Tde1 Tae8 27.b3??

Unter Druck geschieht ein schlimmer Fehler.

Notwendig ist 27.Txe8 Txe8 28.Txe8 Kxe8 29.a3∓. In diesem Endspiel hat Schwarz die bessere Bauernstellung und den Läufer gegen den Springer, was in Endspielen mit Bauern auf beiden Flügeln üblicherweise günstig ist. Weiß hat aber keine klaren Schwächen und gute Chancen, die Partie zu remisieren.

Wie kann Schwarz Material gewinnen?

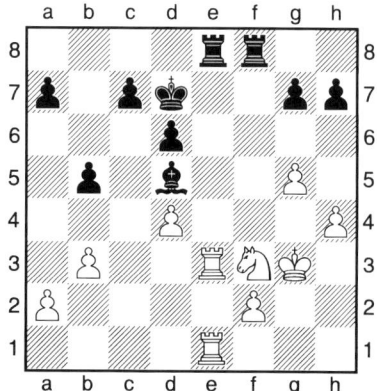

27...Txf3+! 28.Txf3 Txe1

Mit einer Mehrfigur gewinnt Schwarz leicht.

29.Te3 Txe3+ 30.fxe3 c5 31.Kf2 Ke6 32.Kg3 c4 33.bxc4 bxc4 0–1

Katharina konnte diese österreichischen Meisterschaften gewinnen, ist inzwischen die stärkste Jugendspielerin Österreichs und bereits im österreichischen Damenkader. Aus der Sicht des Trainers waren die Österreichischen Meisterschaften U12 und U14 im Jahr 2019 extrem erfolgreich, denn alle 4 Titel gingen an steirische Spieler und Spielerinnen. Katharinas Schwester Marlene konnte die Gruppe Mädchen U12 gewinnen.

3 Dinge zum Merken

1. Unnötige Bauernzüge hinterlassen Schwächen!
2. Mit besserer Bauernstellung ins Endspiel gehen!
3. Zuerst die Schach- und Schlagzüge berechnen!

Steirische Festspiele bei der ÖM U12/U14
Alle 4 Titel gehen an Steirer und Steirerinnen!
von links: Katharina Katter, IM Mario Schachinger, Daniel Kristoferitsch, Philipp Wendl, IM Gert Schnider, Marlene Katter

Eine geniale Kombination

Partie 14
Alexander Trummer (1308)
Rudolf Ring (1675)
Ratten 2019

1.e4 e5 2.Sf3 Sc6 3.Lc4 Le7

Keine besonders ehrgeizige Spielweise.

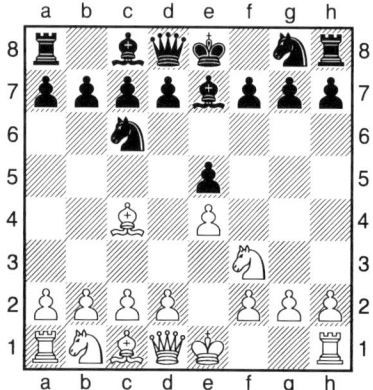

4.Sc3

Das direkte 4.d4! sichert Weiß gutes Spiel. Wenn Schwarz das Zentrum vernachlässigt, sollte Weiß dort sofort aktiv werden.

4...Sf6 5.d3 0–0 6.0–0 h6 7.Le3 d6

Wie soll Weiß hier fortsetzen?

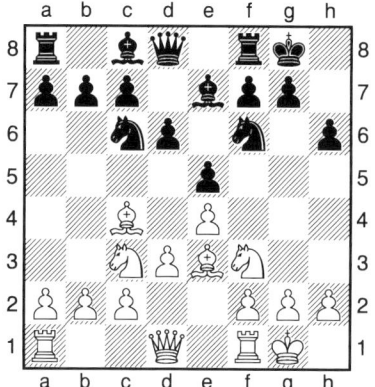

Alexander Trummer, hier bei der ÖM U12 2019

8.h3?!

8.a3 baut dem Lc4 eine Garage, indem es ihm ein Rückzugsfeld sichert.

8...Sa5! 9.Lb3 Sxb3 10.axb3 a6 11.Dd2 Sh7

Schwarz möchte mit f5 Gegenspiel bekommen.

12.Sd5

Die Öffnung des Zentrums mit 12.d4 erschwert den Vorstoß f7-f5, denn danach würde die Königsstellung unsicher. Bauernangriffe auf der Seite des eigenen Königs sind sehr gefährlich, wenn man das Zentrum nicht unter Kontrolle hat.

12...f5 13.Dc3!? c5?!

13...c6 vertreibt den starken Springer.

1) 14.Sb6 Tb8 15.Sxc8 Dxc8 mit ausgeglichenem Spiel.

2) 14.Lb6 Dd7 15.Sxe7+ Dxe7= oder 15.Sc7 Tb8 16.Da5 Ld8.

14.Dc4!? Kh8?

– 14...Le6 hätte den weißen Angriff abgewehrt; z.B. 15.b4 mit beiderseitigen Chancen.

– Möglich war auch 14...Tf7 15.b4=.

Weiß kann nun eine spannende Taktik versuchen.

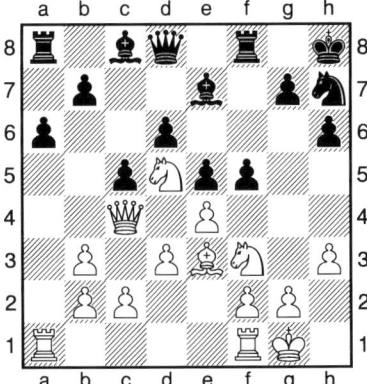

15.Lxc5!

Ein starkes Opfer und sicher ein ziemlicher Schock für den Gegner.

Die solide Alternative war 15.Sxe7 Dxe7 16.exf5 Txf5 17.Sh4 Tf6 18.f4±.

15...fxe4?

1) 15...dxc5? scheitert an 16.Sxe5+–, denn die Drohung Sg6+ entscheidet die Partie – und zwar auch nach 16...De8 17.Sxe7 Dxe7 18.Sg6#.

2) Die letzte Chance bestand in 15...b5!, um die Dame von der gefährlichen Diagonale zu vertreiben. Allerdings steht Weiß nach 16.Dc3 dxc5 17.Sxe5± auch sehr gut; z.B. 17...Lf6 18.Sg6+ Kg8 19.Dxc5

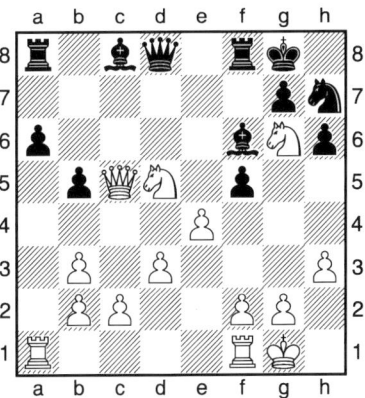

Analysediagramm

Drei Bauern und Angriffschancen wiegen die geopferte Figur leicht auf, obwohl Schwarz sich bei perfekter Verteidigung noch retten kann: 19...Tf7 20.e5 Lg5 21.f4 Sf8 22.Sxf8 Le7 23.Sxe7+ Txe7 24.Sg6 Te6=.

Zurück zur Partie nach **15...fxe4?**

Wie gewinnt Weiß hier?

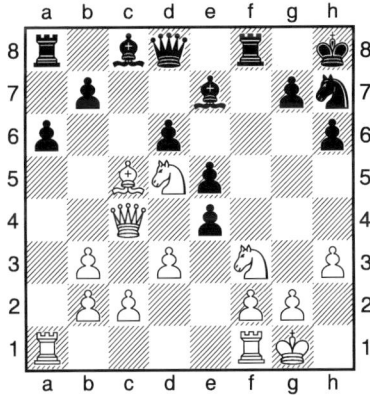

16.Sxe5!

Eine lustige Stellung: Zwei weiße Figuren hängen, aber Schwarz kann keine davon ungestraft schlagen.

16...Tf6

Schwarz versucht noch, sich mit einem Qualitätsopfer zu retten, aber es ist bereits zu spät.

– 16...dxe5 17.Lxe7 ist ebenfalls hoffnungslos.

– Und 16...dxc5 führt nach 17.Sg6+ Kg8 18.Sdxe7# direkt zum Matt.

17.Sxf6 dxe5 18.Lxe7

Und **1–0**, denn angesichts der Mattdrohung auf g8 verliert Schwarz zumindest die Dame.

---

3 Dinge zum Merken

1. Wenn der Gegner das Zentrum vernachlässigt, sollte man dort aktiv werden.
2. Ein weißer Lc4 (oder ein schwarzer Lc5) ist eine starke Figur, der durch den Bau einer 'Garage' geschützt werden sollte.
3. Ein starkes Opfer schockt den Gegner!

Konsequentes Spiel gegen Schwächen

Partie 15
Philipp Wendl (1432)
Louie Schaffner (1659)
ÖM U12, St. Kanzian 2018

1.e4 e5 2.Sf3 Sc6 3.Lc4 Lc5 4.c3 Sf6 5.d4 exd4 6.e5

Ein interessanter Versuch, der auch im Großmeister-Schach in den letzten Jahren populär geworden ist.

Wie soll Schwarz auf diesen Zug reagieren?

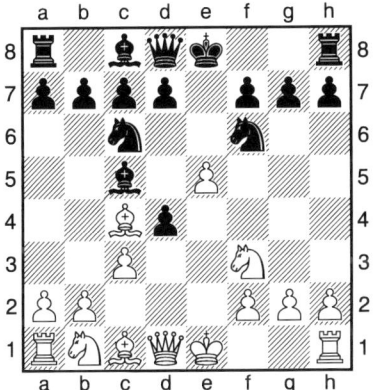

6...d5!

Der einzig vernünftige Zug. Auf e5 folgt sehr oft d5 mit Gegenangriff auf den Lc4.

1) Nach 6...Se4? 7.Ld5 hat der Springer kein Feld mehr und nach 7...f5 8.cxd4 Lb4+ 9.Ld2± ist die schwarze Königsstellung sehr gefährdet, denn Schwarz kann zunächst nicht kurz rochieren.

2) Und nach 6...Sg4? 7.cxd4± wird der Sg4 später noch mit h3 verjagt.

7.Lb5 Se4

Nun ist der Springer hier sicher gedeckt.

8.cxd4 Lb4+?!

Der genaueste Zug 8...Lb6 wird in der nächsten Partie besprochen.

9.Ld2 Lxd2+ 10.Sbxd2 0–0 11.0–0 Lg4?

Wie kann Weiß hier großen Vorteil erlangen?

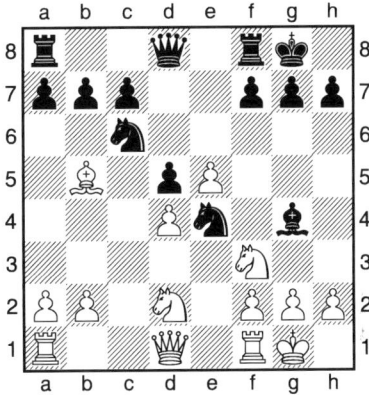

12.Lxc6! bxc6 13.Dc2

Der Doppelbauer auf der c-Linie bleibt dauerhaft schwach.

13...Sxd2?

Jeder Abtausch macht die Ausnutzung der Bauernschwächen für den Angreifer leichter. Die Seite mit Schwächen sollte daher möglichst viele Figuren auf dem Brett halten.

Nach 13...Tb8 14.b3 a5 15.Dxc6 Tb4 hätte Weiß einen Bauern gewonnen, aber Schwarz bekommt etwas Gegenspiel und kann noch kämpfen.

14.Sxd2 Ld7 15.Sb3!

Der Springer kontrolliert das wichtige Feld vor den schwachen Bauern.

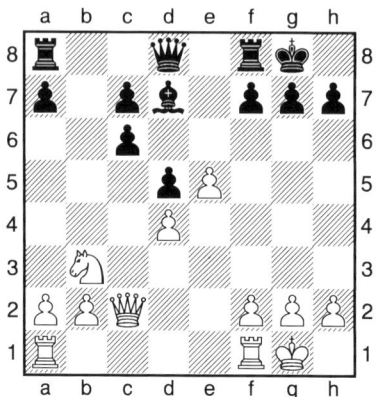

Nun steht Weiß völlig auf Gewinn. Schwarz kann nie mehr c5 spielen und früher oder später werden die c-Bauern verloren gehen. Den Rest spielt Philipp sehr sauber.

15...f6 16.f4 Tb8 17.Sc5 f5 18.b3 Te8 19.Tac1 Tb6 20.Tf3 Te7 21.Sxd7 Dxd7 22.Tc3 Tb4 23.Txc6 Txd4 24.Txc7 De6 25.Txe7 Dxe7 26.Dc8+ Kf7 27.Tc7 Td1+ 28.Kf2 Tc1 29.Txe7+ Kxe7 30.Dxc1 1–0

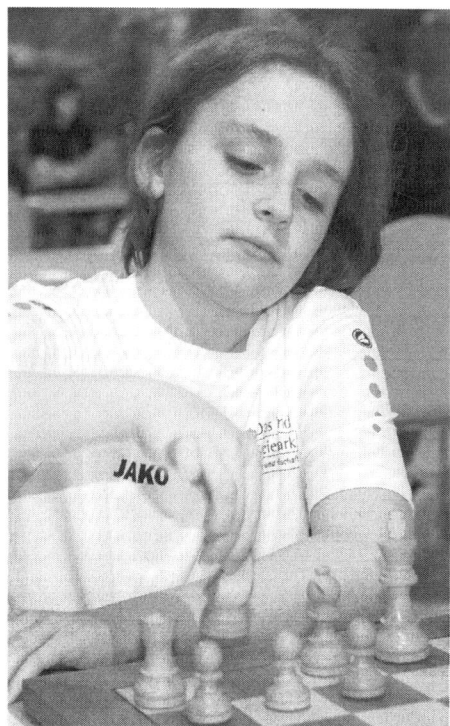

Philipp Wendl, hier bei der ÖM U12 2019

Philipp hat ein phänomenales Gedächtnis und rechnet sehr schnell. Im Training trickst er mich regelmäßig aus und nimmt mir alles weg. ;-)

Manchmal spielt er etwas zu schnell, was ein paar noch größere Erfolge verhindert hat, aber er hat bereits einige Medaillen bei österreichischen Meisterschaften erzielt. So konnte er zuletzt 2021 die ÖM U14 im Schnellschach für sich entscheiden.

---

3 Dinge zum Merken

1. Auf e4-e5 folgt oft d7-d5!
2. Abtauschen, wenn der Gegner Schwächen hat!
3. Das Feld vor einer gegnerischen Bauernschwäche ist ein guter Stützpunkt.

Mit Gegenspiel zum Turniergewinn

Partie 16
Dominik Horvath (1938)
Michael Tölly (1931)
Bad Gleichenberg Open B 2014

1.e4 e5 2.Sf3 Sc6 3.d4 exd4 4.Lc4 Lc5 5.c3 Sf6 6.e5 d5 7.Lb5 Se4 8.cxd4 Lb6 9.Sc3 0–0 10.Le3

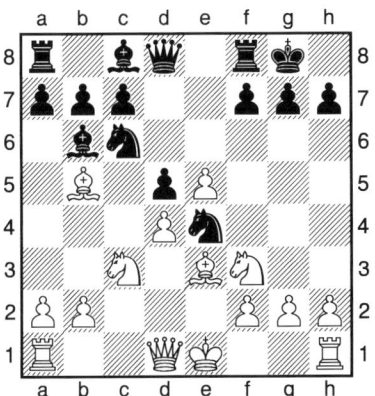

10...f5

10...Lg4 wird am häufigsten gespielt; z.B. 11.h3 Lh5 12.Dc2! Lg6=.

Hier sollte Schwarz nicht auf f3 tauschen, solange Weiß nicht rochiert hat, denn nach 12...Lxf3? 13.gxf3 kann Weiß die halboffene g-Linie zum Königsangriff nutzen.

11.exf6 Sxf6 12.Lxc6 bxc6 13.Se5 Dd6 14.0–0

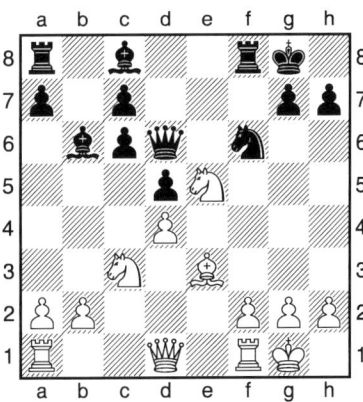

14...c5!

Durch Auflösung des Doppelbauern gleicht Schwarz aus.

15.Sb5

Am einfachsten war 15.dxc5 Lxc5 16.Lxc5 Dxc5 17.Tc1=.

15...De7 16.Te1

16.dxc5? scheitert nun an 16...Dxe5 17.Ld4

(Noch schlimmer ist 17.cxb6?? Sg4! mit Mattangriff; z.B. 18.g3 Sxe3 19.fxe3 Dxe3+ 20.Kg2 De4+ 21.Kg1 Lh3.)

17...De8 18.cxb6 Dxb5∓

16...Lb7 17.dxc5 La5

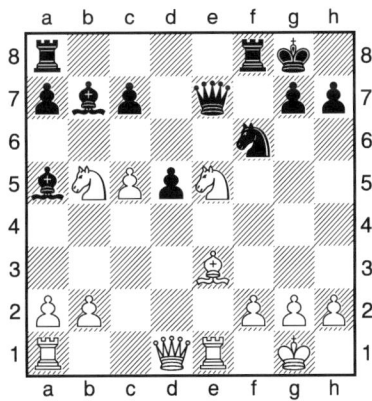

18.c6?

Wenn schon etwas bedroht ist, sollte

man mit Zwischenzügen extrem vorsichtig sein.

18.Ld2 Lxd2 19.Dxd2 Dxc5 20.a4 gab Weiß die etwas besseren Chancen wegen des rückständigen c7–Bauern.

18...La6

Nun hängen beide Springer und der Te1.

19.Lg5??

Aus Verzweiflung stellt Weiß nun noch mehr Material ein.

Nach 19.Ld2 Lxd2 20.Dxd2 Lxb5 21.a4 La6 22.Da5 Lc8 23.Sg6 Dd6 24.Sxf8 Kxf8 könnte Weiß mit Turm und Bauer gegen zwei Figuren zumindest noch weiterkämpfen, auch wenn die Chancen schon ziemlich schlecht wären.

19...Lxe1 20.Lxf6 Lxf2+ 21.Kh1 Txf6 22.Dxd5+ Kh8 23.Td1 Lxb5 24.Dxb5 Tf5 25.Td5 Te8 0–1

Mit diesem Sieg konnte Michael als Startnummer 18 mit 7,5 aus 9 die B-Gruppe des Internationalen Styrian Open in Bad Gleichenberg gewinnen.

Michael Tölly, hier bei der ÖM U14 2014

---

3 Dinge zum Merken

1. Rückständige Bauern sollte man auflösen.
2. Vorsicht bei Zwischenzügen!
3. Nach einem Fehler nicht in Panik weitere Fehler machen.

Wichtige Motive und Konzepte aus Kapitel 3

Bauernzentrum zerstören

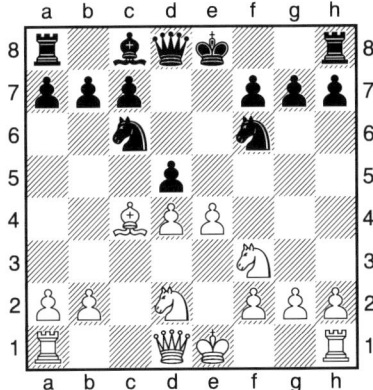

Der Zug 8...d5 zerstört das weiße Zentrum. Wie im vorigen Kapitel gezeigt, wird Schwarz sonst von den Zentrumsbauern überrollt.

Bauern auf die andere Farbe stellen

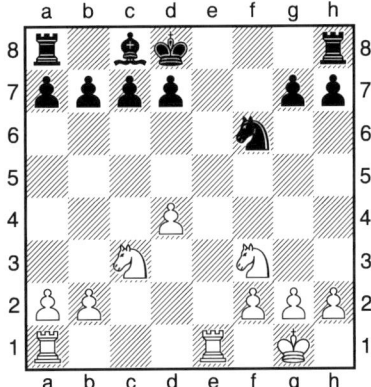

Schwarz hat hier nur noch einen Läufer – den weißfeldrigen – und Weiß hat nur noch Springer. Daher sollte Schwarz die Bauern eher auf schwarze Felder stellen, denn dann werden die schwarzen Felder von den Bauern und die weißen vom Läufer kontrolliert. Außerdem stehen die eigenen Bauern dem Läufer später nicht im Weg. Und deshalb 15...d6!

Drei Angreifer = Matt

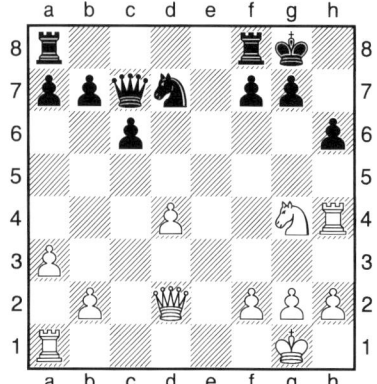

Weiß hat drei Figuren, die auf den schwarzen König zielen, während Schwarz dort keine Verteidigungsfiguren zur Verfügung hat. Schwarz ist am Zug, kann sich aber dennoch nicht retten. In der Partie entschied das Opfer Sxh6+ rasch.

Spiel gegen Schwächen

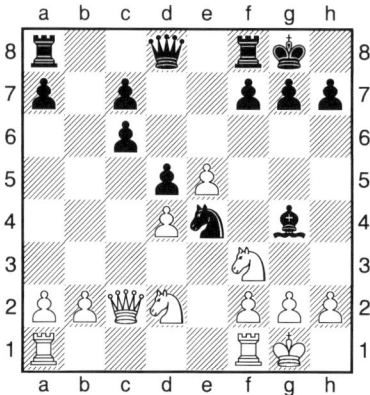

Schwarz hat einen rückständigen Doppelbauern auf der c-Linie. Das wichtigste Feld ist c5 – also das Feld *vor* der Bauernschwäche. Wenn Weiß es kontrolliert, können die Bauern nie vorziehen und bleiben somit schwach.

Kapitel 4

Das Zweispringerspiel im Nachzug

1.e4 e5 2.Sf3 Sc6 3.Lc4 Sf6 4.Sg5

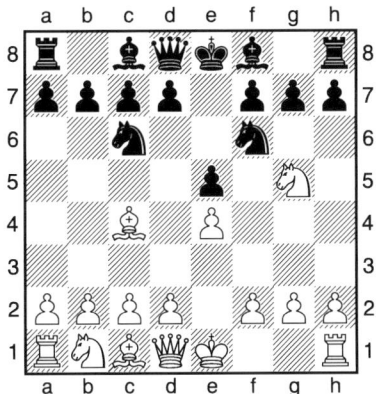

Zum Zweispringerspiel im Nachzug werden wir nur Partien mit dem Zug 4.Sg5 betrachten, denn dieser führt zu den spannendsten Varianten und bietet Lernenden eine gute Möglichkeit, sich mit scharfen Stellungen und dem Thema *Kompensation* zu beschäftigen. Aufgrund der offenen Stellungen gibt es viele Kombinationen und man kann im praktischen Spiel viele taktische Motive anwenden – eine ideale Eröffnung zu Beginn, um das taktische Sehvermögen und die Aufmerksamkeit zu trainieren!

Interessante Stellungen aus Kapitel 4

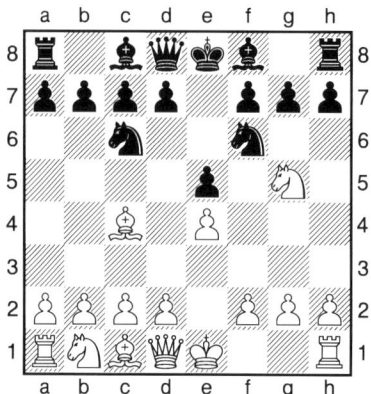

33) Wie beantwortet Schwarz 4.Sg5?

(Partie 17 nach 4.Sg5)

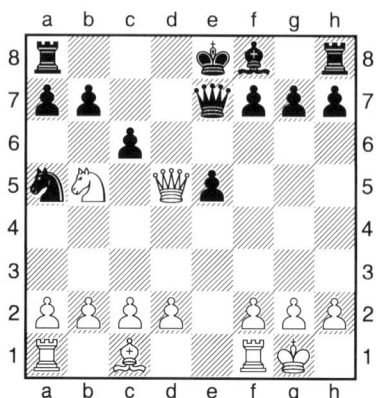

35) Wie kann Weiß sich gegen den Doppelangriff verteidigen!

(Partie 18 nach 11...c6)

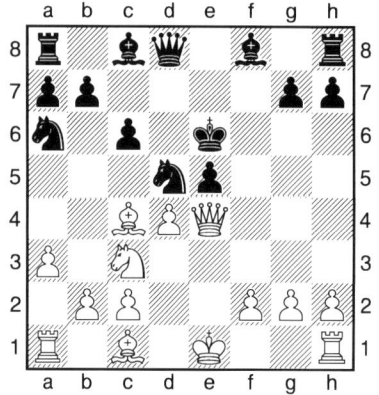

34) Wie soll sich Schwarz verteidigen?

(Partie 17 nach 11.d4)

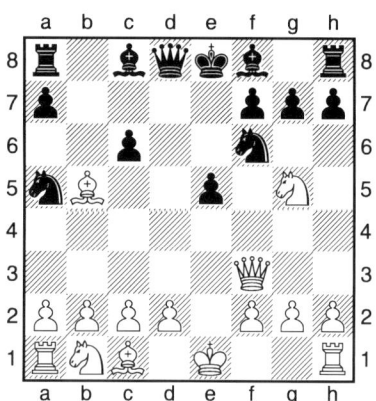

36) Wie soll Schwarz auf 8.Df3 reagieren?

(Partie 19 nach 8.Df3)

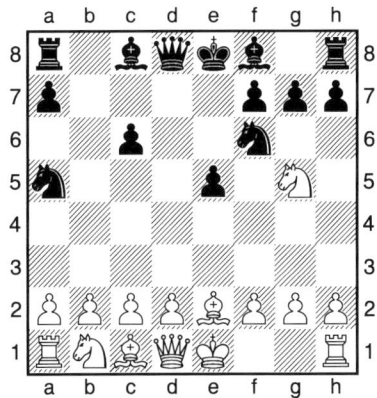

37) Und was macht man nach 8.Le2?
(Partie 20 nach 8.Le2)

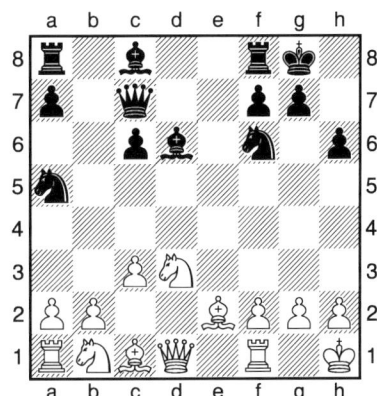

39) Soll Schwarz den h2-Bauern schlagen?
(Partie 21 nach 15.Kh1)

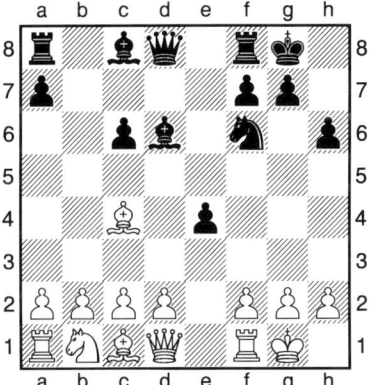

38) Schwarz kann eine typische Kombination folgen lassen!
(Partie 20 Analysediagramm)

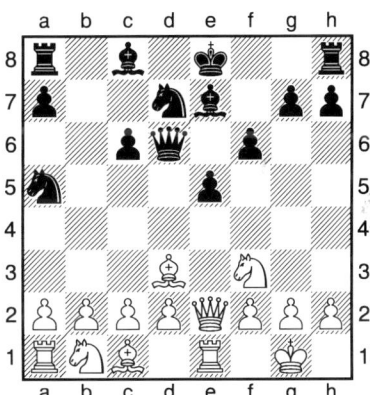

40) Wie soll Weiß seine Entwicklung abschließen?
(Partie 22 nach 12...f6)

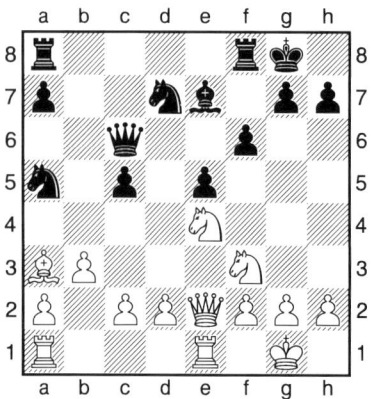

41) Wie kann Weiß seine Figurenstellung verbessern?

(Partie 22 nach 17...Dc6)

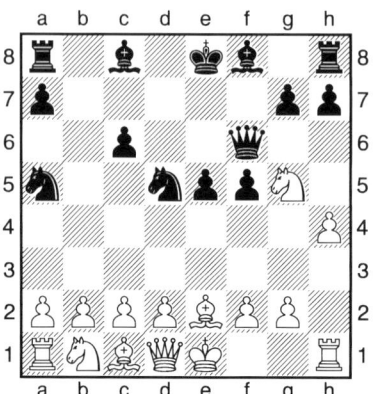

43) Wie soll Weiß hier fortsetzen?
(Partie 23 nach 10...Df6)

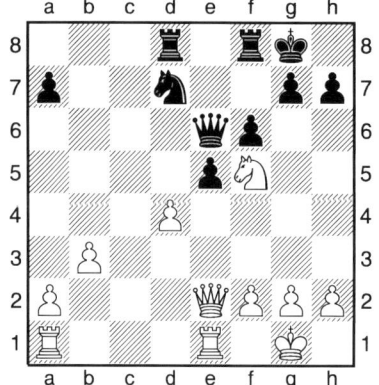

42) Wie kann Weiß gewinnen?
(Partie 22 nach 24...De6)

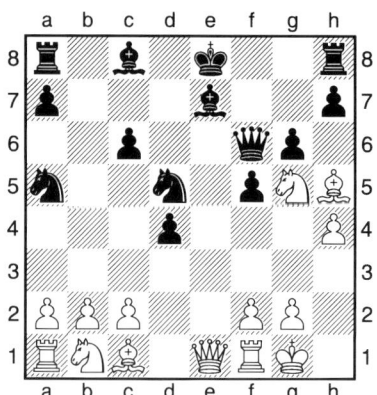

44) Soll Weiß den Sa5 schlagen?
(Partie 23 nach 14…Le7)

Ein Angriff mit Figurenopfer!

Partie 17
Paul Wendl (1136)
Gertrude Fridrin (1375)
Offene Landesmeisterschaft 2016

1.e4 e5 2.Sf3 Sc6 3.Lc4 Sf6 4.Sg5

Dieser Springerausflug stellt eine Drohung gegen f7 auf, die Schwarz nicht so leicht abwehren kann.

Wie soll Schwarz fortsetzen?

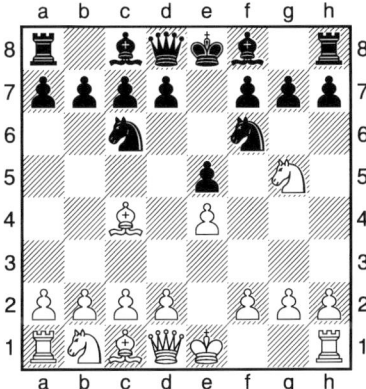

4...d5!

Das ist der einzige gute Zug.

Manchmal versucht Schwarz den sogenannten Traxler-Gegenangriff mit 4...Lc5?!, aber nach der einfachen Folge 5.Lxf7+ Ke7 6.Lb3! erhält Weiß großen Vorteil.

5.exd5 Sxd5?

Nach dem besseren 5...Sa5 und der möglichen Folge 6.Lb5+ c6 7.dxc6 bxc6 8.Le2 h6 9.Sf3 e4 10.Se5 Lc5 hat Schwarz einen Bauern für aktives Figurenspiel geopfert. Diese Variante wird in späteren Partien besprochen.

6.Sxf7!

Mit einem Figurenopfer wird der schwarze König ins Freie gelockt.

6.d4! ist objektiv noch stärker, aber nicht ganz so zwingend.

6...Kxf7 7.Df3+

Wie soll Schwarz auf dieses Schach reagieren?

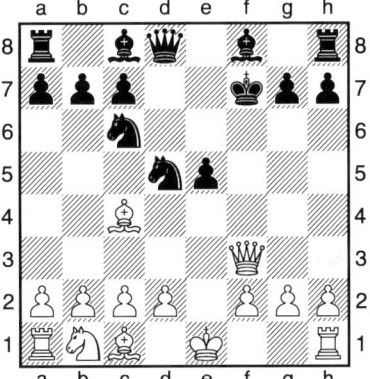

7...Ke6

Ansonsten geht die Mehrfigur auf d5 wieder verloren. Diese Stellung eignet sich gut zum ausspielen oder analysieren, um etwas über Angriff und Verteidigung zu lernen.

Die Katastrophe 7...Ke8?? 8.Lxd5 Sd4?? 9.Df7# hat einmal eine Tiroler Meisterschaft U14 M entschieden.

8.Sc3!

Gefesselte Figuren möglichst noch einmal angreifen!

8...Scb4!

Auf 8...Sce7 ist 9.d4! sehr stark, denn nach 9...exd4 10.Sxd5 Sxd5 11.De4+ geht der Sd5 verloren.

9.De4?!

Die Fortsetzung der Entwicklung mit 9.0–0! ist noch stärker; z.B. 9...c6

(Der c2–Bauer kann nicht geschlagen werden, weil dann der Sd5 nicht mehr ausreichend gedeckt ist - 9...Sxc2?? 10.Lxd5+ +–.)

Nach 10.d4 hat Weiß starken Angriff für die geopferte Figur.

9...c6 10.a3 Sa6 11.d4!

Der Bauer e5 ist gefesselt und wird noch einmal angegriffen. Gleichzeitig kann nun der Lc1 in den Kampf eingreifen.

Wie soll Schwarz sich verteidigen?

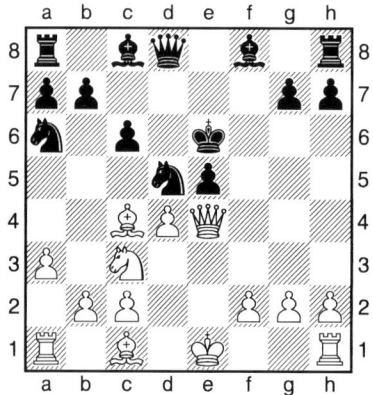

11...Kd7?

1) 11...Ld6?? deckt zwar den e5–Bauern, unterbricht aber die Deckung des Sd5 durch die Dame. Nach 12.Sxd5 cxd5 13.Dxd5+ Kd7 14.dxe5 hat Weiß die Figur zurückgewonnen und hat zusätzlich zu den zwei Mehrbauern starken Angriff.

2) Die beste Verteidigung besteht in 11...Sac7. Nach z.B. 12.dxe5 (12.Lf4 Kf7 13.Lxe5 Le6∓) hat Weiß zwei Bauern und starken Angriff für die geopferte Figur. Schwarz kann die Stellung aber stabilisieren; z.B. 12...Kf7 13.Ld2 Le6 14.0–0–0 Ke8.

12.Sxd5 cxd5 13.Dxd5+

Weiß sollte lieber auf Angriff spielen, statt möglichst viele Bauern einzusammeln, denn Material ist hier nicht so wesentlich..

13.Lxd5! exd4 14.Dxd4± ist sehr unangenehm für Schwarz, denn in einer völlig offenen Stellung findet der König kaum Schutz. Es ist hier sogar eher günstig für Weiß, dass der d4–Bauer weg ist.

13...Kc7 14.Dxe5+?! Dd6

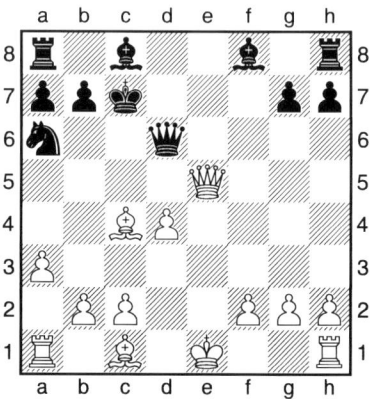

15.Lf4?!

Damit lässt Weiß Damentausch zu, obwohl der Angreifer unnötigen Figurentausch vermeiden sollte.

15.Da5+ b6 16.Dh5 ist für Schwarz noch immer schwer zu spielen.

15...Dxe5+ 16.Lxe5+ Ld6 17.0–0–0 Lxe5 18.dxe5

Mit drei Bauern für eine Figur entsteht ein annähernd ausgeglichenes Endspiel.

18...Te8 19.The1 Ld7?

19...Le6 blockiert den Freibauern und erschwert Weiß weitere Fortschritte.

20.b4?

20.e6! Freibauern müssen laufen! 20...Lc6 21.e7 Lxg2 22.Lf7 und Weiß gewinnt die Qualität (also einen Turm für eine Leichtfigur).

20...b5?

Der entscheidende Fehler.

Wie entscheidet Weiß die Partie?

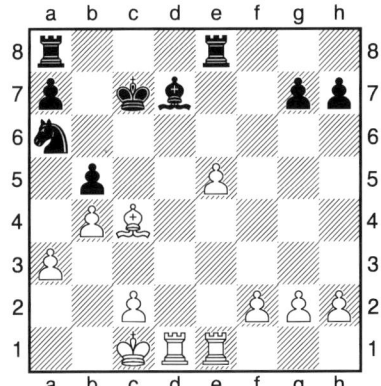

21.Txd7+!

Damit gewinnt Weiß zwei Figuren und einen Bauern für den Turm.

21...Kxd7 22.Lxb5+ Ke6 23.Lxa6

Und Weiß verwertete seinen entscheidenden Materialvorteil sicher.

23...Kf5 24.Ld3+ Kg5 25.g3 Tad8 26.f4+ Kh6 27.Te3 Te7 28.c3 Ted7 29.Kc2 Td5 30.a4 Te8 31.Lc4 Tdd8 32.a5 Te7 33.Lb5 Te6 34.Td3 Txd3 35.Kxd3 g5 36.Ke4 gxf4 37.gxf4 a6 38.Ld7 Te7 39.e6 Kg6 40.Ke5 h5 41.h4 Kg7 42.c4 Kf8 43.b5 axb5 44.cxb5 Th7 45.b6 Ke7 46.b7 Th8 47.a6 Tb8 48.a7 Txb7 49.a8D 1–0

---

3 Dinge zum Merken

1. Wer angreift, sollte nicht die Damen tauschen!
2. Beim Spiel auf Königsangriff sind Bauern nicht ganz so wichtig und können oft geopfert werden.
3. Gegnerische Freibauern sollten so früh wie möglich blockiert werden.

Eine seltene Variante

Partie 18
Ada Hernandez Tellez (ESP)
Siobhan Mensah (AUT)
WM U8 M, Santiago de Compostela 2018

1.e4 e5 2.Sf3 Sc6 3.Lc4 Sf6 4.Sg5 d5 5.exd5 Sa5 6.Lb5+ Ld7!?

Mit diesem interessanten und ziemlich seltenen Zug entwickelt Schwarz einfach eine Figur.

Nach der normalen Fortsetzung 6...c6 7.dxc6 bxc6 muss Weiß auf den Angriff gegen den Lb5 reagieren. Diese Stellung ist Thema der restlichen Partien in diesem Kapitel.

Wie soll Weiß nun reagieren?

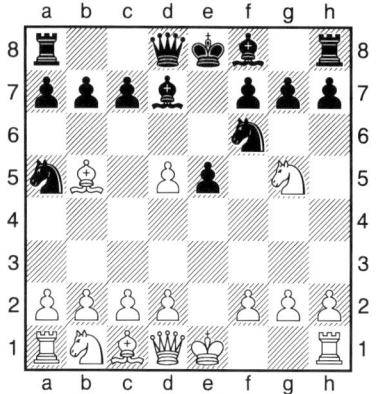

7.Sc3?!

Am stärksten ist 7.De2!, denn nun wäre der Abtausch 7...Lxb5? schlecht.

(7...Le7 8.Sf3 Sxd5 9.Lxd7+ Dxd7 10.Sxe5 ist etwas besser für Weiß.)

Nach 8.Dxb5+ mit Doppelangriff auf den König und den Sa5 und der Folge 8...c6 9.dxc6 bxc6 (9...Sxc6 10.Dxb7+−) 10.Dxe5+ hat Weiß zwei Bauern mehr.

7...Lxb5 8.Sxb5 Sxd5 9.Df3

Ein Doppelangriff gegen den Sd5 und den f7–Bauern.

9...Dxg5

9...Sf6 ist auch möglich.

10.Dxd5 De7 11.0–0 c6

Schwarz stellt eine Doppeldrohung auf.

Wie kann sich Weiß retten?

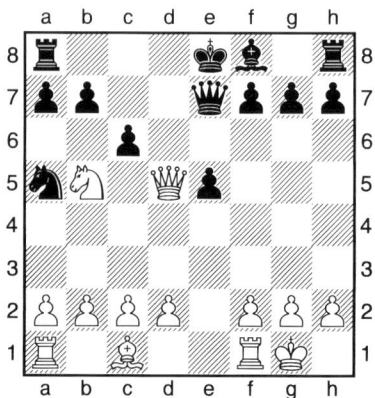

12.De4??

12.Sd6+ Dxd6 13.Dxa5 rettet die Figur und führt zu einer ausgeglichenen Stellung.

12...cxb5 13.d3 Df6

13...Sc6 erscheint sicherer.

14.b4 Sc6 15.f4 Ld6 16.a3 0–0 17.Lb2

Nun ist die schwarze Dame auf der Diagonale a1–h8 und der f-Linie mit gefährlichen Gegenüberstellungen konfrontiert, so dass es sinnvoll wäre, sie wegzuziehen.

17...Tfe8?

Besser ist 17...Dg6.

18.Tf3 Dh6 19.Th3

Wie soll sich Schwarz gegen den Angriff auf die Dame am besten verteidigen?

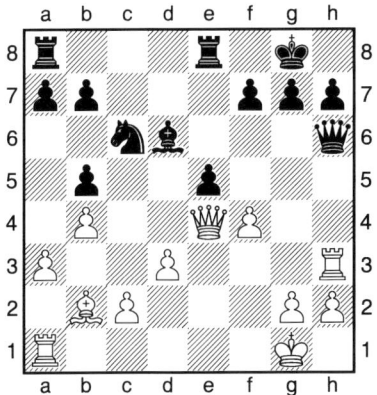

19...exf4??

Schwarz bekommt Panik, weil hinter der Dame der h7-Bauer hängt.

Dabei hätte 19...Dg6! ganz einfach beide Drohungen abgewehrt.

20.Dd5??

Gibt Schwarz eine weitere Chance, die Mehrfigur zu behaupten.

20.Txh6! Txe4 21.Txd6 gewinnt eine Figur zurück.

20...Dg6 21.Th5 (droht Tg5) **21...Te2?**

Nach Abwehr der Drohung mit 21...h6 sollte Schwarz leicht gewinnen.

22.Tg5

Nun hat Weiß ein paar Drohungen aufgestellt, aber mit der Mehrfigur kann Schwarz trotzdem noch gewinnen.

Wie soll Schwarz hier spielen?

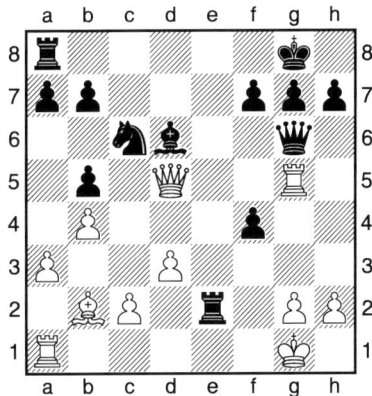

22...Dh6??

Notwendig ist 22...De6 und nach 23.Txg7+ Kf8 muss Weiß die Dame tauschen, da auf beispielsweise 24.Dg5? Te1+ 25.Txe1 Dxe1# folgt.

23.Txg7+ Kf8?

23...Dxg7 vermeidet zumindest das direkte Matt, aber Weiß gewinnt auch nach 24.Lxg7 Kxg7 25.Dxd6+–.

24.Dxf7#

---

3 Dinge zum Merken

1. Seltene Varianten überraschen den Gegner und erhöhen die Chance, dass er Fehler macht.
2. Schach- und Schlagzüge sollten immer berechnet werden!
3. Angesichts gegnerischer Drohungen ruhig bleiben und nicht in Panik geraten!

Die erfolgreichste Variante für Weiß

Partie 19
Philipp Wendl (1086)
Jerrik Giselbrecht (963)
ÖM U8, Velden 2015

1.e4 e5 2.Sf3 Sc6 3.Lc4 Sf6 4.Sg5 d5 5.exd5 Sa5 6.Lb5+ c6 7.dxc6 bxc6 8.Df3

Das ist bei Österreichischen Jugendmeisterschaften der erfolgreichste Zug in dieser Stellung: Weiß fesselt den c6–Bauern und droht ihn zu gewinnen.

– Den am häufigsten gespielten Zug 8.Le2 kann ich nicht empfehlen, weil Schwarz gutes Spiel bekommt, wie die nächsten beiden Partien zeigen.

– In höheren Elokategorien ist 8.Ld3 zu empfehlen – dazu gibt es in der Folge eine Partie von mir aus der 2. Deutschen Bundesliga.

Wie soll Schwarz auf **8.Df3** reagieren?

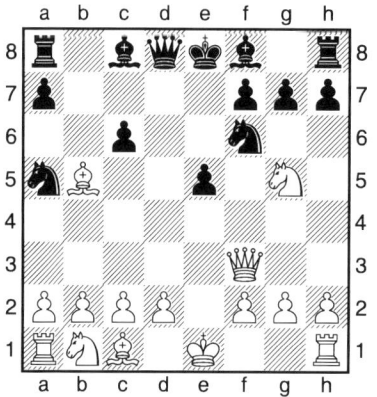

8...h6?!
1) 8...Le7 ist meine Empfehlung.
(8...Ld7? und 8...Lb7? sind schlechte Züge, weil Schwarz Zeit verliert und den Läufer passiv aufstellt. Nach 9.Ld3± hat Weiß bedeutenden Vorteil.)

Schwarz möchte den c6–Bauern opfern, um seine Entwicklung weiter zu beschleunigen; z.B. 9.Lxc6+ Sxc6 10.Dxc6+ Ld7 11.Df3 0–0 mit großem Entwicklungsvorsprung, der den geopferten Bauern gut kompensiert.

2) 8...Tb8 ist ebenfalls stark. Der c6–Bauer soll wiederum für schnelle Entwicklung geopfert werden; z.B. 9.Lxc6+? (besser 9.Ld3 Ld6=) 9...Sxc6 10.Dxc6+ Sd7!

Nun hängt der Sg4 und Schwarz kann mit Tb6 oder Lb7 weitere Figuren mit Tempo ins Spiel bringen. Damit besitzt er mehr als genug Kompensation für die zwei geopferten Bauern.

3) Sogar das Qualitätsopfer 8...cxb5 ist spielbar. Nach der möglichen Folge 9.Dxa8 Dc7 10.Df3 Sc6 11.c3 Lg4 hat Schwarz eine enorm aktive Stellung für das geopferte Material. Diese Variante ist bei österreichischen Jugendmeisterschaften allerdings noch nie versucht worden.

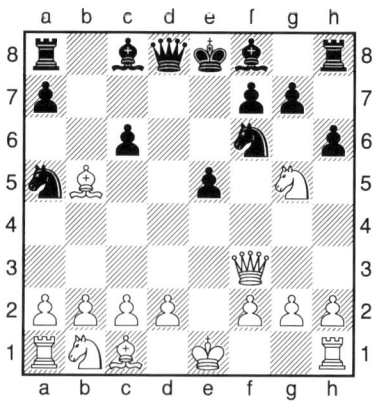

9.Sh3??
Statt dieses groben Fehlers ist 9.Se4 notwendig und stark.

Wieso hängt jetzt nicht der Lb5?

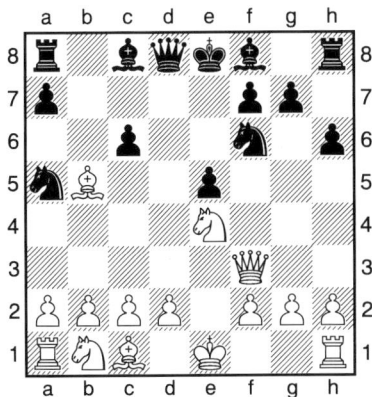

Analysediagramm

1) Weil Weiß nach 9...cxb5 mit 10.Sxf6+ gxf6 11.Dxa8 den Ta8 gewinnt.

2) Und nach 9...Sxe4 10.Dxe4 hat Weiß Vorteil dank seines Mehrbauern.

Wie kann Schwarz nach **9.Sh3??** eine Figur gewinnen?

9...Ld7??

So nicht!

1) Statt dessen unterbricht 9...e4! mit Tempo die Fesselung des c6–Bauern und Schwarz gewinnt eine Figur.

2) Auch 9...Lxh3 gewinnt eine Figur, weil nun der Ta8 durch die Dame gedeckt ist und Schwarz somit im nächsten Zug auf b5 schlagen kann.

10.Le2 e4?!

Nun hilft dieser Vorstoß dem Weißen nur, seine Damenstellung zu verbessern.

11.Dg3

Hier steht die Dame besser, denn nun kann Schwarz den Lf8 nicht entwickeln, ohne den g7–Bauern zu verlieren.

11...Dc8??

Nach diesem Tempoverlust verliert

Philipp Wendl bei der ÖM U8 im Jahr 2015

Schwarz zu allem Überfluss auch noch eine Figur.

11...Sb7 bringt die schlechteste Figur wieder zurück Richtung Zentrum.

Wie gewinnt Weiß eine Figur?

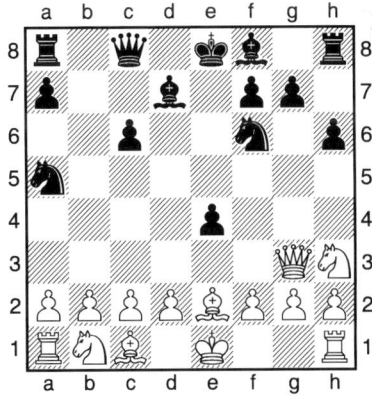

12.Sf4?

12.De5+ mit Doppelangriff gewinnt den Sa5.

12...Ld6?

Ein typischer Fehler: Schwarz entwickelt den Läufer, vergisst aber, dass dieser eine wichtige Aufgabe hatte.

13.De3??

13.Dxg7 gewinnt einen Bauern und führt zum Doppelangriff auf den Sf6 und den Th8.

13...0–0 14.Sh5 Sxh5 15.Lxh5 Te8 16.0–0 Sc4?!

16...Sb7 ist sicherer.

17.Dd4 Da6??

Richtig ist 17...Le6=.

Wie kann Weiß durch eine einfache Kombination Material gewinnen?

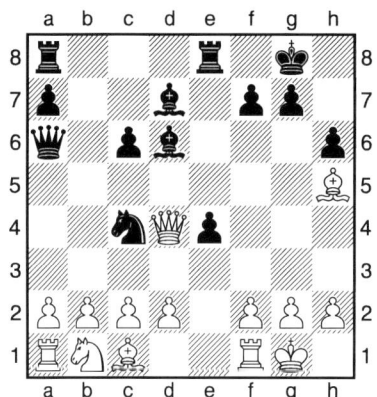

18.d3?!

Dies gewinnt zwar auch eine Figur, aber in der Folge kann Schwarz noch einige Gegendrohungen aufstellen.

Nach der Fesselung 18.Le2! gewinnt Weiß ohne Gegenspiel; z.B. 18...Le6 19.Dxd6 Sxd6 20.Lxa6.

18...Sxb2??

Danach verliert Schwarz sogar zwei Figuren.

Nach 18...exd3! 19.cxd3 Le6! 20.dxc4 Tad8! wäre Schwarz fertig entwickelt. Er droht den Abzug Lxh2+ und das Schlagen auf c4. Weiß muss hier noch sehr genau spielen, um seine Mehrfigur zu verwerten.

19.Lxb2

Einfacher ist 19.Dxd6! mit Doppelangriff auf Sb2 und Ld7.

19...Le5 20.Dxd7 Tad8

20...Lxb2 21.Lxf7+ Kh8 22.Lxe8 ist auch hoffnungslos.

21.Dxf7+ Kh8 22.Lxe5 Tg8 23.dxe4 Db5 24.Lc3 Tdf8 25.Dxa7 Dxh5 26.Dc7 Td8 27.Lxg7+ Txg7 28.Dxd8+ Kh7

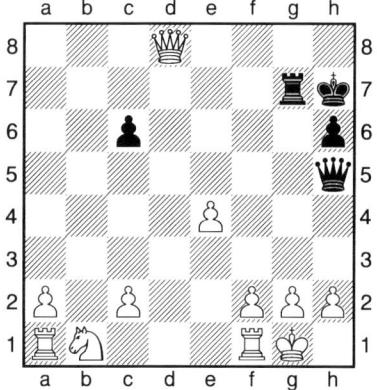

29.Sc3??

Eine Unachtsamkeit in völliger Gewinnstellung.

29.Sd2 gewinnt leicht.

Wie kann sich Schwarz noch ins Remis retten?

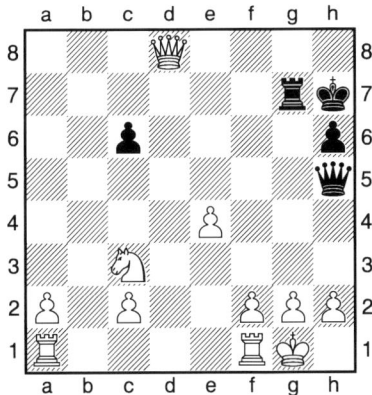

29...Dh3??

29...Txg2+! 30.Kxg2 Dg4+ 31.Kh1 Df3+ führt zum Remis durch Dauerschach.

30.g3

Jetzt spielt Weiß den Sieg sicher heim.

30...Tg5 31.Tad1 Th5 32.Td7+ Kg6 33.Td6+ Kg7 34.De7+ Kg8 35.Td8#

---

3 Dinge zum Merken

1. In offenen Stellungen sind Tempi oft wichtiger als Bauern.
2. Einfache Kombinationen wie Doppelangriffe und Fesselungen entscheiden bei Anfängern viele Partien, weshalb diese regelmäßig geübt werden sollten!
3. Vor allem in Gewinnstellungen aufmerksam bleiben – denn in einer Gewinnstellung hat man mehr zu verlieren!

Schwarz greift an!

Partie 20
Julius Stolz (1922)
Florian Schmidt (1720)
ÖM U16, St. Veit 2018

1.e4 e5 2.Sf3 Sc6 3.Lc4 Sf6 4.Sg5 d5 5.exd5 Sa5 6.Lb5+ c6

Die Hauptvariante an dieser Stelle. Schwarz gewinnt durch Angriff auf den Läufer ein Tempo.

7.dxc6 bxc6 8.Le2

Nach diesem am häufigsten gespielten Zug kann Schwarz sehr aktiv werden.

Wie soll er nun fortsetzen?

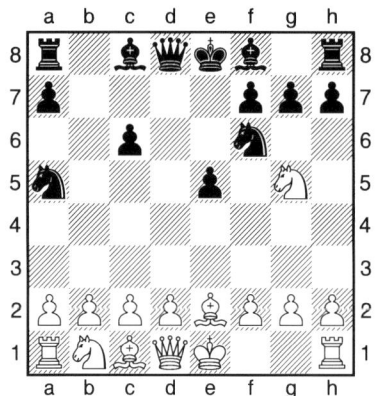

8...h6

Schwarz nützt die exponierte Stellung des weißen Springers, um einige Tempi zu gewinnen.

9.Sf3

9.Sh3 ist hier vielleicht eher zu empfehlen, damit der Springer nicht weiter herumgejagt wird.

9...e4 10.Se5 Ld6

Wiederum wird der Springer angegriffen.

Interessant ist auch 10...Lc5, was in der nächsten Partie gespielt wird.

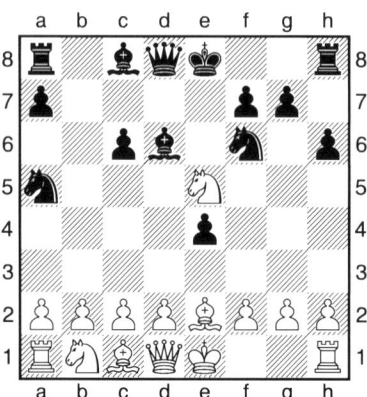

11.Sc4?

So gestattet Weiß den Abtausch des abseits stehenden schwarzen Springers und verliert außerdem Zeit.

11.d4 deckt den Springer und auf 11...exd3 folgt einfach 12.Sxd3. Nach der Folge 12...0–0 13.0–0 Dc7 hat Schwarz Angriffschancen als Kompensation für den geopferten Bauern. Eine interessante Stellung zum ausspielen und analysieren.

11...Sxc4 12.Lxc4 0–0 13.Le2?!

Ein weiterer Zug mit einer bereits entwickelten Figur. Schwarz hat bereits fast alle Figuren im Spiel, während Weiß nur den Le2 entwickelt hat.

– Logischer sind Züge wie 13.Sc3 oder 13.d4.

– 13.0–0? scheitert an einem typischen Opfer.

Wie gewinnt Schwarz hier?

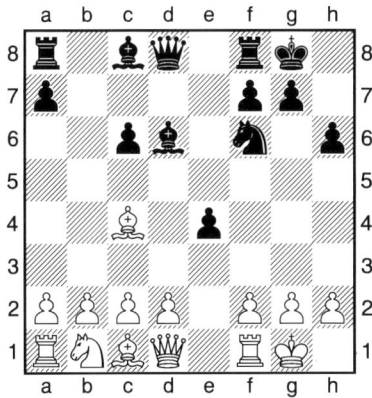

Analysediagramm

13...Lxh2+! 14.Kxh2 Sg4+

1) 15.Kh1 ist am schwächsten wegen 15...Dh4+ 16.Kg1 Dh2#.

2) 15.Kh3 kostet nach 15...Sxf2+ zumindest die Dame.

3) Nach 15.Kg3 Dg5 entscheidet die Abzugsdrohung Se3+; z.B. 16.f4 exf3 17.Kxf3 Te8 und der weiße König wird rasch erlegt.

4) 15.Kg1 Dh4 16.Te1

Schwarz setzt in 5 Zügen matt!

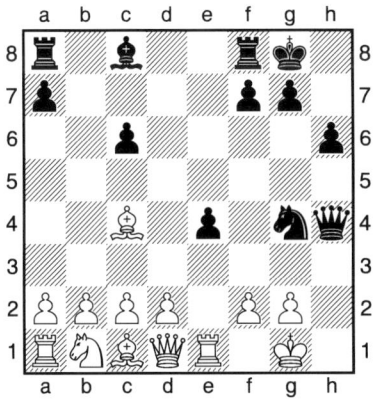

Analysediagramm

16...Dxf2+ 17.Kh1 Dh4+ 18.Kg1 Dh2+ 19.Kf1 Dh1+ 20.Ke2 Dxg2#

13...Sd5 14.0–0 Sf4!

Das ist das Lieblingsfeld des Springers beim Angriff auf die kurze Rochade.

15.d3

Wie kann Schwarz den Angriff abschließen?

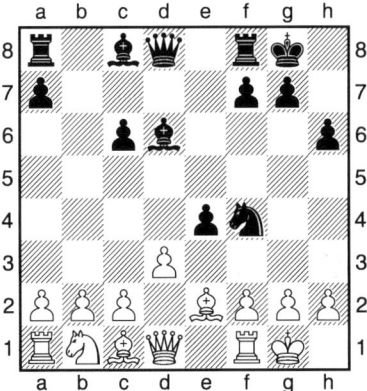

15...Sxg2!

Damit wird die weiße Königsstellung aufgerissen. Die schwarze Dame und beide Läufer zielen auf den weißen Königsflügel und werden den Angriff rasch abschließen.

16.Kxg2?!

Weiß könnte versuchen, zum überleben die Damen abzutauschen, aber auch nach 16.dxe4 Sh4 17.e5 Lxe5 18.Dxd8 Txd8 19.Sd2 steht Schwarz wegen des Entwicklungsvorsprungs und des schwachen weißen Königs deutlich besser.

16...Dh4

Bringt die Dame mit Angriff auf h2 in die Gefahrenzone.

17.Th1 Lh3+ 18.Kg1

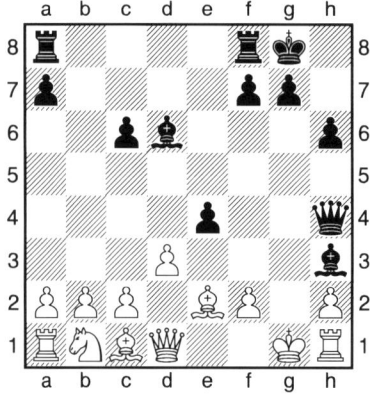

18...f5!

Schwarz möchte auch noch den Tf8 zum Angriff einladen.

Ebenso gut ist 18...Tae8, um den anderen Turm zu aktivieren.

19.Lf1 Tf6 20.Lxh3 Dxh3 21.f4 Tg6+ 22.Kf2 Tg2+ 23.Ke1 Dh4+ und **0-1** angesichts des Matts auf f2.

---

3 Dinge zum Merken

1. Entwicklungsvorsprung sollte man zum Angriff nutzen.
2. In der Eröffnung sollte man nicht ohne guten Grund mehrmals mit derselben Figur ziehen.
3. Wenn es keinen Verteidiger vor der Königsstellung gibt, muss man stets an ein mögliches Läuferopfer auf h2 (bzw. h7) denken!

Alle auf den weißen König!

Partie 21
Peter Balint (1156)
Tobias Englisch (1053)
ÖM U8, St. Kanzian 2017

1.e4 e5 2.Sf3 Sc6 3.Lc4 Sf6 4.Sg5 d5 5.exd5 Sa5 6.Lb5+ c6 7.dxc6 bxc6 8.Le2 h6 9.Sf3 e4 10.Se5

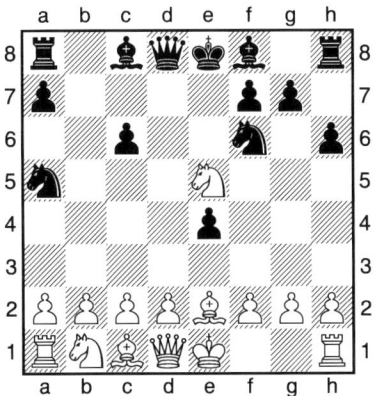

10...Lc5!?

Schwarz greift den weißen Springer nicht direkt an, sondern stellt die Drohung Dd4 auf.

11.0–0 0–0 12.c3?!

Weiß droht die Gabel mit b2–b4, aber der Bauer steht der natürlichen Entwicklung des Sb1 im Weg.

Schlauer ist 12.Kh1, um den f-Bauern zu entfesseln. Nach 12...Te8 13.f4 exf3 14.Sxf3 Lb6 hat Schwarz angesicsht der Schwäche des weißen Königs Kompensation für den geopferten Bauern.

12...Ld6 13.d4?!

Genauer erscheint 13.f4 exf3 14.Sxf3, denn nun hilft der Springer bei der Verteidigung des Königs.

13...exd3 14.Sxd3 Dc7

Der schwarze Angriff beginnt. Die Dame und beide Läufer zielen auf den weißen König und zwingen Weiß zu einer Schwächung.

Wie soll Weiß auf die Drohung gegen den h2–Bauern reagieren?

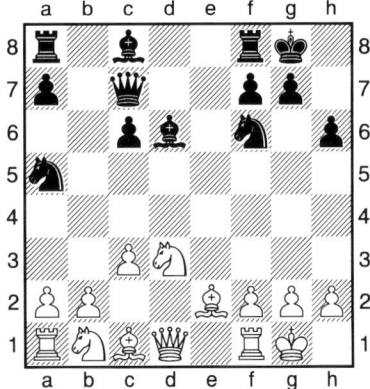

15.Kh1?!

1) 15.g3! ist sicherer, auch wenn dann die weißen Felder schwach werden. Nach z.B. 15...Lf5 16.Sd2 Tad8 geben die aktiven Figuren Schwarz ein mehr als ausreichendes Gegengewicht für den geopferten Bauern.

2) 15.h3?! ist riskanter, denn nach z.B. 15...Lf5∓ bleibt die Diagonale b8–h2 für den schwarzen Angriff offen (wenn Dame und Läufer die Plätze tauschen, droht Matt) und manchmal droht auch ein Läuferopfer auf h3.

Wieso kann Schwarz nach **15.Kh1?!** nicht den h2–Bauern schlagen?

Was soll er stattdessen spielen?

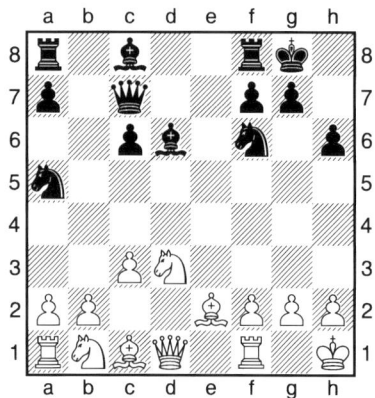

15...c5?!

Mit der Idee, den Läufer nach b7 zu stellen und auf der langen Diagonale Druck zu machen. Allerdings entwickelt dieser Zug keine Figur und verliert somit Zeit.

1) 15...Lxh2? verliert nach 16.g3 Lxg3 17.fxg3 Dxg3 18.Lf4 den Läufer. Da Weiß seinen König verteidigen kann, hat Schwarz nicht genug für die geopferte Figur.

2) 15...Lf5! ist stärker und auch 15...Te8! ist ein guter Entwicklungszug.

16.Se1?

Weiß sollte unbedingt die Entwicklung vorantreiben und 16.Sa3 wäre eine Möglichkeit dazu.

16...Lb7?!

16...Lxh2! ist nun möglich, denn nach 17.g3 Lxg3 18.fxg3 Dxg3 19.Lf4? folgt entscheidend 19...Lb7+.

17.Sf3?

17.Lf3! tauscht eine Figur ab und verringert damit die schwarzen Angriffschancen. Weiß hat einen Bauern mehr, aber eine passive Stellung, daher hilft jeder Abtausch.

17...Tad8 18.De1?

Nimmt die Dame aus der Gegenüberstellung mit dem schwarzen Turm (es drohte ein Abzug des Ld6), entwickelt aber wiederum keine Figur.

18.Sbd2 ist besser, allerdings ist die weiße Stellung bereits sehr gefährdet.

18...Tfe8

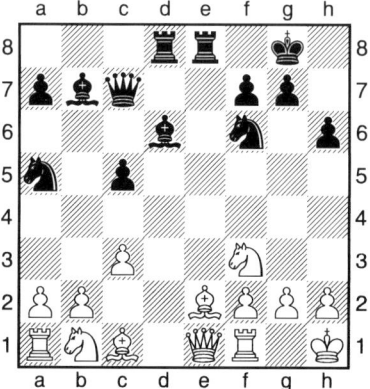

Ein schönes Bild: Alle schwarzen Figuren sind mobilisiert, während der weiße Damenflügel noch schläft. Weiß kommt nun nicht mehr dazu, in der Entwicklung aufzuholen.

19.Le3 Sg4! 20.Ld2 Sc4!

Jeder schwarze Zug bringt nun eine Drohung mit sich, sodass Weiß nur noch reagieren kann.

21.Lc1 Lxf3

Die Fesselung des Le2 entscheidet nun die Partie.

22.gxf3 Sxh2 23.Tg1 Sxf3 24.Dd1 Sxg1 25.Dxg1 Txe2 26.b3 Dc6+ 27.f3 Dxf3+ 0–1

> **3 Dinge zum Merken**
>
> 1. Abtausch verringert die gegnerischen Angriffschancen.
> 2. Jeder Zug sollte die Entwicklung vorantreiben!
> 3. Alle Figuren sollen beim Angriff mitspielen!

Die Variante 8.Ld3

Partie 22
Noah Faderbauer (1668)
Simon Bruckner (1650)
ÖM U18, St. Veit 2018

1.e4 e5 2.Sf3 Sc6 3.Lc4 Sf6 4.Sg5 d5 5.exd5 Sa5 6.Lb5+ c6 7.dxc6 bxc6 8.Ld3

Die Idee dieses Zuges besteht darin, dem Sg5 den Rückzug nach e4 zu ermöglichen. Der offenbare Nachteil ist die Blockade des d2–Bauern.

8...Le7?!

Mit der normalen Fortsetzung 8...Sd5 wird der eigene Springer zentralisiert und der gegnerische auf g5 angegriffen; z.B. 9.Sf3

(Nach 9.Se4 wird der Springer mit 9...f5 gleich weiter vertrieben und nach 10.Sg3 g6 schränken die schwarzen Bauern die weißen Figuren stark ein.)

9...Ld6 10.0–0 0–0

9.0–0

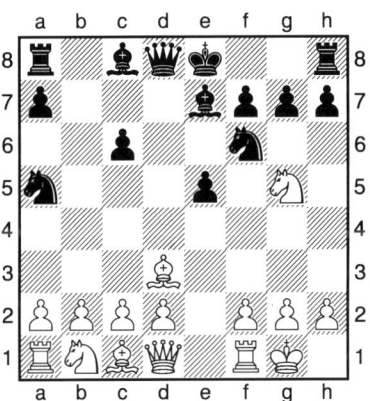

9...Dd4?

Da Entwicklung in der Eröffnung von entscheidender Bedeutung ist, sind solche Tempoverluste fast immer falsch.

Besser ist 9...0–0.

10.Sf3 Dd6 11.De2

Der e5–Bauer ist unter Beschuss, sodass Schwarz weitere Zeit verlieren muss.

11...Sd7 12.Te1 f6

Wie soll Weiß seine Entwicklung abschließen?

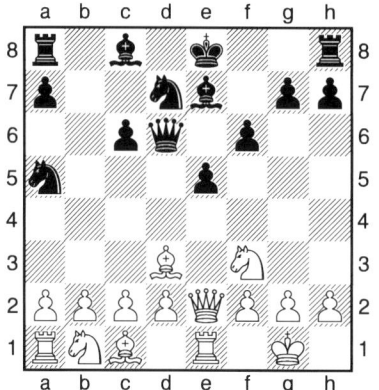

13.b3!

Weiß möchte den Läufer mit Tempo auf der Diagonale c1-a3 entwickeln. Ein typisches Manöver, wenn die Entwicklung über d2 nicht möglich ist.

13...0–0 14.La3 c5 15.Sc3 Lb7 16.Le4?!

16.Sh4! ist noch deutlich stärker, um der Dame den Weg nach g4 und h5 zu öffnen und die Drohung Sf5 aufzustellen.

16...Lxe4 17.Sxe4 Dc6

Welches taktische Motiv kann Weiß nutzen, um seine Figurenstellung zu verbessern?

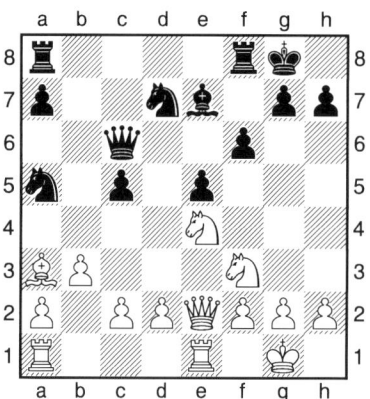

18.Sg3

Damit lässt er eine Chance ungenutzt.

Mit 18.d4! (Idee 18...exd4 19.Sxd4) konnte er die Fesselung des c5–Bauern ausnützen, um den Sf3, die Dame und den Te1 zu aktivieren.

18...De6 19.c3! Sc6 20.d4!

Da die Figuren von Weiß besser koordiniert stehen und er einen Bauern mehr hat, ist es eine gute Idee, die Stellung zu öffnen.

20...cxd4 21.Lxe7 Dxe7?

Wie kann Weiß nun Material gewinnen?

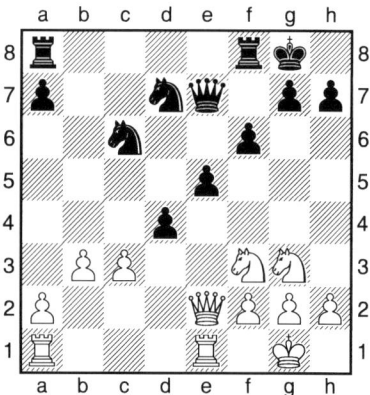

22.Sxd4?

22.Dc4+ mit Doppelangriff gewinnt eine Figur.

22...Sxd4 23.cxd4 Tad8 24.Sf5 De6??

24...Db4 ist deutlich zäher.

Wie entscheidet Weiß die Partie?

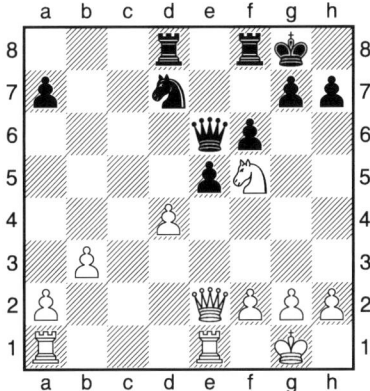

25.Dg4!

Es droht matt auf g7 und ein Abzugsschach durch Sh6.

25...Df7 26.Sh6+ und **1–0** wegen Damengewinns.

---

3 Dinge zum Merken

1. Wer besser entwickelt/koordiniert ist, öffnet die Stellung!
2. Unnötige Damenzüge verlieren in der Eröffnung wesentliche Zeit.
3. Figuren sollen, wenn möglich, mit Tempogewinn entwickelt werden.

Mein erster Versuch seit einem Vierteljahrhundert

Partie 23
IM Gert Schnider (2424)
GM Roman Slobodjan (2457)
2. Bundesliga Ost, Deutschland 2019

1.e4 e5 2.Sf3 Sc6 3.Lc4 Sf6 4.Sg5!?
Das habe ich zuletzt 25 Jahre vorher gespielt. In meiner Trainertätigkeit habe ich aber einigen Schülern das Zweispringerspiel gezeigt und wollte es selbst auch wieder einmal ausprobieren.

4...d5 5.exd5 Sa5 6.Lb5+ c6 7.dxc6 bxc6 8.Ld3 Sd5

Auch 8...Sg4!? führt zu einer spannenden Partie.

(Schlecht ist 8...h6?, weil der Springer mit 9.Se4 auf ein besseres Feld ziehen kann.)

In einer meiner später und ebenfalls in Deutschland gespielten Partien folgte 9.Se4 f5 10.Le2 h5 11.h3 fxe4 12.hxg4 Lc5.

9.h4!?
Die Hauptvariante ist 9.Sf3 Ld6 10.0-0 Sf4 11.Te1 Sxd3 12.cxd3 0-0 13.Sc3. Weiß hat einen Mehrbauern, aber seine Figuren sind ungünstig postiert; die Stellung ist ungefähr ausgeglichen.

Was soll Schwarz nun spielen?

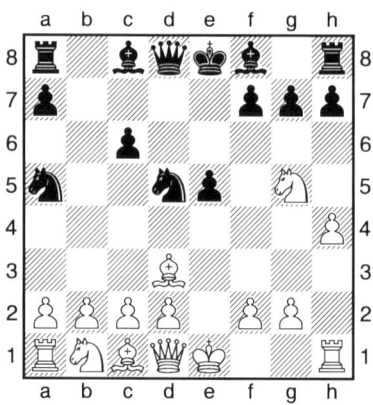

9...f5?
Damit schwächt Schwarz unnötig seine Königsstellung.

Und dabei gibt es viele spannende Varianten; z.B. 9...Lc5

(9...Dc7!?; 9...h6 10.Dh5 Df6)

10.Df3 f5! mit der Idee 11.Lxf5 0-0! 12.Lxh7+ Kh8

1) 13.Dh5?? Lxf2+ 14.Kd1 Se3+ 15.Ke2 Lg4+ −+

2) Besser ist 13.Sf7+ Txf7 14.Dxf7 Sf4! 15.Dg8+ Dxg8 16.Lxg8 Kxg8.

Wie soll Weiß auf **9...f5?** reagieren?

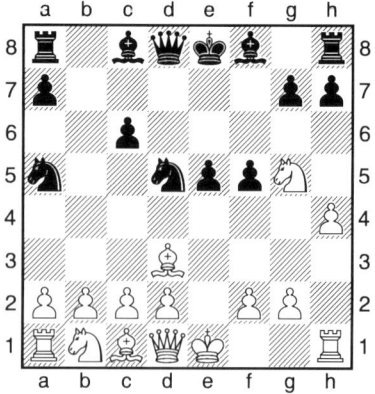

10.Le2!

Mit diesem logischen Zug geht Weiß dem Vorstoß e4–e5 aus dem Weg und macht dem d-Bauern den Weg frei. Der Läufer hatte auf d3 die Aufgabe, das Feld e4 für den eventuellen Rückzug des Springers zu decken. Nach f5 ist das nicht mehr sinnvoll, also kann der Läufer sich einer anderen Aufgabe zuwenden.

– 10.Sc3!? entwickelt eine Figur und ist auch stark.

– Hingegen wäre 10.0–0?! gefährlich, denn nach 10...Ld6 11.Te1? 0–0∓ droht Schwarz h6 nebst e4 und Weiß verliert den h4–Bauern.

10...Df6?!

Schwarz hat es inzwischen nicht mehr leicht, wie folgende Varianten zeigen.

1) 10...Lc5 11.c3± bzw. 10...Sf4 11.d3 Sxg2+ 12.Kf1 Sf4 13.Lxf4 exf4 14.Sd2±

2) Am besten ist noch 10...Le7, aber nach 11.d4! exd4 12.0–0 0–0 13.Dxd4± steht Weiß trotzdem besser.

Was soll Weiß angesichts des starken gegnerischen Zentrums spielen?

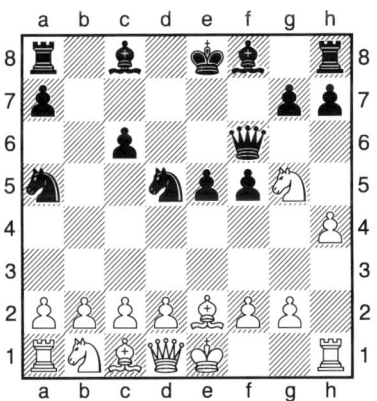

11.d4!

Weiß will die schwarze Bauernstellung im Zentrum aufbrechen, damit seine Figuren sichere Felder finden.

11...exd4

Noch schlechter ist 11...e4?, denn nach 12.c4 Sb6 13.c5 Sd5 14.Sc3+– tauscht Weiß den Sd5 ab und blockiert die schwarze Bauernstellung mit Lf4. Die schwarzen Leichtfiguren sind durch die weißen und schwarzen Bauern völlig eingeschränkt.

12.0–0 Lc5?

Nun sind Sa5 und Lc5 ungedeckt und der König steht auf der offenen e-Linie. Mir war klar, dass es hier eine gute Möglichkeit geben muss.

Ich hielt 12...Le7 für den einzigen Zug. Danach wollte ich mit 13.Sf3± den d4–Bauern erobern.

1) 13...c5? scheitert an 14.Lb5+ +– Sc6 15.c4!.

2) 13...h6 14.Dxd4 Dxd4 15.Sxd4 Lxh4 16.Lh5+ +– Kd8 17.Sc3

3) 13...0–0 14.Lg5 Df7 15.Dxd4

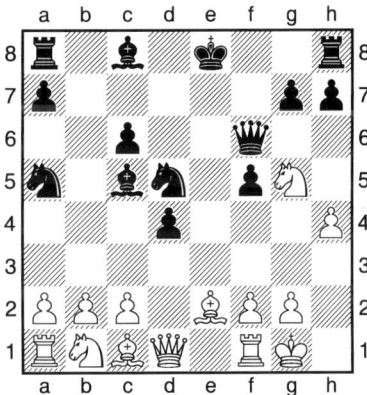

13.Lh5+

1) 13.De1! habe ich mit meinen Teamkollegen in der Analyse gefunden. Nach 13...Lb4 14.Ld2! Lxd2 15.Lh5+ Kd7 16.Sxd2 sollte ich angesichts des schwarzen Königs in der Mitte gewinnen; z.B. 16...La6 17.Le2 The8 18.Sde4 fxe4 19.Lxa6 usw.

2) 13.c4! Mit der möglichen Folge 13...dxc3 14.Lh5+ g6 15.Te1+ +– ist laut Computer noch stärker.

13...g6 14.De1+ Le7

Soll Weiß nun den Sa5 schlagen?

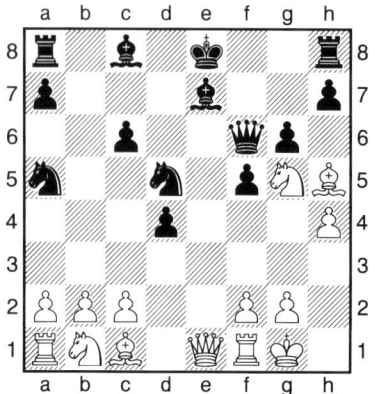

15.Lf3!

Die richtige Entscheidung, denn 15.Dxa5? gxh5 gibt Schwarz Gegenspiel auf der g-Linie. Der Doppelbauer auf der h-Linie ist hier ein Vorteil für Schwarz, weil er damit den Sg5 vertreiben kann.

15...Sc4 16.De2?

Ich wollte im nächsten Zug auf d5 nehmen und dann Db5+ folgen lassen. Die Antwort Scb6 habe ich überhaupt nicht berechnet.

Es gewinnt 16.Lxd5 cxd5 17.b3 Sd6 18.Da5 und Schwarz kann nicht rochieren, weil der d5-Bauer hängt.

16...Scb6!

Auf alle anderen Springerzüge habe ich berechnet, wie Weiß gewinnt:

1) 16...Se5 17.Lxd5 cxd5 18.Lf4 Sc6 19.Db5+–

2) 16...La6 17.b3 d3 18.cxd3 Dxa1 19.dxc4 Dxb1 20.La3+–

3) 16...Sd6 17.Lxd5 cxd5 18.Lf4 Se4 19.Db5+ Ld7 20.Dxd5+–

17.Te1 0–0

Wie soll Weiß hier fortsetzen?

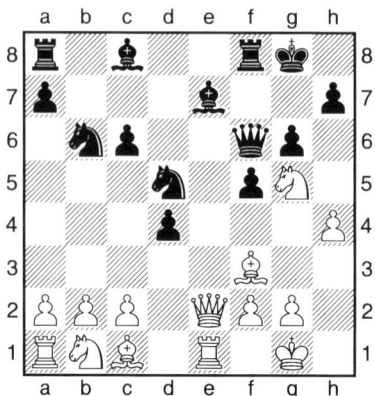

18.c4!

Damit möchte Weiß die Stellung im Zentrum öffnen oder den starken Sd5 vertreiben.

Ganz schlecht ist der vermeintliche Bauerngewinn 18.Sxh7?? Kxh7 19.Lg5 Dg7 20.Lxe7 wegen 20...Te8.

18...dxc3?

Die einzige Chance ist 18...La6, um den c4-Bauern zu fesseln; z.B. 19.De6+

(19.Sd2 deckt den Bauern und ist ebenfalls sehr gut für Weiß.)

19...Dxe6 20.Sxe6 Lxc4 21.Sxf8 Lxf8 22.Sd2± und die Mehrqualität gibt Weiß gute Gewinnchancen.

19.Sxc3 Ld6

Nach 19...Sxc3 20.bxc3 Dxc3 entscheidet 21.Lb2+–.

20.Ld2

Wenn der Läufer die lange Diagonale erreicht, hat Weiß entscheidenden Angriff.

20...Tb8

20...Ld7 verliert wegen 21.Sxd5 Sxd5 22.Lxd5+ cxd5 23.Lc3 d4 24.Dc4+ +–.

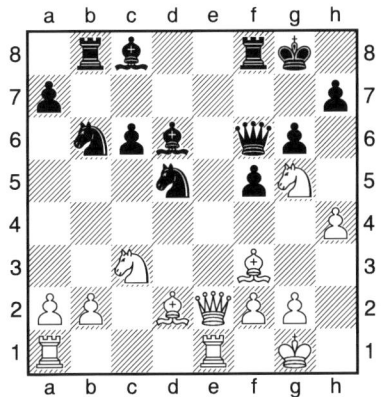

21.Sxd5 cxd5

Oder 21...Sxd5 22.Lxd5+ cxd5 23.Lc3 Dd8 24.Dd3 Le7 25.Txe7 Dxe7 26.Dxd5+ +–.

22.Dd3 d4

Ansonsten setzt Weiß auf der Diagonale a1–h8 matt; z.B. 22...Le5 23.Txe5 Dxe5 24.Lc3+–.

23.a4

Weiß will den Sb6 vertreiben, um Ld5+ spielen zu können.

23.Ld1 nebst Lb3 gewinnt ebenfalls.

23...Ld7 24.a5 Sc8 25.Ld5+ Kh8

25...Kg7 verliert direkt: 26.Se6+ Lxe6 27.Txe6 Dxh4 (27...Dd8 28.Dxd4+) 28.g3 Dg4 29.Lf3+–.

26.Sf3

26.Se6! gewinnt noch schneller, aber ich wollte den h4–Bauern nicht riskieren.

26...Se7

26...Lc5 27.Lf4 Ld6 28.Se5+–

27.Lg5 Dg7 28.Le6 Lxe6

– 28...Lb5 29.Dxd4 Dxd4 30.Sxd4 Sg8 31.Ld2

– 28...Sc6 29.Lh6! Dxh6 30.Lxd7+–

29.Txe6 Sc8 30.Sxd4 Lc5 31.Lf4 Lxd4 32.Lxb8 1–0

---

3 Dinge zum Merken

1. Zerstören oder blockieren Sie das gegnerische Zentrum!
2. Machen Sie keine unnötigen Züge mit dem f-Bauern!
3. Wenn die Aufgabe einer Figur erlischt oder erfüllt ist, soll sie sich einer anderen zuwenden.

Wichtige Motive und Konzepte aus Kapitel 4

Freibauern müssen laufen

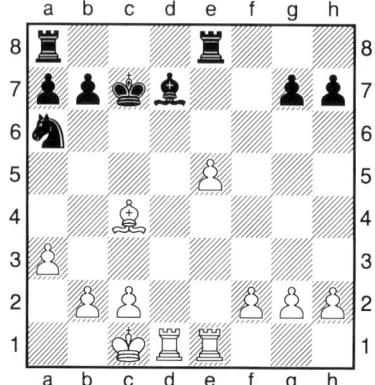

Weiß hat einen starken Freibauern auf e5. Schwarz sollte diesen mit dem Läufer blockieren und Weiß sollte ihn vorrücken, denn jeder Schritt bringt ihn der Umwandlung näher und schränkt die schwarzen Figuren stärker ein.

Läuferopfer auf h2 (h7)

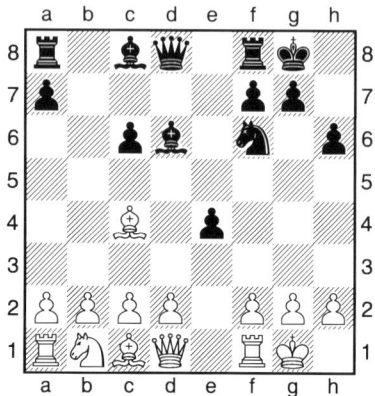

Ein Läuferopfer auf h2 (h7) hat meist dann Erfolg, wenn man Dame und Springer in den Angriff bringen kann und der Gegner das Feld h2 (h7) nach dem Opfer nicht mit einer Leichtfigur decken kann. Hier entscheidet Schwarz die Partie mit 1...Lxh2+ 2.Kxh2 Sg4+ 3.Kg1 Dh4.

Entwicklungsvorsprung

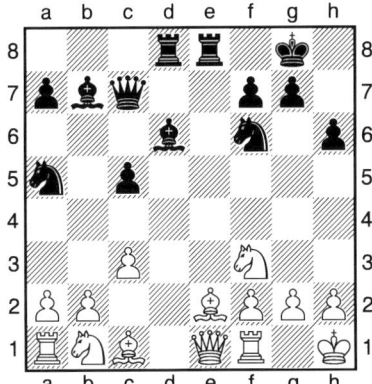

Die schwarzen Figuren stehen extrem aktiv, während der weiße Damenflügel noch schläft. Weiß hat einen Mehrbauern und ist am Zug, kann sich aber gegen die geballte Kraft der schwarzen Figuren nicht mehr wehren. Schwarz steht völlig auf Gewinn!

Zentrum zerstören/blockieren

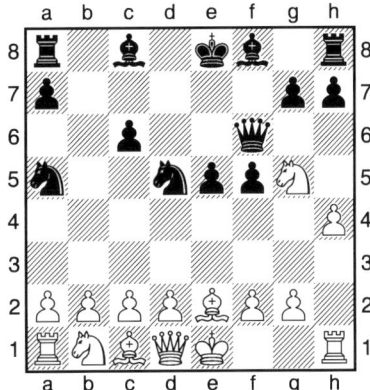

Schwarz hat ein starkes Bauernzentrum, das viele Felder auf der 4. Reihe kontrolliert. Mit 11.d4! kann Weiß die Zentrumsbauern trennen! Dadurch bekommt er Felder für seine Figuren und kann die schwarzen Bauern blockieren.

Kapitel 5

Schottisch

1.e4 e5 2.Sf3 Sc6 3.d4 exd4 4.Sxd4

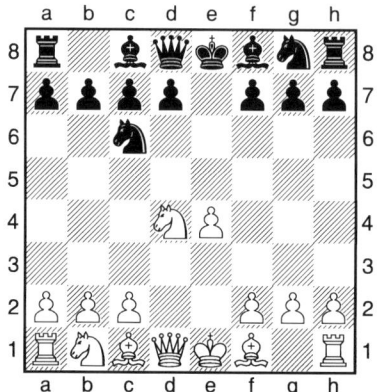

Schottisch ist eine sehr logische Eröffnung, denn Weiß besetzt sofort das Zentrum. Zu Beginn hat Schwarz damit große Probleme, wenn er nicht weiß, wie er sich entwickeln soll, denn angesichts seiner Zentrumskontrolle fällt Weiß die Entwicklung viel leichter. Die ersten beiden Partien zeigen, dass Schwarz ohne konkretes Eröffnungswissen rasch unter die Räder kommen kann.

Das wandelt sich aber mit steigender Spielstärke, denn Schottisch ist eine Eröffnung, gegen die sich viele aktive Varianten spielen lassen, weil das weiße Zentrum auch rasch angreifbar ist. Außerdem vernachlässigt Weiß in vielen Varianten die Entwicklung für statische Vorteile (wie beispielsweise die bessere Bauernstruktur oder Raumvorteil), sodass Schwarz schnelle Angriffe versuchen kann.

In österreichischen Jugendmeisterschaften erzielte Schwarz in der Hauptvariante nach 4…Sf6 5.Sxc6 bxc6 6.e5 De7 von 2006 bis 2019 ein gewaltiges Score von beinahe 70%. Hier liegt der Vorteil in der Vorbereitung deutlich bei Schwarz und Weiß muss viele verschiedene Ansätze und auch allerlei Trickvarianten kennen. Sobald man also das Anfängerstadium hinter sich gelassen hat, ist Schottisch zumindest im Jugendschach eine riskante Eröffnungswahl, wie die ausgewählten Partien eindrucksvoll demonstrieren.

Interessante Stellungen aus Kapitel 5

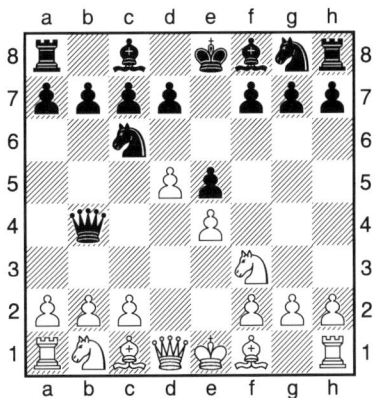

45) Wie soll Weiß auf das Schach reagieren?

(Partie 24 nach 4....Db4+)

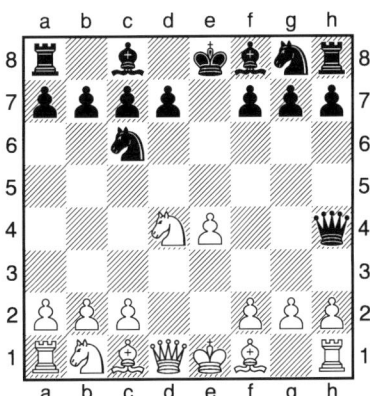

47) Wie soll Weiß auf diesen Angriff reagieren?

(Partie 26 nach 4...Dh4)

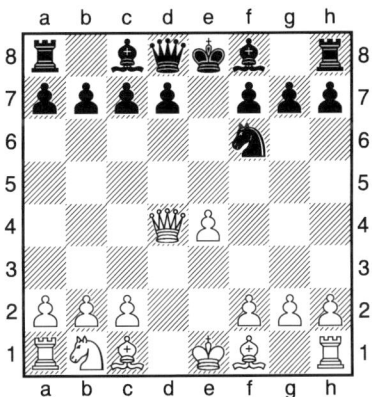

46) Wie setzt Weiß am stärksten fort?

(Partie 25 nach 5...Sf6)

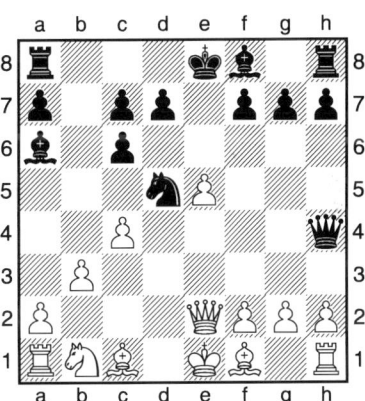

48) Wie soll Weiß auf 9...Dh4 reagieren?

(Partie 27)

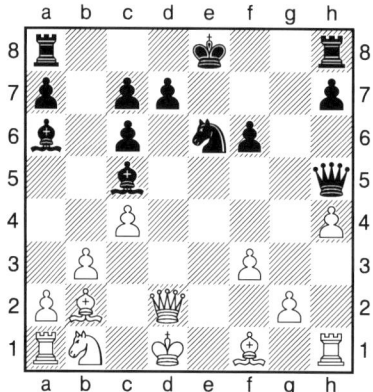

49) Weiß kann Material gewinnen!
(Partie 28 nach 16…gxf6)

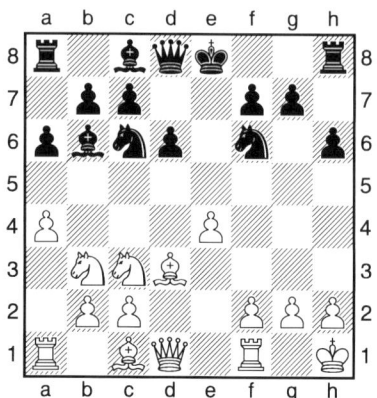

51) Schwarz gewinnt!
(Partie 29 nach 10.Kh1)

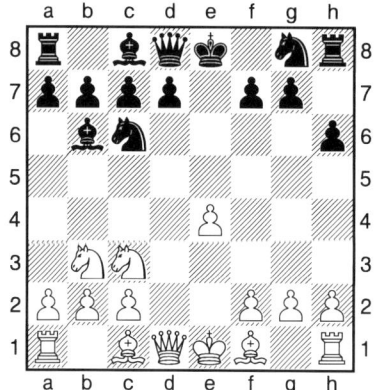

50) Wie kann Weiß zeigen, dass 6...h6 ungenau war?

(Partie 29)

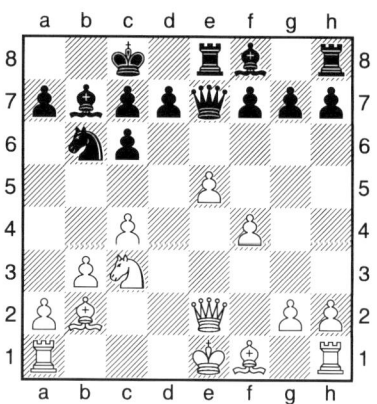

52) Wie soll Schwarz hier fortsetzen?
(Partie 30 nach 12.f4)

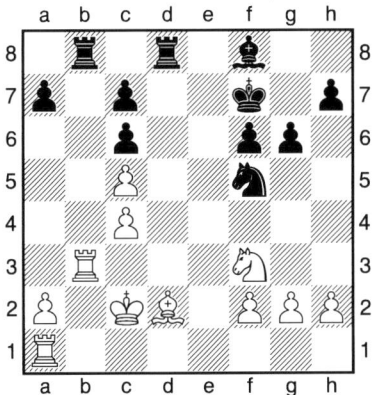

53) Finden Sie eine tolle positionelle Fortsetzung für Weiß!

(Partie 31 nach 24...Lf8)

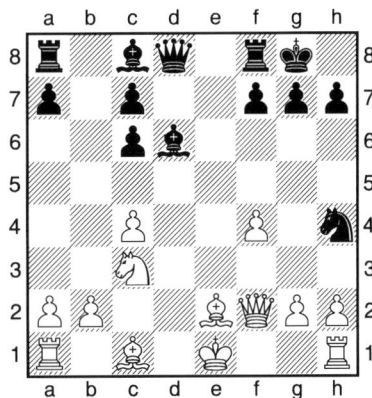

55) Wie verhindert Schwarz die weiße Rochade?

(Partie 32 nach 13.Df2)

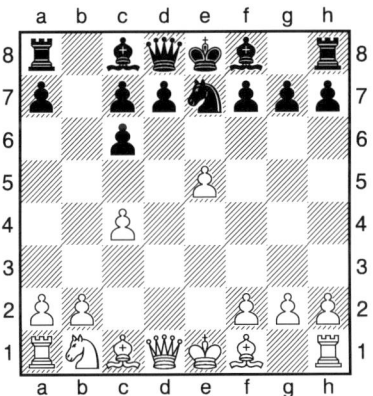

54) Wie soll Weiß hier fortsetzen?

(Partie 32 nach 7...Se7)

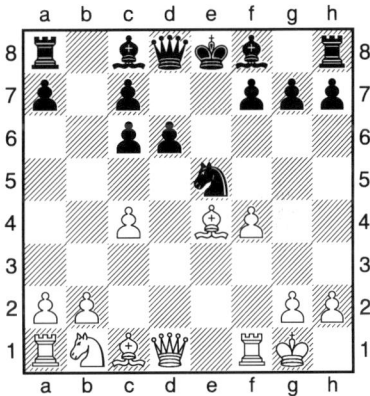

56) Wie soll Schwarz auf den Angriff 11.f4 reagieren?

(Partie 33)

Den Zentrumsbauern muss man schlagen!

Partie 24
David Schirmbeck (973)
Maximilian Sonnleitner (889)
ÖM U8, St. Kanzian 2018

1.e4 e5 2.Sf3 Sc6 3.d4

Die schottische Eröffnung.

Was soll Schwarz nun tun?

3...De7?

Solche von einer Figur gedeckten Zentrumsbauern wie den weißen auf d4 sollte man üblicherweise schlagen. Tatsächlich ist 3...exd4 der einzig gute Zug; z.B. 4.Sxd4

(4.Lc4 und 4.c3 sind Möglichkeiten, um mittels Bauernopfer aktiv zu spielen.)

4...Sf6 5.Sxc6 bxc6 6.e5

Nun ist eine der Hauptstellungen der schottischen Eröffnung entstanden, die Teil von späteren Partien sein wird.

4.d5 Db4+

Wie soll Weiß auf das Schach reagieren?

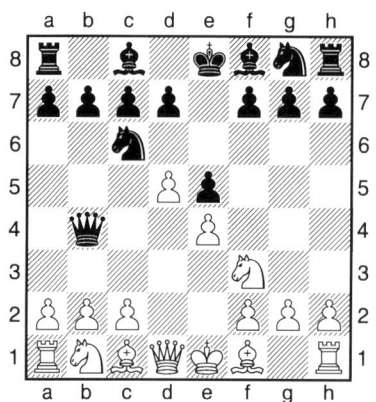

5.c3?

Bei diesem Gegenangriff übersieht Weiß, dass der e4-Bauer mit Schach hängt.

– 5.Sc3 entwickelt eine Figur und deckt den e4–Bauern.

– 5.Sbd2 ist auch möglich, sperrt aber den Lc1 ein und ist daher nicht ganz so gut.

5...Dxe4+ 6.Le2 Sce7 7.c4

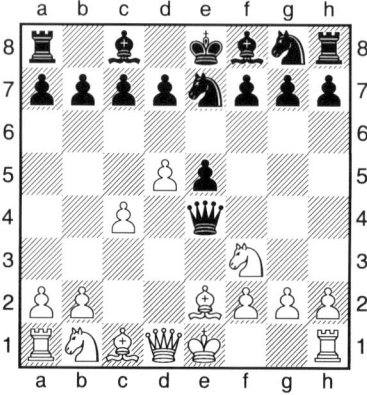

7...Sf5?

Entwicklung ist wichtig. Man sollte in der Eröffnung nicht ohne guten Grund mehrfach mit derselben Figur ziehen, sondern zuerst alle Figuren aktivieren.

7...d6 8.Sc3 Df5 ist unklar, denn Schwarz hat einen Mehrbauern, aber Weiß ist besser entwickelt.

8.0–0 Sd4 9.Te1

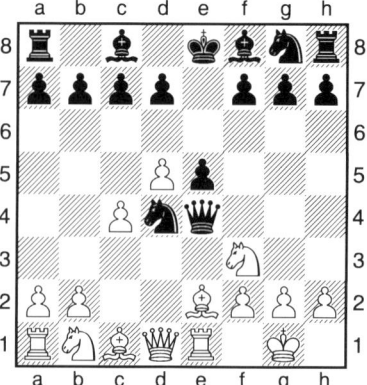

9...Sxe2+?

Wie oft hat dieser Springer nun gezogen? Er hat mit seinem fünften Zug einen Läufer geschlagen, der nur *einen* Zug gemacht hat, und somit hat Schwarz ganze 4 Tempi (Züge) verloren.

10.Txe2 Dxc4 11.Sxe5

Außer der Dame hat Schwarz noch keine Figur entwickelt und erhält jetzt die verdiente Strafe dafür. Die Dame hängt und Weiß droht ein tödliches Abzugsschach.

11...Dc5

11...Da6 rettet die Dame, aber Weiß gewinnt mit 12.Sg6+ Le7 13.Sxh8+– einen Turm .

12.Sd3+ De7 13.Sf4 Dxe2 14.Dxe2+ Le7 1–0

---

3 Dinge zum Merken

1. Nicht ohne guten Grund mehrmals mit derselben Figur ziehen!
2. Immer alle gegnerischen Drohungen beachten!
3. Schnelle Entwicklung ist wesentlich in der Eröffnung.

Eine Dame im Zentrum kann sehr mächtig sein!

Partie 25
Michaela Kessler (1523)
Franziska Teufl (1308)
ÖM U12 M, Deutschlandsberg 2006

1.e4 e5 2.Sf3 Sc6 3.d4 exd4 4.Sxd4 Sxd4?

Dieser häufig anzutreffende Fehler beruht darauf, dass Anfänger lernen, man solle die Dame nicht zu früh ins Spiel bringen – und mit dem Textzug kann Schwarz die Gegnerin ja zwingen, genau das zu tun.

Die normalen Züge sind 4...Sf6 und 4...Lc5 und der Trickzug 4...Dh4 wird in der nächsten Partie besprochen.

5.Dxd4

Nun steht die Dame im Zentrum sehr gut. Schwarz kann sie nicht leichtfertig vertreiben, denn ein Zug des c-Bauern schwächt Felder auf der d-Linie. Weiß steht somit bereits besser.

5...Sf6?

1) Auf den Versuch, mit 5...Df6 die Damen zu tauschen und so den Nachteil abzumildern, reagiert Weiß mit 6.Dc4±.

2) Auf den schlaueren Ansatz 5...d6, um den Vorstoß e4-e5 zu verhindern, bevor man den Springer entwickelt, antwortet Weiß 6.Sc3±.

3) Und auf die ebenfalls vernünftigere Entwicklungsidee 5...Se7 nebst Sc6 folgt 6.Sc3±.

Wie soll Weiß nach **5...Sf6?** fortsetzen?

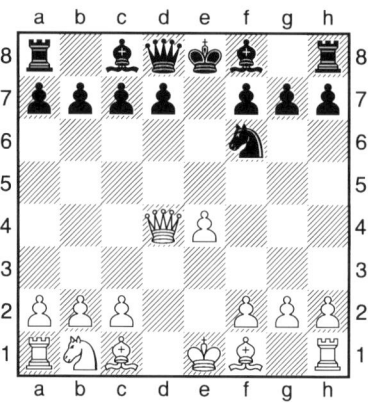

6.e5!

Wenn man in der Eröffnung einen Springer mit einem Bauern vertreiben kann, dann ist das meist ein guter Zug.

6...Sg8

Gelegentlich geschieht auch der furchtbar schlechte Zug 6...Sh5?.

Wie kann Weiß den Springer gewinnen?

7.g4! gewinnt eine Figur, denn der Springer hat kein sicheres Feld mehr zur Verfügung.

7.Lc4 Le7

Wie gewinnt Weiß?

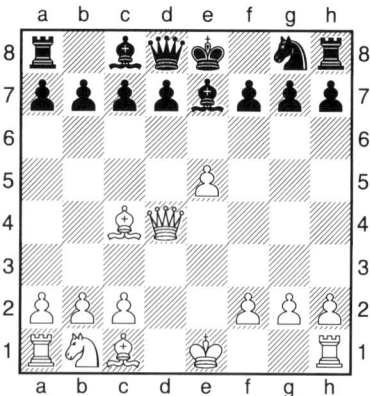

8.0–0?

Mit 8.Dd5! droht Weiß Matt und gewinnt nach 8...Sh6 9.Lxh6 zumindest eine Figur.

8...c6?

Schwarz ist verzweifelt und macht die Stellung noch schlimmer.

8...d5! wäre ein Versuch, sich mit einem Bauernopfer zu befreien.

9.Te1 d5? 10.exd6

Die Partie ist vorbei und Weiß sammelt jetzt Material ein.

10...Lf5 11.Dxg7 Dxd6 12.Dxf7+ Kd7 13.Dxf5+ Kc7 14.Lf4 Dxf4 15.Dxf4+ Kc8 16.Lxg8 Txg8 17.Txe7 Kd8 18.Dc7#

3 Dinge zum Merken

1. Wenn man in der Eröffnung mit einem Bauern einen Springer vertreiben kann, ist das meist ein guter Zug.
2. Die Dame im Zentrum ist stark, wenn sie nicht von Leichtfiguren verjagt werden kann.
3. Dame und König auf dieselbe Linie zu stellen kann leicht schiefgehen.

Eine gute Trickvariante!

Partie 26
Alexander Rosol (1972)
Martin Brandauer (1533)
ÖM U16 St. Veit 2019

1.e4 e5 2.Sf3 Sc6 3.d4 exd4 4.Sxd4 Dh4

Dieser interessante Trick ist hauptsächlich in unteren Elo-Kategorien anzutreffen. Üblicherweise versucht Schwarz diese Variante nur gegen Gegner unter 1500 Elo, aber diese Partie zeigt, dass auch deutlich stärkere Spieler nicht immer wissen, wie sie darauf reagieren sollen.

Was soll Weiß hier antworten?

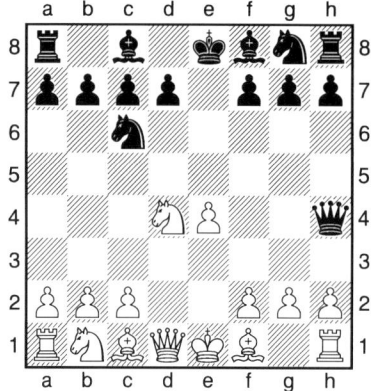

5.Sxc6?

Weiß stellt einfach einen Bauern ein, weil er vergisst, dass Schwarz nicht sofort zurückschlagen muss.

1) Im Training wird auch oft der noch schlimmere Bock 5.Ld3?? geschossen, weil Weiß nur die Drohung gegen den e4–Bauern beachtet und dabei vergisst, dass dessen Verteidigung den Figurengewinn 5...Sxd4 nach sich zieht.

2) Nach der richtigen Folge 5.Sc3 und der selbstverständlichen Antwort 5...Lb4 macht Weiß in der Praxis allerdings oft etwas falsch. Denn die Schwierigkeit besteht darin zu verstehen, dass er einen Bauern für Angriff opfern kann und nach 6.Le2! Dxe4 7.Sdb5! einfach besser steht.

Wie soll Schwarz nun den c7–Bauern decken?

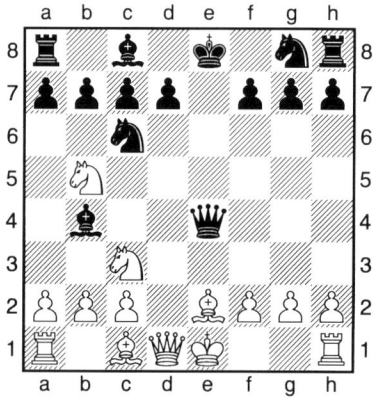

Analysediagramm

1) Nach 7...La5?? nützt Weiß mit 8.Sxc7+ die Überlastung des La5 aus, der ja nicht gleichzeitig den Sc3 fesseln und den Bauern c7 decken kann.

2) Und nach 7...De5?? wird mit 8.f4 der Verteidiger des Bauern c7 verjagt.

3) Die einzig sinnvolle Deckung besteht nach dem Zwischentausch 7...Lxc3+ 8.bxc3 in 8...Kd8. Aber nach 9.0–0 steht Weiß besser, denn der schwarze König ist dauerhaft schwach.

Allerdings hat Schwarz ja immerhin einen Bauern mehr, so dass dies eine interessante Stellung zum ausspielen und analysieren ist, um etwas über Kompensation und Angriffschancen zu lernen.

5...Dxe4+ 6.Le2

Wie soll Schwarz auf c6 schlagen?

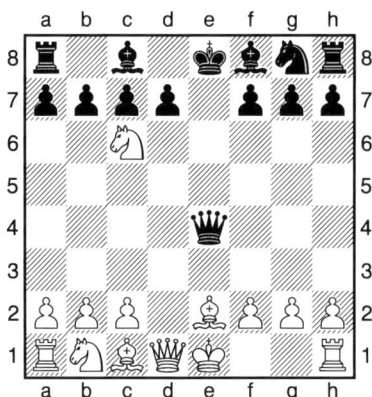

6…Dxc6?

Schwarz hat einen Mehrbauern und muss nur noch sicherstellen, dass er seine Entwicklung abschließen kann. Nach dem Textzug steht die Dame schlecht und wegen der Drohung Sc3 und Lb5 hat Schwarz es schwer, seinen d-Bauern zu bewegen.

6...dxc6! ist stärker, um die Entwicklung zu beschleunigen.

7.0–0 Lc5 8.b4?

Dieses Bauernopfer ist völlig unnötig.

8.Sc3 Se7 9.Lf3 gibt Weiß angesichts seines Entwicklungsvorsprungs gute Kompensation für den Bauern.

8...Df6??

Wieder einmal ein unnötiger Zwischenzug. In guter Stellung sollte man keine unnötigen Risiken eingehen. Nun bekommt Weiß eine tolle Chance.

Nach 8...Lxb4 9.Lb2 Sf6 hat Schwarz zwei Mehrbauern und keine Probleme.

9.bxc5! Dxa1

Wie soll Weiß hier fortsetzen?

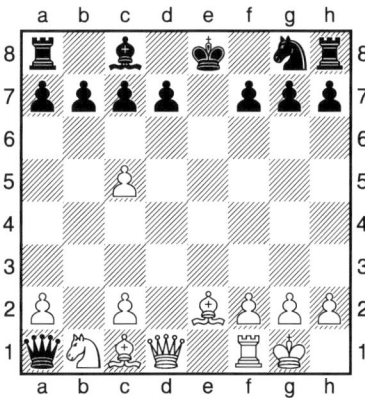

10.Le3?

– Nach 10.Lc4! Se7 11.Lg5 f6 12.Lf4+– kann Schwarz nicht mehr rochieren und Weiß wird im Angriff gewinnen.

– 10.Te1!? ist ebenfalls stark.

10...Df6 11.Ld4 Dh6 12.Lc4?

Nach 12.Te1! Se7 13.Lh5! kann Schwarz sich nicht entwickeln. Der König muss den Se7 decken und weder der f- noch der g-Bauer kann ziehen.

Wie kann Schwarz sich befreien?

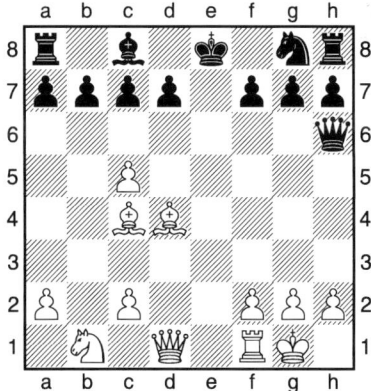

12...d5?

Die richtige Reihenfolge war 12...Se7! 13.Te1 d5!, denn nun kann Schwarz auf

14.cxd6 mit 14...Dxd6∓ zurückschlagen.

13.cxd6 cxd6

Da 13...Dxd6?? 14.Lxg7 hier den Th8 kostet, hätte Schwarz Se7 vor d5 spielen sollen.

14.Lb5+ Kf8 15.Lc5 a6 16.Lxd6+ Se7

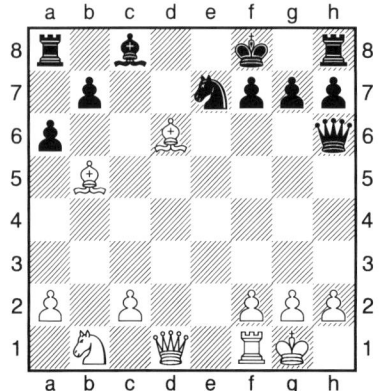

17.Lb8??

Weiß droht matt, aber dieser Zug geht völlig nach hinten los.

Nach 17.La4± steht Weiß weiterhin sehr gut und hat mehr als genug Kompensation für die Qualität, denn nach z.B. 17...Le6 18.Df3 wird Schwarz noch lange brauchen, um den Th8 ins Spiel zu bringen.

17...Db6!

Das Matt ist abgewehrt und beide weißen Läufer hängen.

18.Ld6 axb5

Mit einem ganzen Turm mehr gewann Schwarz leicht.

19.Te1 Le6 20.Sc3 Td8 21.Lxe7+ Kxe7 22.Sd5+ Txd5 23.Dxd5 Td8 24.Dg5+ Kf8 25.h4 Td5 26.Df4 Dd6 27.Df3 h5 28.g3 Db6 29.Df4 Kg8 30.Db8+ Kh7 31.Df4 Tf5 32.Dd2 Ld5 33.Te3 Lxa2 34.Dd3 g6 35.Dd2 Lc4 36.Db4 Dd4 37.Db1 Dd2 38.De1 Dxe1+ 39.Txe1 b4 40.Tb1 Tb5 41.Kg2 b3 42.cxb3 Lxb3 43.Tc1 Ld5+ 44.Kh3 Tb2 45.g4 b5 46.gxh5 gxh5 47.Tc5 Le6+ 48.Kg3 Tb1 49.Txh5+ Kg6 50.Tg5+ Kh6 51.Kf4 b4 52.Tb5 b3 53.Ke5 b2 54.Kf6 Th1 55.Tb8 b1D 56.Th8+ Dh7 0–1

---

3 Dinge zum Merken

1. Bauernopfer sind für viele Spieler schwer zu finden.
2. (Frühe) Angriffe setzen den Gegner unter Druck.
3. Nach einem Schlagzug muss man nicht immer sofort zurückschlagen.

Mit einer Trickvariante zu den Österreichischen Meistertiteln!

Partie 27
Matea Martic (1313)
Jasmin-Denise Schloffer (1467)
ÖM U12 M, Tschagguns 2012

1.e4 e5 2.Sf3 Sc6 3.d4 exd4 4.Sxd4

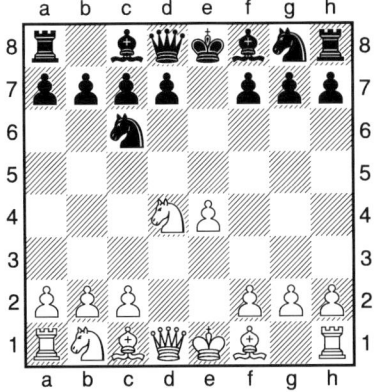

4...Sf6

Dieser Zug und 4...Lc5 sind die Hauptfortsetzungen gegen Schottisch.

5.Sxc6 bxc6 6.e5

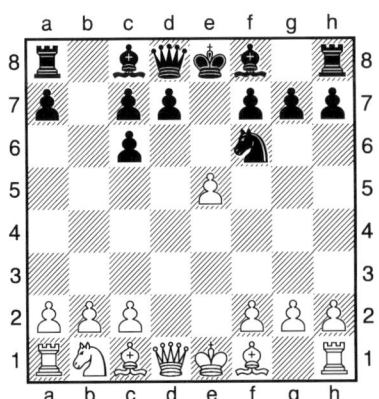

6...De7

Fesselt den e5–Bauern, damit der Sf6 (noch) nicht wegziehen muss.

7.De2 Sd5 8.c4 La6

Wiederum eine Fesselung, um den Springer im Zentrum zu behaupten.

9.b3

Weiß hat eine bessere Bauernstruktur und mehr Raum, jedoch wurde außer der Dame noch keine andere Figur entwickelt. Solche Stellungen mit einem frühen Ungleichgewicht in der Entwicklung müssen beide Seiten sehr genau spielen.

9...Dh4!?

Dieser trickreiche Zug kann gegen Spieler bis ca. 2000 Elo versucht werden, denn die Widerlegung ist extrem kompliziert und es ist höchst unwahrscheinlich, dass Weiß die richtigen Züge am Brett findet.

Nach dem Hauptzug 9...g6 entwickelt Schwarz den Läufer nach g7 und setzt nach der Rochade den e5–Bauern unter Druck.

Wie soll Weiß nun reagieren?

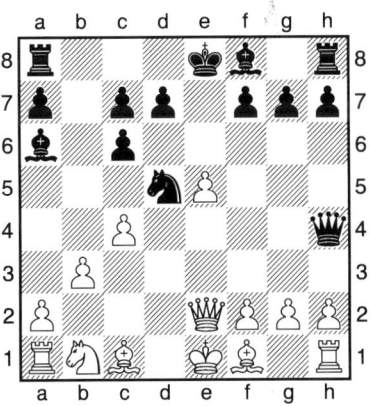

10.g3??
Warum verliert dieser Zug?

Jasmin-Denise Schloffer bei der ÖM U12 M 2012

1) Der beste Zug ist 10.a3!, um das Störschach auf b4 zu verhindern. Mit 10...Lc5!? kann Schwarz nun weiter „auf Trick" spielen.

(Solider ist 10...Sf4, aber nach 11.De4 Sg6 kann Weiß die Damen tauschen und hat etwas Vorteil im Hinblick aufs Endspiel.)

11.g3! Lxf2+ 12.Dxf2

(Nach 12.Kxf2?? Dd4+ -+ geht der Ta1 verloren.)

12...De4+ 13.Kd1 Dxh1

Schwarz hat eine Qualität gewonnen, aber die Dame steht in der Ecke und der König bekommt Schwierigkeiten. Wenn Weiß nun etwa 10 weitere richtige Züge macht, steht er viel besser. Die entsprechende Variante beginnt mit 14.Sd2 Sc3+ 15.Kc2 Se4 16.Sxe4 Dxe4+ 17.Ld3 Dg4 18.Lf5 Dh5 19.h4!±. Weiß droht nun, mit g4 die schwarze Dame zu fangen.

2) 10.Lb2 ist ebenfalls möglich, aber 10...Lb4+ 11.Sd2 Sc3 ist problemlos für Schwarz. In einer interessanten Jugendpartie geschah nun 12.Lxc3?! Lxc3 13.Tc1?

(13.0-0-0 wäre noch gar nicht so schlimm.)

13...Dd4

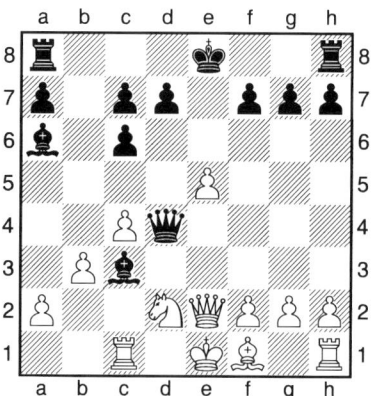

Analysediagramm

14.g3??

Weiß will die Entwicklung abschließen, aber nun geschieht wieder eine Katastrophe: 14...Lxd2+ 15.Dxd2 De4+ und Schwarz gewann die Partie und den Österreichischen Meistertitel U16 in Bauer – Hiebler, MU16, Wien 2011.

10...Dd4!

Der Ta1 hängt und Weiß verliert Material.

11.Lb2

11.Db2 De4+ kostet den anderen Turm.

11...Lb4+ 12.Sd2

Die Deckung des Lb2 ist unterbrochen.

12...Dxb2 13.Dd1

Wie gewinnt Schwarz weiteres Material?

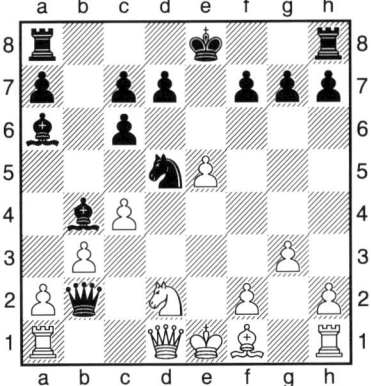

13...Lxd2+ 14.Dxd2 Dxa1+ 15.Dd1 Dxe5+ 16.De2 Dxe2+ 17.Lxe2 Sf6 0–1

Mit diesem Sieg wurde Jasmin österreichische Meisterin der Mädchen U12. Der Trick aus dieser Partie wurde am gleichen Tag auch in der MU14 gespielt und Vanessa Stallinger hat ihre Partie ebenfalls leicht gewonnen und sich damit die Silbermedaille gesichert. Insgesamt haben die steirischen Jugendspieler mit dieser Variante bei österreichischen Meisterschaften 5 aus 5 erzielt.

---

3 Dinge zum Merken

1. Trickvarianten bringen wichtige Punkte – für ein dauerhaftes Repertoire eignen sie sich aber nicht!
2. Der Drang, die gegnerische Dame zu bedrohen, ist sehr stark – und kann ins eigene Verderben führen!
3. In Stellungen mit Entwicklungsrückstand muss man extrem vorsichtig sein.

Romantisches Schach in der Bundesliga!

Partie 28
IM Georg Kilgus (2390)
FM Gert Schnider (2405)
2. Bundesliga Mitte 2017

1.e4 e5 2.Sf3 Sc6 3.d4 exd4 4.Sxd4 Sf6 5.Sxc6 bxc6 6.e5 De7 7.De2 Sd5 8.c4 La6 9.b3 Dh4

Gegen einen IM ist das ein gewagter Zug. Mein Gegner hatte aber in den letzten Jahren kaum 1.e4 gespielt und ich dachte, dass er nur speziell gegen mich etwas vorbereitet hatte und womöglich nicht mit allen Schottisch-Varianten vertraut war.

10.Lb2

Da dieser Zug erst nach über zehnminütigem Nachdenken gespielt wurde, hatte ich mit meiner Überlegung wohl richtig gelegen. – Glück gehabt!

10...Lb4+ 11.Kd1!?

Eine durchaus übliche Entscheidung in diesen scharfen Varianten der schottischen Eröffnung.

11...Sf4 12.De3

Nach 12.g3 Sxe2 13.gxh4 Sf4∓ hat Schwarz die bessere Bauernstruktur.

Wie soll Schwarz nun fortsetzen?

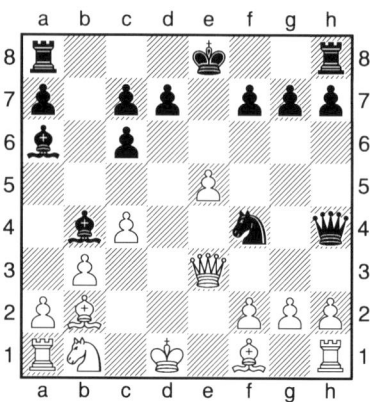

12...Dh5+?

Ein dummer Zwischenzug, denn von hier hat die Dame keinen guten Rückweg mehr.

Nach der richtigen Fortsetzung 12...Se6! 13.g3 De7∓ ist der weiße König dauerhaft schwach und Schwarz kann mit Lc5, 0–0–0 und d5 fortsetzen, wonach sich die d-Linie öffnet.

13.f3 Se6 14.h4! Lc5 15.Dd2 f6?

Ich hatte Angst um meine Dame (es drohte 16.g4) und wollte sie nicht tauschen. Nach diesem Zug ist mir aber aufgefallen, dass ich eine kleine Kombination übersehen hatte.

15...Df5 16.Ld3 Df4= ist notwendig.

16.exf6 gxf6!?

Ich wusste jetzt, dass dieser Zug nicht geht, wollte es aber riskieren! Wichtig dabei ist, sich nichts anmerken zu lassen, um den Gegner nicht aufmerksam zu machen. Ich habe meinen Zug also in ganz normalem Tempo gemacht und bin dann aufgestanden, um mir einen Kaffee zu holen. Denn wäre ich am Brett geblieben, hätte mein Gegner vielleicht meine Nervosität gespürt.

Die schwierige Stellung nach 16...Df7 17.fxg7 Tg8± wollte ich nicht verteidigen. Wie gewinnt Weiß hier?

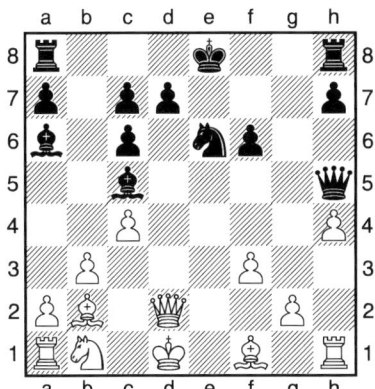

17.Sc3?

17.Da5! gewinnt eine Figur, denn der La6 hängt und da der Lc5 gefesselt ist, droht auch b4.

(Nach meiner ursprünglichen Idee 17.Lxf6? Tf8 18.Lb2 würde 18...d5! Schwarz tolle Kompensation für den Bauern geben.)

In der Partie hatte ich 17...Df5 18.Dxa6 Sd4 mit einigen Gegenchancen geplant. Aber wenn Weiß richtig spielt, gewinnt er einfach – und zwar 19.Sa3! Sxf3 20.Da5!

(Die Alternativen sind nicht so klar; z.B. 20.Db7 0–0; 20.Le2 Sg1; 20.gxf3 Dxf3+.)

20...0–0–0 21.gxf3! Dxf3+ 22.Kc2+– Dxh1 23.Dxc5

17...d5?

Die richtige Idee, aber Schwarz sollte besser zuerst rochieren. Nach 17... 0–0–0 18.Tc1 d5 hat Schwarz interessantes Spiel gegen den in der Mitte stehenden weißen König.

Wie kann Weiß die falsche Zugfolge ausnutzen?

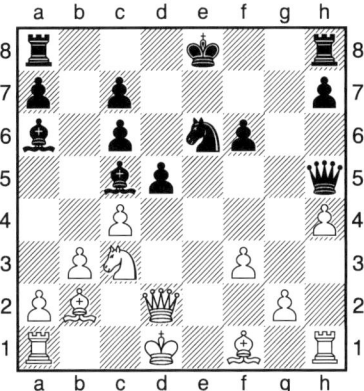

18.De1?

Wiederum bin ich glücklich entkommen! Richtig ist 18.g4! Dg6

(18...Df7 scheitert an 19.cxd5 Lxf1 20.dxe6 Dxe6 21.Txf1+–.)

19.Ld3! Dg8 20.Te1 0–0–0 21.Lf5 und wegen der Fesselung des Se6 gewinnt Weiß Material.

18...Df5 19.cxd5 Lxf1 20.Dxf1

20.Txf1? Dd3+ 21.Dd2 Dxf1+ 22.Kc2 Sd4+! 23.Dxd4 Dxg2+–

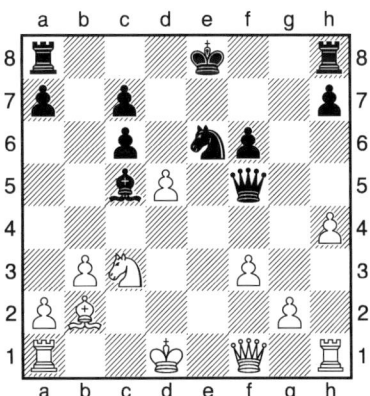

20...0–0–0!

Nun hat Schwarz erreicht, was er wollte: Sein König steht (einigermaßen) sicher und er kann einen Angriff auf den weißen König starten.

21.De2?

21.Tc1 ist besser, um irgendwie den König zu sichern.

21...The8!

Alle zur Party einladen!

22.De4 Dh5!

Die Dame sollte Schwarz nur tauschen, wenn er etwas dafür bekommt, denn der weiße König ist viel schwächer.

23.Dg4 Dxg4!

Jetzt ist der Damentausch in Ordnung, denn die weiße Bauernstellung wird ruiniert.

24.fxg4 Sf4 25.Tf1?

Auch nach der zäheren Verteidigung 25.Kc2 Sxg2 26.b4 Lxb4 27.dxc6 Se3+ 28.Kb3 La5 sollte Schwarz früher oder später gewinnen.

25...Sxg2 26.Txf6 Se3+ 27.Kc1 cxd5 28.g5

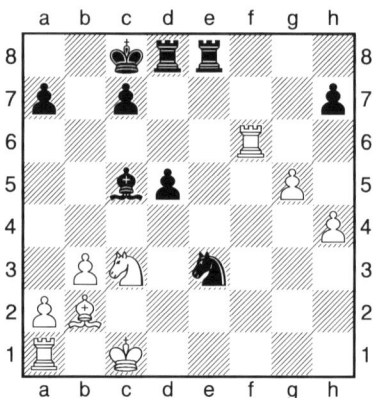

Das Material ist gleich, aber die weißen Figuren, vor allem der Ta1, sind deutlich unterlegen.

28...d4! 29.Sa4 Lb4 und **0–1**, da der d-Bauer Weiß zumindest eine Figur kosten wird.

Eine ganz wichtige Partie für mich, denn in der Saison 2016/17 konnte ich in der 2. Bundesliga Mitte meine 2. IM-Norm erzielen und kurz darauf in einem IM-Turnier die 3. und letzte Norm.

---

3 Dinge zum Merken

1. Keine unnötigen Zwischenzüge machen!
2. Nerven bewahren, wenn man einen Fehler gemacht hat (und es bemerkt)!
3. Risiko führt oft zum Erfolg, denn in komplizierten Stellungen kann der Gegner mehr Fehler machen.

Eine Vorbereitung in 5 Minuten!

Partie 29
Michael Wimmer (1708)
David Martinovic (1330)
ÖM U12, St.Veit 2021

1.e4 e5 2.Sf3 Sc6 3.d4 exd4 4.Sxd4 Lc5

Der zweite Hauptzug gegen Schottisch.

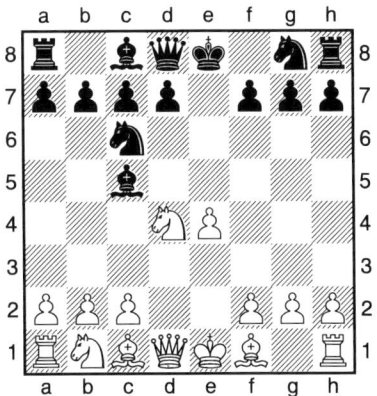

5.Sb3

Die anderen Hauptvarianten werden mit 5.Sxc6 Df6 6.Df3 oder 5.Le3 Df6 6.c3 eingeleitet.

5...Lb6 6.Sc3 h6?!

Das ist zwar ein Teil der vorbereiteten Idee, aber die falsche Reihenfolge. Geplant war 6...Sf6 7.Ld3 d6 8.0–0 h6.

Wie kann Weiß nachweisen, dass der Zug h6 ungenau ist?

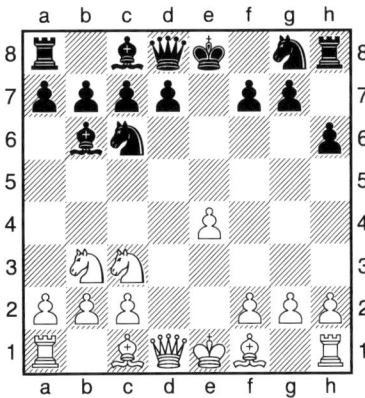

7.Ld3?!

Weiß macht einfach mit seinem Aufbau weiter, ohne die gegnerischen Züge zu beachten.

Nach 7.De2! konnte Weiß den Tempoverlust und vor allem die Schwächung der Rochadestellung durch h6 ausnutzen, indem er lang rochiert und dann am Königsflügel angreift; z.B. 7...d6 8.Le3 Sf6 9.0–0–0 0–0 10.f3 nebst g4 mit starkem Angriff.

7...Sf6 8.0–0 d6 9.a4 a6

Baut eine Garage für den Läufer.

10.Kh1??

Das ist bereits der entscheidende Fehler!

Den anderen Bock 10.Te1?? hatten wir in der Vorbereitung auf dem Brett – und die Gewinnführung läuft genauso wie die jetzt in der Partie mögliche.

Wie kann Schwarz im Angriff gewinnen?

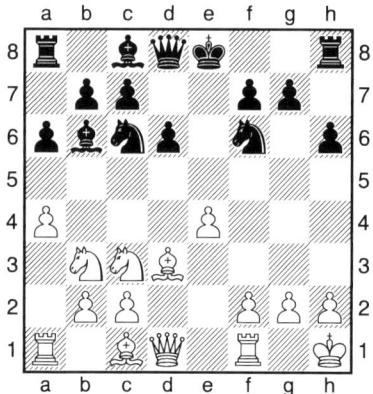

10...Sg4! 11.Df3 Dh4

Ein Doppelangriff gegen f2 und h2.

12.h3 Sxf2+ 13.Kh2 Sg4+

13...Se5 hätte etwas schneller zum Ende geführt.

14.Kh1 Sce5!

David bringt einen weiteren Angreifer heran.

15.De2 Sf2+ 16.Txf2 Lxf2 17.Sd5

Schwarz hat bereits entscheidenden Materialvorteil, aber wie kann er die Partie nun direkt entscheiden?

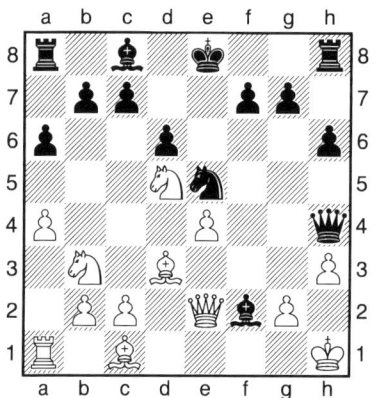

17...Lxh3! und **0–1** wegen 18.gxh3 Dxh3#.

David Martinovic feiert 2020 seinen 10. Geburtstag – standesgemäß mit einer Schachtorte!

Fotograf Josip Martinovic

Diese Partie war die zweite Partie an diesem Tag und so hatten wir nur wenig Zeit zwischen den Runden, in der mehrere Spieler vorzubereiten waren. Ich konnte mit jedem nur ein paar Minuten besprechen, was er spielen soll und habe meist nur kurz Ideen und Pläne gezeigt. David hat diese super umgesetzt und die Partie taktisch sauber zu Ende gespielt.

Überhaupt ist er taktisch sehr versiert und wird sicher ein starker Spieler, wenn er so weitermacht!

3 Dinge zum Merken

1. Wenn der Gegner in der Eröffnung einen ungewöhnlichen Zug macht, sollte man nicht einfach mit dem gewohnten Aufbau fortfahren.
2. Die Zugreihenfolge ist wichtig, vor allem in offenen Stellungen.
3. Das Feld f2 (oder f7) kann auch nach der Rochade schwach werden.

Das Problem mit dem e5-Bauern

Partie 30
David Lafer (1694)
Florian Atzl (2026)
ÖM U18, St. Veit 2017

1.e4 e5 2.Sf3 Sc6 3.d4 exd4 4.Sxd4 Sf6 5.Sxc6 bxc6 6.e5 De7 7.De2 Sd5 8.c4 Sb6

Der zweite Hauptzug neben 8...La6.

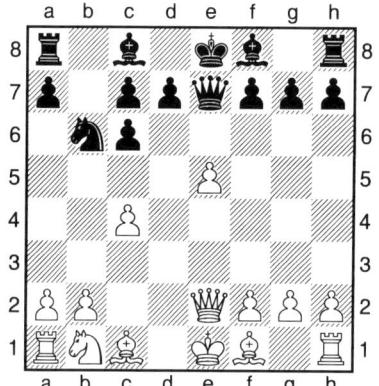

9.Sc3 Lb7

Schwarz möchte seine Entwicklung rasch abschließen und dann den e5-Bauern angreifen. Weiß hat Raumvorteil, aber es ist nicht so leicht, die Entwicklung abzuschließen, denn er muss die Bauern auf e5 und c4 schützen.

10.b3

Mit 10.Ld2 kann die Entwicklung ohne Tempoverlust auf der bereits offenen Zugstraße fortgesetzt werden. Allerdings steht der Läufer auf b2 vermutlich besser, denn unter anderem überdeckt er den e5-Bauern.

10...0–0–0 11.Lb2 Te8

Hier sieht man ein typisches Problem für Weiß in der schottischen Hauptvariante: Der e5-Bauer wird leicht zur Schwäche.

12.f4

Wie soll Schwarz nun fortsetzen?

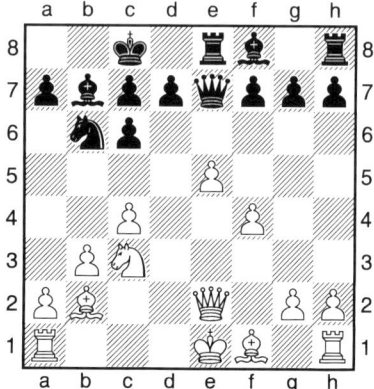

12...g5!

Sehr konsequent gespielt, denn da der e5-Bauer entfernt werden soll, greift Schwarz den schützenden f4-Bauern an.

Nach dem ebenfalls logischen Ansatz 12...f6!? gewinnt Schwarz den e5-Bauern, aber Weiß bekommt Kompensation; z.B. 13.0–0–0 fxe5 14.fxe5 Dxe5 15.Dxe5 Txe5 16.Ld3.

Die weißen Figuren stehen sehr aktiv und Schwarz hat Probleme mit den Figuren am Damenflügel – vor allem der Sb6 steht sehr schlecht.

13.fxg5?

1) 13.Se4 zielt auf das schöne Feld f6 und gibt Weiß Gegenchancen; z.B. 13...gxf4

(Nach 13...Lg7 überdeckt Weiß seine Bauernkette mit 14.g3.)

14.Sf6 mit einer spannenden Stellung.

2) Das sofortige 13.g3? scheitert an 13...gxf4 14.gxf4 Lh6! 15.Df2 f6 und der e5-Bauer geht verloren, wonach der weiße König im Zentrum sehr gefährdet steht.

13...Dxg5

Nun ist der e5–Bauer extrem schwach und wird früher oder später verloren gehen.

14.Se4 Lb4+?!

Von hier kann der Läufer den e5–Bauern nicht angreifen.

Nach hingegen 14...Dg6! nebst Lg7 wird Schwarz den weißen Zentrumsbauern erobern und klar besser stehen.

15.Sd2?!

Nach 15.Kd1 Dg6 16.a3 hat Weiß Rettungschancen.

15...f6 16.0–0–0 fxe5

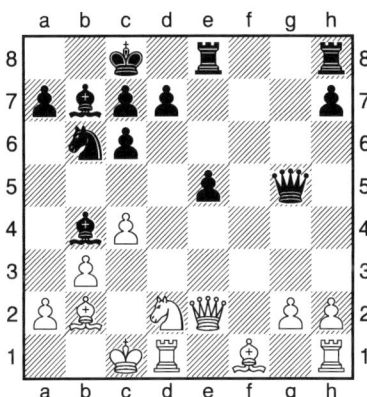

Nun hat Schwarz einen gesunden Mehrbauern und ist besser entwickelt. Wenn Weiß sich nicht genau auskennt, kann so etwas in der schottischen Hauptvariante leicht geschehen.

17.h4 Df4 18.g4 Thg8 19.Lh3 c5!

Nun spielt auch noch der Lb7 mit und die weiße Stellung bricht rasch zusammen.

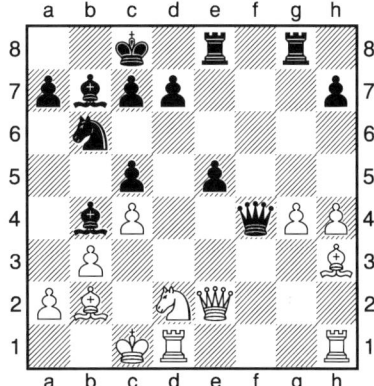

20.Lg2 Lxg2 21.Dxg2 Txg4

Schwarz konnte seine zwei Mehrbauern leicht verwerten.

22.Dh3 Tg3 23.Dh2 Teg8 24.De2 d6 25.Thf1 Lxd2+ 26.Txd2 Tg1 27.Txg1 Txg1+ 28.Kc2 Df5+ 29.Td3 Th1 30.Lc1 Txh4 31.Dg2 Td4 32.Dg8+ Kb7 33.Dg2+ Kb8 34.Dg3 Txd3 35.Dxd3 Dxd3+ 36.Kxd3 Kc8 0–1

---

3 Dinge zum Merken

1. Weit vorgerückte Bauern können zur Schwäche neigen.
2. Schnelle Entwicklung ist der Grundstein eines erfolgreichen frühen Angriffs!
3. Ein vorgerücktes gegnerisches Bauernzentrum sollte zerstört werden.

Weiß kennt sich aus und es entsteht ein spannendes Endspiel.

Partie 31
Emanuel Frank (2161)
Stefan Kreiner (1961)
ÖM U18, Velden 2014

1.e4 e5 2.Sf3 Sc6 3.d4 exd4 4.Sxd4 Sf6 5.Sxc6 bxc6 6.e5 De7 7.De2 Sd5 8.c4 La6 9.Sd2

Eine interessante Alternative zum Hauptzug 9.b3.

9...g6 10.Sf3 Db4+

Wie soll Weiß auf dieses Schach reagieren?

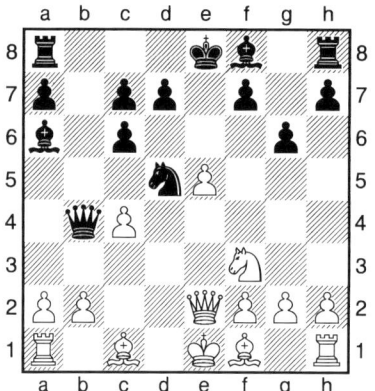

11.Kd1!

Mit dem König in der Mitte spielt es sich nicht so einfach – und die Tatsache, dass dieser Zug *erzwungen* ist, macht klar, dass Weiß in der Schottischen Eröffnung viel wissen muss.

– 11.Ld2? kostet nach 11...Dxb2 einen Bauern.

– Selbiges gilt auch für 11.Dd2? 11...Lxc4!.

– Und mit 11.Sd2? verliert Weiß zwei Tempi.

11...Tb8 12.Dc2 Se7 13.b3 Lg7 14.Ld2 Db6

Wie setzt Weiß am besten fort?

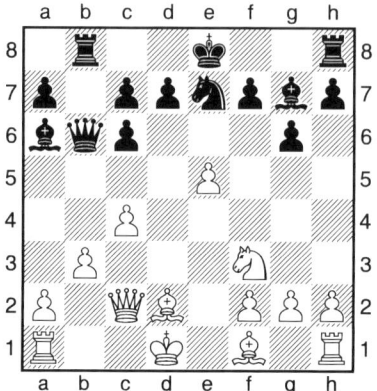

15.c5!

Die Bauern auf e5 und c5 schränken Schwarz ziemlich ein.

15...Db7 16.Lxa6 Dxa6 17.Te1 0–0 18.Dc4!

Soll Schwarz nun die Damen tauschen?

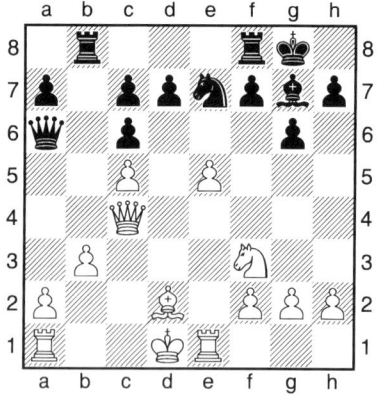

18...Dxc4

Der Damentausch verschlechtert die weiße Bauernstruktur, aber die Bauern sind schwer anzugreifen und im Endspiel steht der König in der Mitte sogar gut.

Die Entscheidung ist in Ordnung, auch wenn Schwarz die Dame mit 18...Da3 ebenso gut auf dem Brett behalten könnte; z.B. 19.Sd4

(Mit 19.Lc1 19...Da5 20.Ld2 könnte Weiß auf Zugwiederholung spielen.)

19...Sd5 20.Sc2 Db2 21.f4 a5

Die schwarze Dame steht aktiv, aber unter Umständen auch gefährdet.

19.bxc4 f6 20.e6 dxe6 21.Txe6 Kf7 22.Te3 Tfd8 23.Kc2 Sf5 24.Tb3 Lf8

Mit 24...h5! verhindert Schwarz g2–g4 und gewinnt Raum.

Weiß hat eine tolle positionelle Fortsetzung!

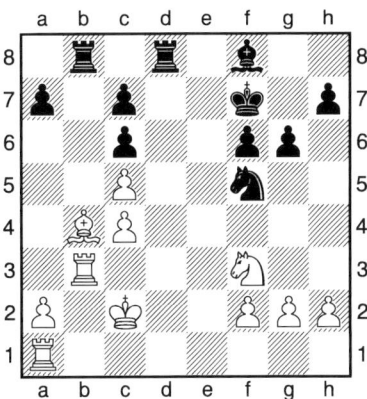

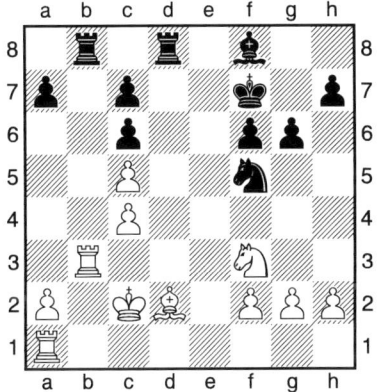

25.Lb4?

Stark ist 25.g4! Sg7 26.g5!, denn Weiß vertreibt zuerst den gegnerischen Springer und kämpft dann das Feld e5 für den eigenen frei. Nun würde 26...fxg5?? 27.Se5+ Kg8 28.Sxc6+– komplett nach hinten losgehen – und nach 26...Le7 27.Te1 Te8 hat Weiß soliden Minimalvorteil.

Schwarz hat eine starke Fortsetzung!

25...Sg7!

Der Springer wird nach e6 umgesetzt, um den c5-Bauern weiter unter Druck zu setzen. Auf f5 steht der Springer nur scheinbar gut, denn er hat keine Aufgabe.

26.Tab1 Se6 27.Ta3 Txb4?!

Eine interessante Kombination, die aber nicht nötig ist.

27...Tb7∓ deckt den a-Bauern, wonach Schwarz den c5-Bauern gewinnt; z.B. 28.Ta5 Tdb8 29.a3 Lxc5∓.

28.Txb4 Lxc5 29.Tba4 Lxf2

Mit 29...Lxa3 holt Schwarz sich die Qualität zurück und behält einen Mehrbauern. Nach 30.Txa3 Ta8 31.Ta6 sollte die weiße Aktivität aber den Bauern kompensieren.

30.Se5+!

Mit dieser kleinen Kombination verschlechtert Weiß die schwarze Bauernstellung und tauscht eine Figur ab.

30...fxe5 31.Tf3+ Ke7 32.Txf2

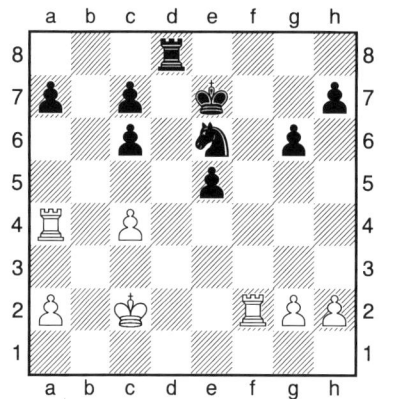

32...e4 33.Ta3 Td4 34.Txa7 Td3?

34...c5∓

35.Td2 Te3 36.c5 Kf6 37.Ta4 Ke5 38.Tc4?

38.Ta8±

38...Ta3 39.Kb2 Ta5 40.Kc3 Sf4?! 41.g3?! Sd3?

41...Sd5+ 42.Kb2 Tb5+ =

42.a4! h5?

42...Kd5±

43.Te2!

Nun geht eine Figur und damit die Partie verloren.

43...Sxc5 44.Kb4 Kd5 45.Txc5+ 1–0

Dieses Endspiel ist ausgeglichen. Bei knapper werdender Bedenkzeit häufen sich nun die Ungenauigkeiten und am Ende ist Weiß der glückliche Gewinner.

---

3 Dinge zum Merken

1. In der Schottischen Eröffnung muss Weiß oft mit dem König in der Mitte spielen.
2. Bauern können Felder für Figuren freikämpfen.
3. Teilen Sie die Zeit gut ein, denn in Zeitnot häufen sich die Fehler!

Ein Trick für fortgeschrittene Spieler

Partie 32
Teodor Holtman (SVK/2058)
Balint Kiss (AUT/2090)
Team-Weltmeisterschaft U16
Györ (Ungarn) 2014

1.e4 e5 2.Sf3 Sc6 3.d4 exd4 4.Sxd4 Sf6 5.Sxc6 bxc6 6.e5 Sd5!?

An dieser Stelle wird heute fast ausschließlich 6...De7 gespielt, aber Schwarz wollte den Gegner aus der Vorbereitung bringen und von Beginn an um die Initiative kämpfen.

7.c4 Se7!?

Damit ist der Gegner auf sich allein gestellt. Jugendliche kennen zwar oft viel Theorie, haben aber noch wenig Erfahrung beim Umgang mit den entstehenden Stellungen. Angesichts der ungewöhnlichen Springerwanderung muss Weiß nun die Eröffnungsprobleme selbständig lösen und greift rasch fehl.

7...Sb6 ist hier der normale Zug.

Wie soll Weiß nun fortsetzen?

Balint Kiss bei der ÖM U16 2013

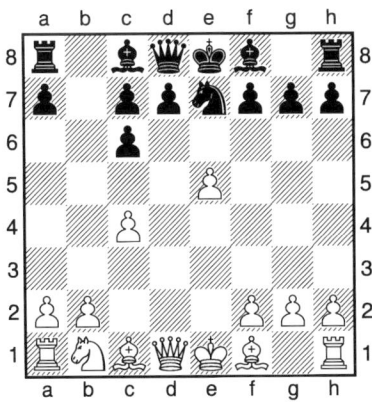

8.Sc3?!

Dieser logische Entwicklungszug ist bereits eine Ungenauigkeit, denn Weiß bekommt Schwierigkeiten, den e5-Bauern zuverlässig zu decken.

Logischer ist 8.Ld3 Sg6 9.0–0± nebst Te1. Wichtig ist es, hier zu verstehen, dass der e5-Bauer nicht hängt, denn der schwarze König steht noch auf der e-Linie und 9...Sxe5?? verliert nach 10.Te1 eine Figur.

8...Sg6 9.f4

Ein erstes Zugeständnis: Die weiße Königsstellung wird geschwächt und der Lc1 eingeschränkt. Bei offenem Zentrum sollten der f- und der c-Bauer wenn möglich hinten bleiben, denn auf c4 und f4 blockieren sie die eigenen Läufer und die Felder auf der d- und e-Linie werden geschwächt.

9...d6!? 10.exd6 Lxd6

Nun hängt der nächste Bauer.

Wie soll Weiß darauf reagieren?

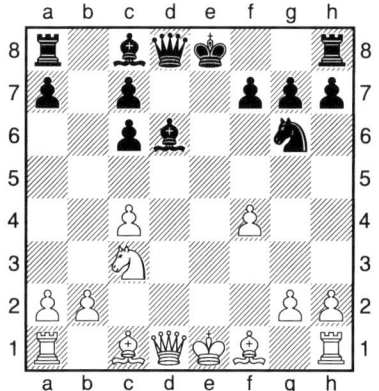

11.Df3?

Ein grober Fehler. Weiß deckt den f-Bauern, vernachlässigt dabei aber die Entwicklung.

Am stärksten ist 11.De2+.

(Nach 11.Le2 0–0 12.0–0 Tb8 erlangt Schwarz die Initiative.)

1) Nach 11...De7 12.Dxe7+ Lxe7 13.Le3 hat Weiß etwas Vorteil wegen des schwarzen Doppelbauern.

2) Und 11...Kf8!? 12.g3 h5 oder 11...Se7 12.Df2 Sf5 13.Ld3 0–0 14.0–0 führt jeweils zu einer unklaren Stellung mit beiderseitigen Chancen.

11...0–0 12.Le2 Sh4!

Hier übernimmt Balint die Kontrolle und lässt seinen Gegner nicht mehr zu Atem kommen. Tatsächlich ist die weiße Stellung bereits verloren.

13.Df2

Weiß möchte nun rochieren, um seinen König in Sicherheit bringen.

Wie hat Schwarz das verhindert?

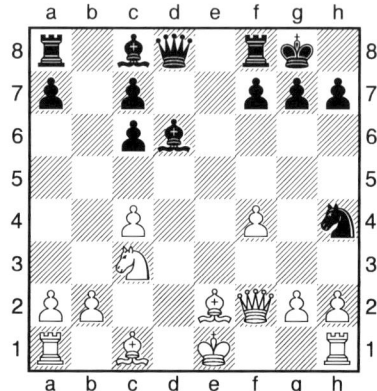

13...De7!

Die weiße Rochade wird verhindert, denn Lc5 würde danach die Dame gewinnen.

14.Ld2

14.Le3 Dxe3 15.Dxe3 Sxg2+ 16.Kf2 Sxe3 17.Kxe3 Te8+ –+

14...Lc5 15.Df1 Tb8!

Das verhindert auch noch die lange Rochade.

16.g3

16.0–0–0 scheitert an 16...La3!, denn 17.bxa3 führt nach 17...Dxa3+ 18.Kc2 Lf5+ 19.Ld3 Db2# zum Matt.

16...Sf5 17.b3 Se3 18.Lxe3 Lxe3

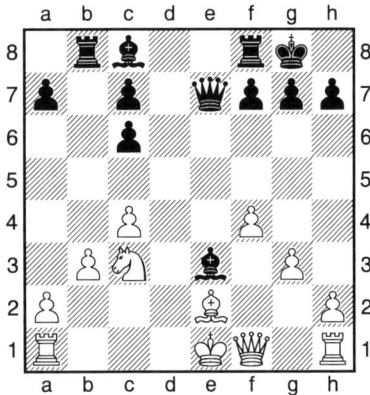

Eine schöne Bescherung! Der Le3 verhindert dauerhaft, dass sich der weiße König in Sicherheit bringt.

19.Df3 Te8 20.h3?

Das stellt eine Figur ein, aber die Stellung ist sowieso hoffnungslos.

20...Db4 21.Td1 Dxc3+ 22.Kf1 Lf5 23.Th2 Tbd8 24.Dxc6 Txd1+ 25.Lxd1 Ld3+ 26.Le2 Dc1+ 27.Kg2 Le4+ 28.Dxe4 Txe4 29.Th1 Db2 30.Kf3 Te8 0–1

---

3 Dinge zum Merken

1. Einen ungedeckten Bauern auf der e-Linie kann der Gegner oft nicht schlagen, wenn sein König noch in der Mitte steht.
2. Entwicklung ist oft wichtiger als ein Bauer.
3. Bauern auf c4 und/oder f4 sind bei offenem Zentrum schlecht.

Auch ein IM wird ausgetrickst!

Partie 33
IM Bela Molnar (HUN/2288)
FM Gert Schnider (2342)
Open Ratten 2016

1.e4 e5 2.Sf3 Sc6 3.d4 exd4 4.Sxd4 Sf6 5.Sxc6 bxc6 6.e5 Sd5 7.c4 Se7 8.Ld3 Sg6 9.0–0 d6

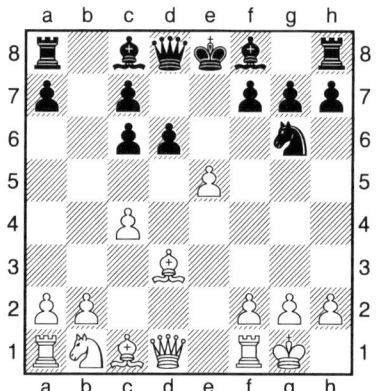

10.Le4

Einige Monate später spielte IM Georg Halvax gegen mich in der 2. Bundesliga Mitte stärker 10.exd6 Lxd6 11.Te1+ Le6 12.c5!±. Nach der Eröffnung stand Weiß besser und die Partie endete nach hartem Kampf remis.

10...Sxe5 11.f4?

Mein Gegner schien hier sehr zufrieden mit seiner Stellung, aber ich hatte die Variante bereits analysiert.

11.Sc3! gibt Weiß gute Kompensation für den Bauern.

Wie soll Schwarz hier fortsetzen?

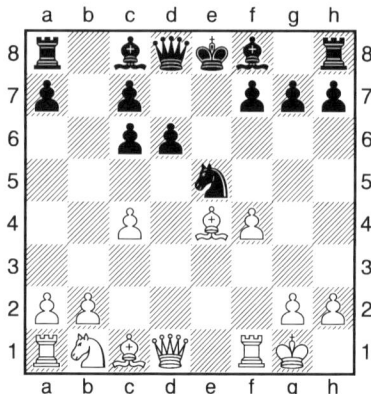

11...d5!

Das war meine vorbereitete Neuerung. Dieser Gegenangriff öffnet auch die Diagonale für den schwarzfeldrigen Läufer.

Nach dem Rückzug 11…Sd7? erlangt Weiß hingegen mit 12.Lxc6 die viel bessere Stellung.

12.fxe5

Schlechter ist 12.cxd5 Lc5+ 13.Kh1 Sg4 14.Lf3 h5 15.Sc3 Kf8!∓ mit der Drohung Dh4. Der durch f2-f4 geschwächte König ist für Weiß eine große Belastung.

12...Lc5+ 13.Kh1 dxe4 14.Dxd8+ Kxd8

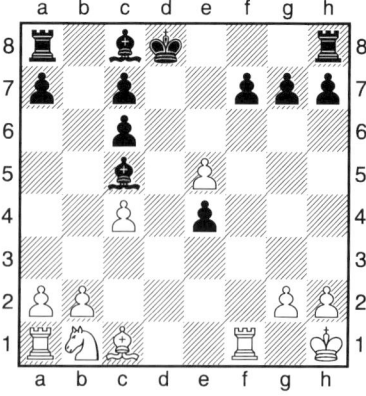

Dieses Endspiel ist besser für Schwarz, denn er hat einen Mehrbauern und das

Läuferpaar kann sehr stark werden.

15.Lg5+?

Auch 15.Txf7? ist schlecht.

(Das kleinere Übel ist 15.Sd2 Ld4 16.Sxe4 Ke8∓.)

1) 15...Le6 16.Tf4 (16.Txg7? e3) 16...Tf8 17.Txf8+ Lxf8 18.b3 Lc5∓

2) 15...Ke8

a) Nach 16.Txg7? Tf8 bringt die Drohung Tf1# Weiß in unüberwindbare Schwierigkeiten; z.B. 17.Sd2 Le6 18.b3 Td8−+.

b) Und 16.Tf1 16...Tf8! 17.Te1 Le6 18.Sc3 Tb8 ist für Weiß ähnlich schwierig wie die Partiefolge.

15...Ke8 16.Sd2 Ld4 17.Tae1 Lxb2 18.Txe4 La3 19.Sb3 h6 20.Lh4 Le6∓

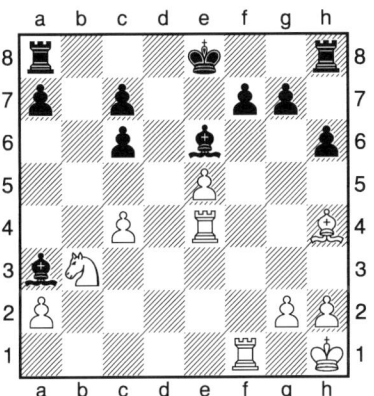

Schwarz konnte seinen Mehrbauern und sein Läuferpaar behalten und steht nun klar besser. Nach einigen Ungenauigkeiten konnte er die Partie letztlich doch für sich entscheiden.

21.Sa5 Ld7?

21...c5!∓

22.Td1 g5 23.Ted4 Le6?!

23...gxh4 24.Txd7 Ld6 25.e6 fxe6 26.Tg7 c5∓

24.Sxc6 Kf8 25.Le1 Kg7 26.Lc3 Lc5

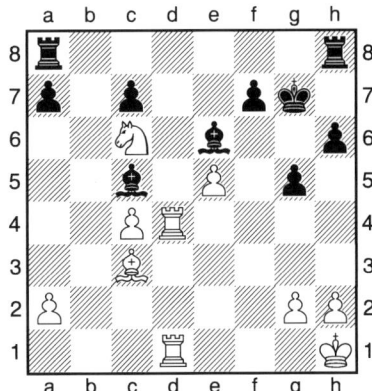

27.Td5!

Nach diesem starken Qualitätsopfer sollte Weiß die Partie eigentlich remisieren können.

27...Lxd5 28.cxd5

Einfacher erschien mir 28.Txd5 La3 29.e6+ f6 30.c5 The8 31.Td7+ Kg6 32.Se7+ Txe7 33.Txe7=.

28...The8 29.d6?

- 29.g4= bewahrt das Gleichgewicht.
- 29.e6+? bringt wegen 29...Kg8! nichts.

29...Te6 30.Td5

30.d7 nützt auch nichts mehr wegen 30...Txc6 31.d8D Txd8 32.Txd8 Le7 33.Te8 Txc3 34.Txe7 Tc1#.

30...Lb6 31.g4 cxd6 32.exd6+ f6 33.Se7 Kf7 34.h3 Te3 35.Ld2 Txh3+ 36.Kg2 Ta3 37.d7 Txa2 38.Kf3?? 0–1

---

3 Dinge zum Merken

1. Mit taktischen Varianten kann man auch starke Spieler in der Eröffnung erwischen – man sollte sich aber selbst gut auskennen!
2. Vorsicht bei Zügen mit dem f-Bauern!
3. Ein Angriff kann manchmal auch mit einem Gegenangriff beantwortet werden.

Wichtige Motive und Konzepte aus Kapitel 5

Der e-Bauer hängt nicht!

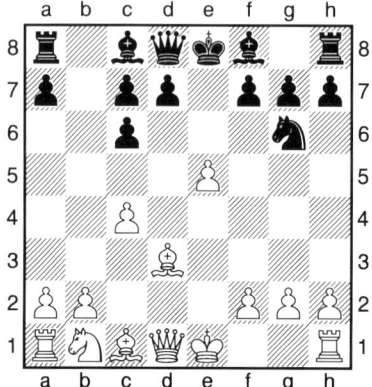

Weiß kann hier rochieren, denn der e5-Bauer ist indirekt gedeckt. Da der König auf e8 steht, würde Schwarz nach 9.0-0 Sxe5?? 10.Te1 wegen der Fesselung eine Figur verlieren.

Schwäche f2 nach der Rochade

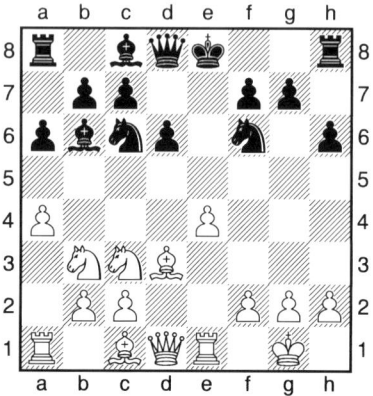

Der f2-Bauer ist nach der Rochade durch König und Turm gedeckt. Sobald eine dieser Figuren zieht, kann das rasch zum Untergang führen, wenn Schwarz einen Läufer auf der Diagonale a7-g1 hat. Im gegebenen Fall gewinnt 10...Sg4 11.Te2 Dh4 mit Doppelangriff gegen f2 und h2.

Der Bauer e5 als Schwäche

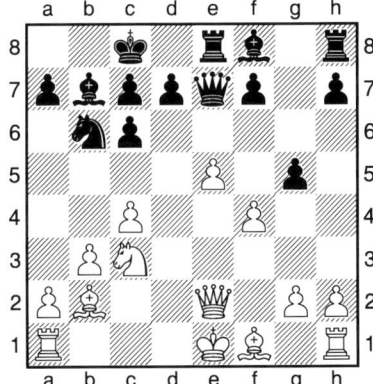

Der weiße e-Bauer ist nach e5 vorgerückt und wird dort nun zur Schwäche. Schwarz hat gerade mit g5 den Verteidigungsbauern angegriffen und kann auch f6 überlegen.

Bei offenem Zentrum c- und f-Bauern besser hinten lassen!

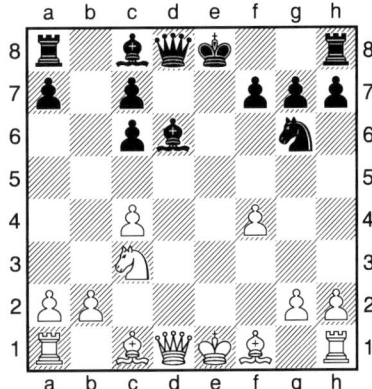

Auf c4 und f4 stehen die Bauern den eigenen Läufern im Weg. Außerdem sind die Felder d3, d4, e3 und e4 durch das Vorrücken der Bauern geschwächt worden. Und umgekehrt gilt natürlich: Stehen diese Bauern bereits auf c4 und/oder f4, sollte man das Zentrum besser geschlossen halten.

Kapitel 6

Das Vierspringerspiel

1.e4 e5 2.Sf3 Sc6 3.Sc3 Sf6

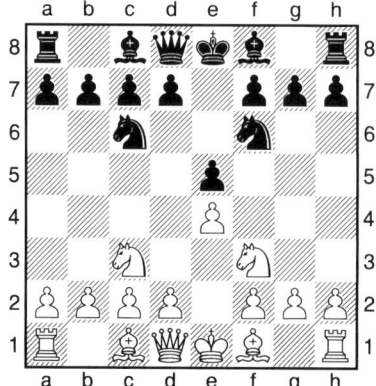

Das Vierspringerspiel ist eine solide und etwas langsamere Eröffnung, in der es aber ein paar interessante Ideen gibt.

Weiß kann nun mit 4.Lc4 das im Anfängerbereich sehr beliebte „Italienische Vierspringerspiel" wählen, welches jedoch nicht besonders gut ist, weil Schwarz über eine wichtige taktische Möglichkeit verfügt.

4.Lb5 leitet das „Spanische Vierspringerspiel" ein. Dieses wurde von meinen Schülern gelegentlich schon als Trickversuch eingesetzt, nach dem man auf raschen Bauerngewinn hoffen kann.

Und 4.d4 leitet das „Schottische Vierspringerspiel". Dieses gilt zwar als sehr remislich, aber auch hier hat Schwarz allerlei Möglichkeiten, das Spiel zu verschärfen.

Interessante Stellungen aus Kapitel 6

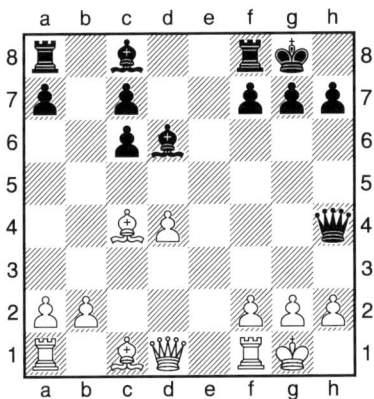

57) Wie soll sich Weiß verteidigen?
(Partie 34 nach 11...Dh4)

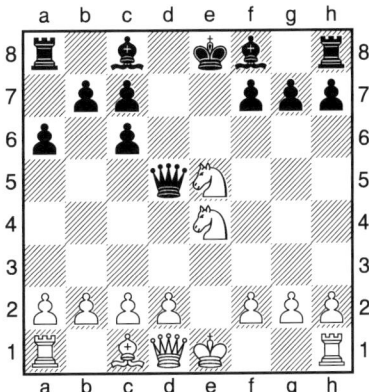

59) Was soll Weiß hier spielen?
(Partie 36 nach 7...Dd5)

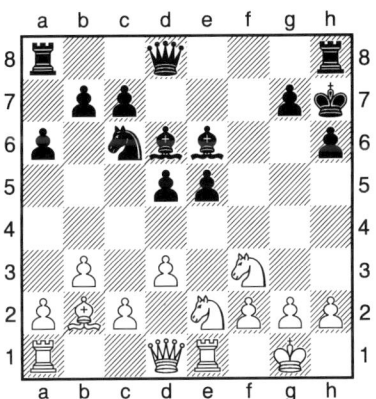

58) Kann Schwarz die weiße Königsstellung schwächen?
(Partie 35 nach 13.Se2)

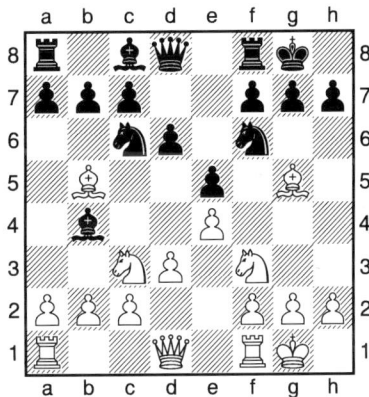

60) Wie soll Schwarz mit der Fesselung des Springers f6 umgehen?
(Partie 37 nach 7.Lg5)

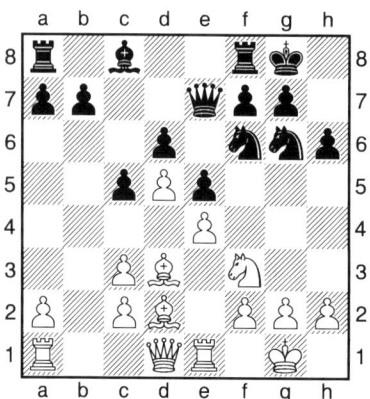

61) Welchen Plan soll Schwarz hier wählen?

(Partie 37 nach 15.d5)

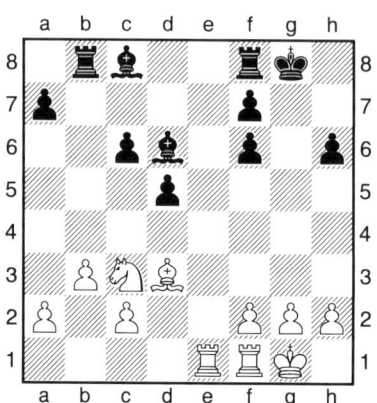

63) Welchen positionellen Plan könnte Weiß hier wählen?

(Partie 39 nach 15…gxf6)

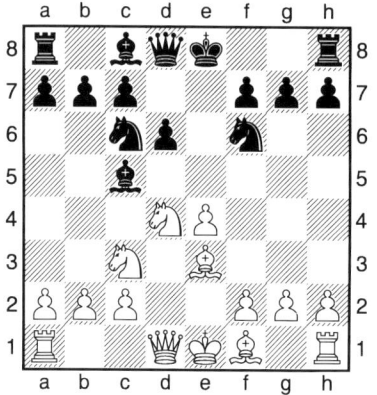

62) Wie kann Weiß großen Vorteil erlangen?

(Partie 38 nach 6…d6)

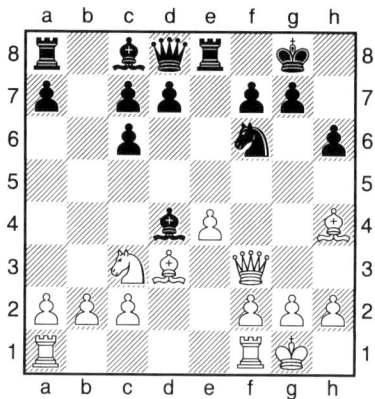

64) Wie kann Schwarz Material gewinnen?

(Partie 40 Analysediagramm)

Die Angreiferin gewinnt!

Partie 34
Bianca Doersieb (800)
Ayscha Baitulaeva (900)
ÖM U10 M, St. Kanzian 2018

1.e4 e5 2.Sf3 Sc6 3.Sc3 Sf6 4.Lc4

Diese Stellung kommt im Jugendschach sehr häufig aufs Brett. Bei den österreichischen Jugendmeisterschaften 2018 beispielsweise 19 Mal, aber nur dreimal wusste Schwarz die richtige Antwort!

Was soll Schwarz nun spielen?

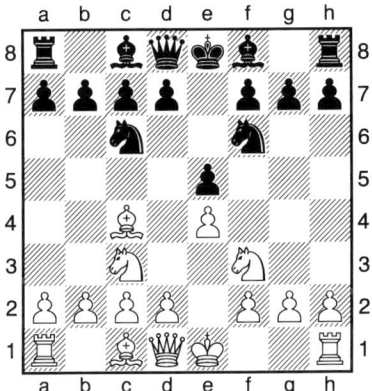

4...Sxe4! 5.Sxe4 d5 6.Sxe5??

Geschockt von der aktiven schwarzen Spielweise macht Weiß einen Riesenfehler.

Wie kann Schwarz diesen ausnützen?

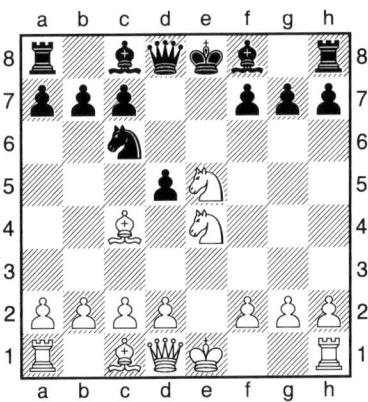

6...dxe4??

Nach der richtigen Fortsetzung 6...Sxe5! ist das Material ausgeglichen, aber die Bauerngabel ist noch intakt. 7.Lb5+ hilft auch nicht mehr, denn nach 7...c6! sind weiterhin zwei weiße Figuren angegriffen.

Was soll Weiß nun spielen?

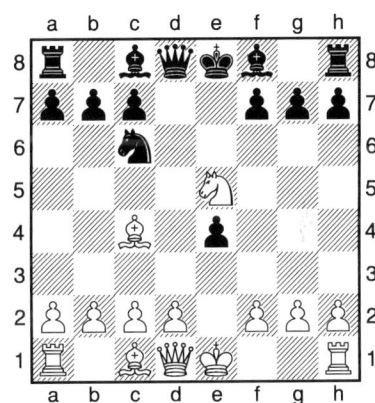

7.Sxc6?

1) Vor diesem Abtausch konnte Weiß einen Bauern gewinnen – und zwar sogar mit Schach: 7.Lxf7+! Ke7 8.Sxc6+ bxc6 9.Lb3 mit entscheidendem Vorteil.

2) Die Springergabel 7.Sxf7 ist ebenfalls stark, nach 7...Dd4 aber deutlich komplizierter. Von 8.Sxh8? sollte Weiß die Finger lassen.

(Besser ist die Deckung des Läufers mit 8.De2.)

Denn nach 8...Dxc4 wird Schwarz mit Dg8 den Sh8 abholen und zwei Figuren für den Turm besitzen.

7...bxc6 8.0–0 Ld6 9.d3 exd3 10.cxd3?

Automatisches Zurückschlagen ist ein weitverbreiteter Fehler, der auch sehr starken Spielern passiert.

Der Zwischenzug 10.Te1+! ist sehr stark.

1) Ganz schlecht wäre nun 10...Le7?, denn nach 11.Lg5! f6 12.Dh5+! g6 13.Df3 fxg5 14.Df7+ Kd7 15.Tad1 führt der kombinierte Angriff aller weißen Figuren zu einem raschen Matt.

2) Und nach 10...Le6 11.Lxe6 fxe6 12.Txe6+ Kf7 13.Te3 kann Schwarz den König nicht mehr mittels Rochade in Sicherheit bringen.

10...0–0 11.d4 Dh4!?

Mattdrohungen sind oft erfolgreich, denn angreifen ist leichter als verteidigen.

Wie soll Weiß darauf reagieren?

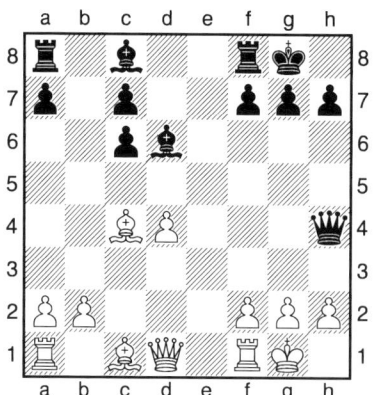

12.f3??

Nach diesem schlimmen Fehler kann Schwarz in 3 Zügen mattsetzen.

1) Die beste Verteidigung ist 12.g3!, denn der g-Bauer ist von seinen Nachbarn gut geschützt.

2) 12.f4 ist auch spielbar, schwächt aber die Königsstellung und sperrt den Lc1 ein. Nach 12...Lf5 hätte Schwarz geringen Vorteil.

3) 12.h3 ist auch möglich, aber darauf könnte Schwarz ein Figurenopfer versuchen. Nach 12...Lxh3 13.gxh3 Dxh3 droht Matt auf h2.

Wie kann Weiß sich dagegen verteidigen?

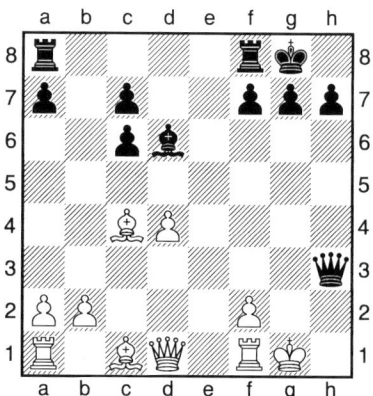

Analysediagramm

a) 14.Te1?? führt zu einem bekannten Matt in 4! – 14...Lh2+ 15.Kh1 Lg3+! Nimmt Weiß das Fluchtfeld f2. 16.Kg1 Dh2+ 17.Kf1 Dxf2#

b) Und 14.f4 führt nach 14...Dg3+ 15.Kh1 Dh3+ 16.Kg1 Dg3+ zu Remis durch Dauerschach.

12...Dxh2+

Das gewinnt auch, aber das bereits weiter oben erwähnte direkte Matt nach 12...Lxh2+ 13.Kh1 Lg3+! 14.Kg1 Dh2# wäre natürlich noch stärker.

13.Kf2 Lg3+ 14.Ke2 Te8+ 15.Le3 Dxg2+ 16.Kd3 Lf5+ 17.Kc3 Txe3+

18.Kb4 Dxb2+ 19.Ka4 Ld6
19...Ta3#
20.Tb1 Da3#

---

3 Dinge zum Merken

1. Angriff ist leichter als Verteidigung, daher gewinnt oft der Angreifer!
2. Nicht im Schock ziehen – nach unerwarteten Zügen erst einmal beruhigen und nachdenken!
3. Schach- und Schlagzüge sollte man immer rechnen.

Die künstliche Rochade

Partie 35
Natalie Schluder (1562)
Sabrina Pribozic (1498)
ÖM U18 M, St. Veit 2018

1.e4 e5 2.Sf3 Sf6 3.Sc3 Sc6 4.Lc4 Sxe4! 5.Lxf7+?

Weiß hat erkannt, dass die Figur nach der Bauerngabel sowieso wieder verloren ginge und will Schwarz deshalb wenigstens an der Rochade hindern. Eine logische Idee, aber Schwarz bekommt ein starkes Zentrum und den Vorteil des Läuferpaars.

5...Kxf7 6.Sxe4

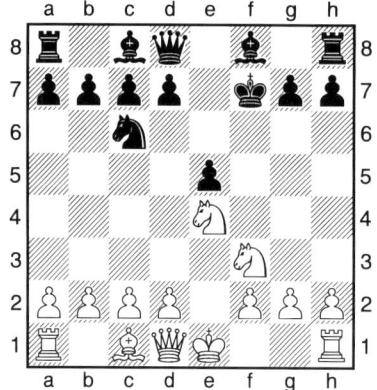

6...h6?

Ein unnötiger Tempoverlust, denn Sg5+ stellt gar keine echte Drohung dar.

Das sofortige 6...d5! sichert klaren Vorteil, denn nach 7.Seg5+ Kg8 folgt h6 und Lg4 und Schwarz beherrscht das Brett.

Weiß kann nun mit einer kleinen Kombination einen Bauern gewinnen oder den schwarzen König in Bedrängnis bringen.

7.d3?!

7.Sxe5+! Sxe5 8.Dh5+ und nun sollte Schwarz sich damit abfinden, nach 8...Kg8 9.Dxe5 einen Bauern weniger zu haben, denn nach 8...Ke6 9.d4 hat Weiß starken Angriff für die geopferte Figur.

7...Kg8 8.0–0 d5 9.Sc3 Le6 10.Te1 Ld6 11.b3 Kh7

Nach der „künstlichen" Rochade hat Schwarz ein starkes Zentrum und steht somit viel besser.

12.Lb2 a6 13.Se2

Mit welchem Zug kann Schwarz die weiße Königsstellung entscheidend schwächen?

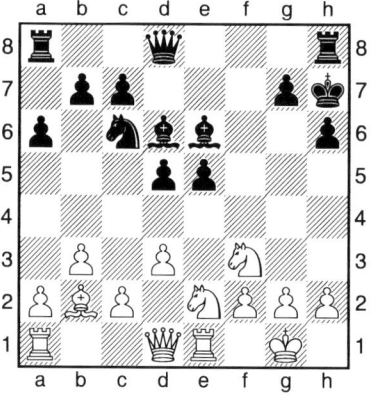

13...Te8?

Nach 13...Lg4! gibt es gegen die Drohung Lxf3 (mit „Lochade" statt Rochade) keine ausreichende Verteidigung. Denn wenn der Se2 zieht, wird der Druck auf den gefesselten Sf3 einfach mit Zügen wie Df6, Sd4 und Tf8 erhöht; z.B. 14.Sc3 Sd4 usw.

14.Sg3 Ld7 15.Dd2 Te7 16.Te2 Df8 17.Tae1 Tae8 18.h3?

Eine Taktikaufgabe zum Thema Überlastung!

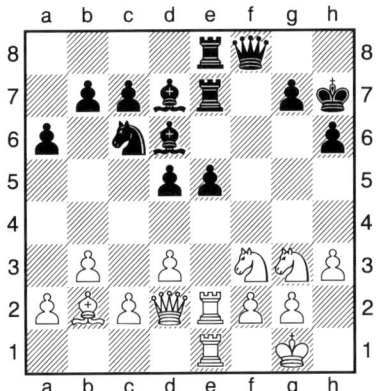

18...Kg8?

18...Lxh3! gewinnt einen Bauern, denn der g2–Bauer muss sowohl den h3–Bauern als auch den Sf3 decken. Weiß muss mit 19.gxh3 Dxf3 klein beigeben, denn die Ausflucht 19.Sxe5 endet nach 19...Lxe5 20.Lxe5 Txe5 21.Txe5 Sxe5 noch schlimmer. Denn selbst jetzt kann Weiß wegen der Springergabel auf f3 nicht auf h3 nehmen. Und auf 22.f4 folgt 22...Sf3+ 23.gxf3 Txe1+ 24.Dxe1 Dxf4 –+ mit einem Mehrbauern und der deutlich besseren Königsstellung.

19.Te3 d4 20.Te4 Lxh3?!

Hier ist dieser taktische Ansatz nicht mehr so klar, denn Weiß hat einen starken Zwischenzug.

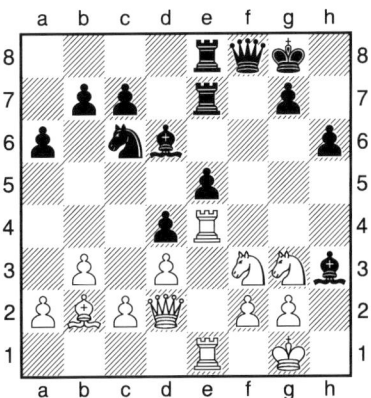

21.Sh4!

Droht eine Springergabel auf g6.

21...Lb4?!

21...Ld7 22.Sg6 Df7 23.Sxe7+ Lxe7 mit beiderseitigen Chancen.

22.c3 dxc3 23.Lxc3 Lxc3 24.Dxc3 Df6??

Da eine Figur deutlich mehr wert ist als eine Qualität, hätte unbedingt der Lh3 zurückgezogen werden sollen.

25.gxh3 Sd4 26.Dc4+ Kh7 27.Sh5? Dg5+ 28.Sg3 Tf8

Schwarz hat eine Figur weniger, aber etwas Angriff am Königsflügel. Ein weißer Fehler kann nun rasch die Partie beenden. Bei richtiger Verteidigung sollte Weiß aber gewinnen.

29.Tf1 Tef7

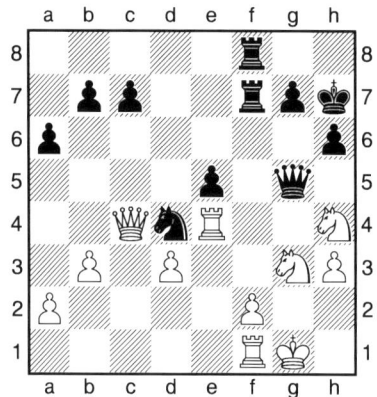

30.Kg2?

30.Tg4+– vertreibt die schwarze Dame, wonach der Angriff vorbei ist.

30...Dd2 31.Sh1 g5 32.Txe5 Sc6??

Nach 32...gxh4 33.Dxd4 Tg8+ 34.Kh2 Tfg7= droht Matt auf g2 und Schwarz hat genug Angriff für die Figur.

33.De4+ Kg8 34.Sf5 Kh8 35.Sxh6 Tf4 36.Dg6??

Nach 36.De3 ist alles gedeckt und Weiß gewinnt. Mit Materialvorteil sollte man auf Sicherheit spielen!

36...Sxe5 37.Dxg5

Schwarz gewinnt!

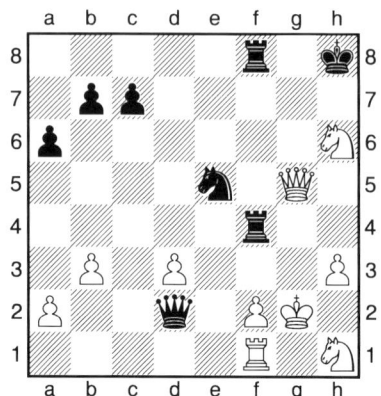

37...Txf2+!

Mit Abzugsangriff gewinnt Schwarz die Dame.

38.Txf2 Dxg5+ 39.Sg4 Txf2+ 40.Shxf2 Sxg4 0–1

---

3 Dinge zum Merken

1. Man kann den König auch durch eine „künstliche" Rochade in Sicherheit bringen.
2. Mit Materialvorteil sollte man auf Sicherheit spielen!
3. Bei offener Königsstellung kann ein einziger Fehler rasch entscheidend sein.

Spanisches Vierspringerspiel ist nicht Spanisch!

Partie 36
Vanessa Stallinger (1539)
Mitra Azad (1325)
ÖM U14 M, Linz 2013

1.e4 e5 2.Sf3 Sf6 3.Sc3 Sc6 4.Lb5

Ein wesentlich besserer Zug als 4.Lc4, der auch einen kleinen Trick beinhaltet. Viele Spieler kennen bereits ein wenig Theorie in der Spanischen Eröffnung, bevor sie sich das erste Mal ernsthaft mit dem Spanischen Vierspringerspiel beschäftigen, daher besteht eine gute Chance, dass sie den folgenden Zug wählen.

4...a6?!

1) Am einfachsten ist 4...Lb4 und die nächste Partie zeigt, wie Schwarz danach weiterspielen kann.

2) 4...Sd4 führt nach ein paar spannenden Varianten zu einer ausgeglichenen Stellung.

3) Auch 4...Ld6 ist spielbar, auch wenn dieser Zug etwas komisch aussieht, weil er den d7-Bauern blockiert.

5.Lxc6 dxc6 6.Sxe5

Wie kann Schwarz den Bauern nun zurückgewinnen?

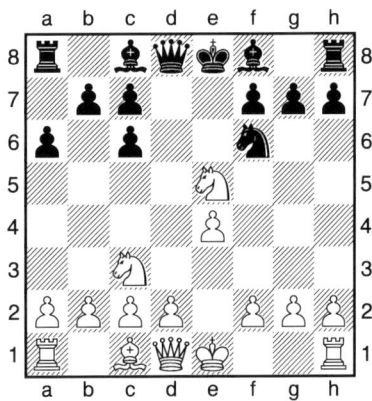

6...Sxe4!

6...Dd4? analog zum Spanier geht hier nicht, denn nach 7.Sf3 kann die Dame nicht auf e4 schlagen, weil der weiße Springer schon auf c3 steht. Angesichts dieses kleinen, aber wesentlichen Unterschieds war 4...a6 ungenau.

7.Sxe4 Dd5

Da beide Springer hängen, bekommt Schwarz die Figur zurück, verliert aber Zeit und muss die Dame auf die offene e-Linie stellen.

Wie soll Weiß nun fortsetzen?

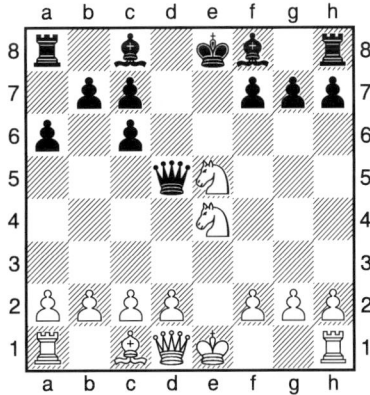

8.0–0!

Weiß kann sowieso nicht beide Springer retten und die e-Linie ist offen, also sollte der König rasch in Sicherheit gebracht und die Linie genützt werden.

8...Dxe5 9.Te1 Le6 10.d4 Dd5 11.Sg5

11.Lg5± ist ebenfalls stark, denn damit wird zumindest kurzfristig die große Rochade von Schwarz verhindert.

11...0–0–0 12.Sxe6 fxe6

Weiß steht nun etwas besser wegen der geschwächten schwarzen Bauernstellung.

13.Le3

Genauer ist 13.Dg4 Dxd4 14.Dxe6+±. In einem Endspiel ist Weiß im Vorteil, weil mit der Bauernmehrheit am Königsflügel leichter ein Freibauer gebildet werden kann als mit dem schwarzen Doppelbauern am Damenflügel.

13...h5 14.De2 g5 15.c4 Df5 16.Tad1 h4 17.Lc1 Te8

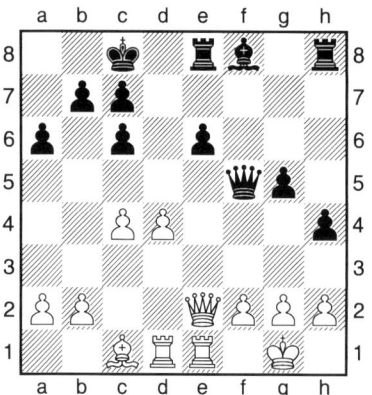

18.De5!

Nach dem Damentausch hätte Weiß im Endspiel die klar besseren Chancen.

18...Dxe5?

Schwarz sollte…

1) …entweder mit 18...Dg6!? Komplikationen anstreben; z.B. 19.Dxh8 (19.Dxg5! ist einfacher.) 19...Ld6 20.Dxe8+ Dxe8 und Weiß steht zwar besser, aber die Stellung mit zwei Türmen gegen die Dame ist nicht so leicht zu spielen.

2) …oder mit 18...Lh6!? darauf abzielen, dass Weiß den Abtausch ausführt, denn das würde die schwarze Bauernstellung verbessern. Allerdings Weiß bleibt nach 19.h3 auch hier klar im Vorteil.

19.Txe5

Nun ist Schwarz verloren, denn auf Dauer können die schwachen Bauern nicht verteidigt werden.

19…g4 20.Tg5 g3 21.hxg3 hxg3 22.Txg3 Ld6 23.f4 Tef8 24.Tf3 c5 25.d5 exd5 26.Txd5 Th4 27.g3 Th3 28.Kf2?

Mit 28.Kg2 Tfh8 29.Tf2 wird Gegenspiel verhindert, wonach Weiß mit den verbundenen Bauern gewinnt.

28...Th2+ 29.Ke3 Te8+ 30.Kd3

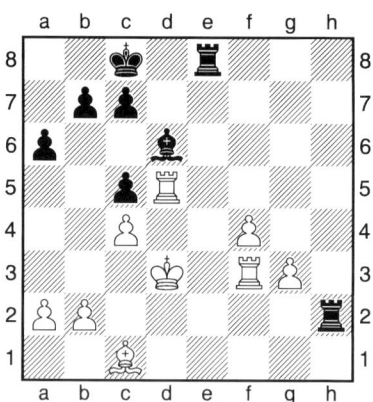

30...Th1?

30...b5± gibt Schwarz noch Chancen gegen den weißen König.

31.Le3 Td1+ 32.Kc3

Weiß gewinnt nun langsam mit den verbundenen Freibauern. Die restliche Partie folgt ohne Kommentare, auch wenn noch ein paar Fehler passiert sind.

32...Te1 33.Ld2 Ta1 34.a3 b5 35.g4 b4+ 36.axb4 cxb4+ 37.Kc2 a5 38.g5 a4 39.c5 b3+ 40.Kc3 Lf8 41.Tfd3 Lg7+ 42.Kc4 Kb7 43.Lc3 Te4+ 44.Ld4 Txf4 45.Kc3 Tc1+ 46.Kb4 Ta1 47.Td7 Lf8 48.Kb5 Ta2 49.c6+ Kc8 50.Lc3 Ld6 51.Te3 Tf5+ 52.Ka6 Tf8 53.Kb5 a3 54.Te2 axb2 55.Lxb2 Tf5+ 56.Kc4 Tc5+ 57.Kxb3 Txc6 58.Txc7+ Txc7 59.Kxa2 Ta7+ 60.Kb3 Tb7+ 61.Kc4 Tc7+ 62.Kd5 Td7 63.Tc2+ Kd8 64.Ke6 Lf8 65.Lf6+ Le7 66.Lxe7+ Txe7+ 67.Kf6 Ke8 68.Tc8+ Kd7 69.Tc7+ Kxc7 70.Kxe7 1–0

Vanessa Stallinger bei der ÖM U14 M 2013

3 Dinge zum Merken

1. Häufig wird eine Stellung nach dem Muster einer ähnlichen Stellung gespielt, ohne über die Unterschiede nachzudenken – machen Sie diesen Fehler nicht!
2. Bei offener e-Linie so schnell wie möglich rochieren!
3. Wenn man die bessere Bauernstellung hat, ist Abtausch meistens gut.

Eine positionelle Meisterleistung!

Partie 37
Enno Proyer (1830)
Luca Kessler (2152)
ÖM U14, Altenmarkt 2011

1.e4 e5 2.Sf3 Sc6 3.Lb5 Sf6 4.Sc3 Lb4 5.0–0

5.Lxc6 dxc6 6.Sxe5 bringt hier nichts, denn mit 6...Lxc3 7.bxc3 Sxe4 gewinnt Schwarz den Bauern einfach zurück. Nun könnte 8.De2 folgen.

Wie soll Schwarz darauf reagieren?

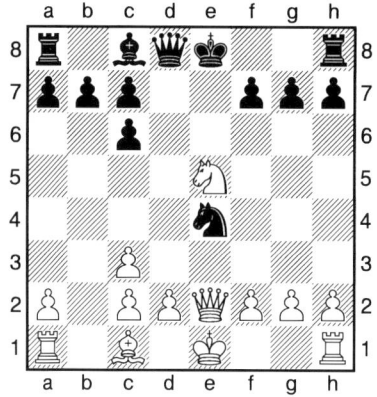

Analysediagramm

Mit dem einzigen Zug 8...Dd5! wird der eigene Springer gedeckt und der gegnerische angegriffen. Danach führt 9.f3 Dxe5 10.Dxe4 Dxe4+ 11.fxe4 zu einem ausgeglichenen Endspiel.

5...0–0 6.d3 d6

Die moderne Theorie empfiehlt 6...Lxc3 7.bxc3 d6 usw.

7.Lg5

Hier kann auch 7.Se2 versucht werden (7...Se7=), um den Springer nach g3 zu bringen und den Abtausch auf c3 zu vermeiden.

Wie soll Schwarz auf die Fesselung reagieren?

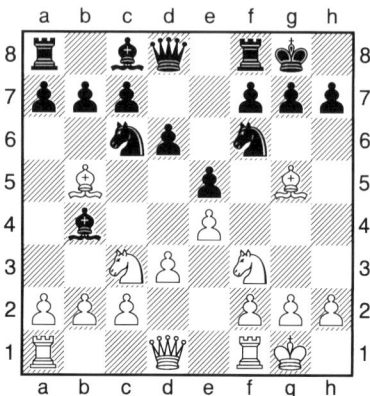

7...Lxc3

Schwarz beseitigt den Springer und verhindert damit den nochmaligen Angriff auf den Sf6 durch Sd5.

Möglich ist auch 7...Se7!?, um nach 8.Lxf6 gxf6 mit Kh8 und Tg8 zu versuchen, die g-Linie zum Angriff zu nutzen. Das ist die kämpferische Fortsetzung, die natürlich für beide Seiten ein erhöhtes Risiko mit sich bringt.

8.bxc3 De7

Luca lässt nun ein interessantes Manöver folgen, um die Fesselung des Sf6 aufzuheben. Zu diesem Zweck soll der Sc6 nach g6 gebracht werden.

9.Te1 Sd8 10.d4 Se6 11.Lh4?!

11.Lc1± oder 11.Ld2 sollte gespielt werden, denn am Königsflügel hat der Läufer keine Perspektiven. Weiß hat die schlechtere Bauernstellung, allerdings auch das Läuferpaar und ein starkes Zentrum, sodass seine Stellung leicht vorzuziehen ist.

11...Sf4 12.Lg5 Sg6 13.Ld3 h6

Mit der Überführung des Springers nach g6 hat Schwarz die Fesselung entschärft und vertreibt nun den weißen Läufer von der Diagonale h4–d8.

14.Ld2 c5!

Greift das weiße Zentrum an.

15.d5?

Das schließt die Stellung, wonach die weißen Läufer es schwer haben, ins Spiel zu kommen. Ein Zug wie 15.h3 hält die Stellung im Gleichgewicht.

Welchen Plan soll Schwarz hier wählen?

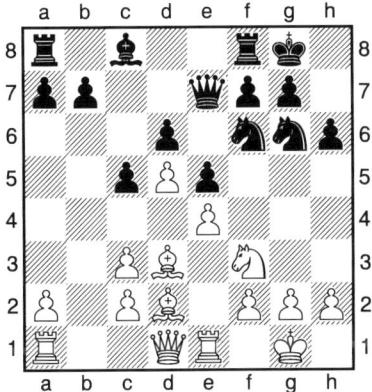

15...Sh7!

Sobald die Stellung im Zentrum geschlossen ist, kann man einen Angriff am Flügel starten. Schwarz möchte mit f7–f5 auf Königsangriff spielen.

16.a4 f5 17.a5?!

Nun hat Schwarz völlig freie Hand am Königsflügel.

Nach der besseren Folge 17.exf5 Lxf5 18.Lxf5 Txf5∓ steht Schwarz besser, aber Weiß wird zumindest nicht so schnell matt gesetzt.

17...f4! 18.Lf1?

Wie soll Schwarz den Angriff fortsetzen?

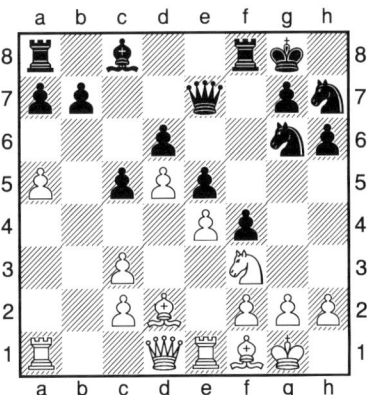

18...Sh8!

Der g-Bauer muss auch mithelfen, daher geht der Springer aus dem Weg. „Fritzi" und „Garry" werden Weiß nun überrollen. Die Stellung erinnert sehr an Königsindisch, nur hat Weiß hier keinerlei Spiel am Damenflügel.

19.g3 g5 20.gxf4 gxf4

Durch den Raumvorteil am Königsflügel (Bauer f4) kann Schwarz seine Figuren viel leichter in den Angriff bringen und steht bereits völlig auf Gewinn.

21.Kh1 Sg6 22.Le2 Sf6 23.Tg1 Kh7 24.De1 Tg8 25.Tg2 Lh3 26.Tg1

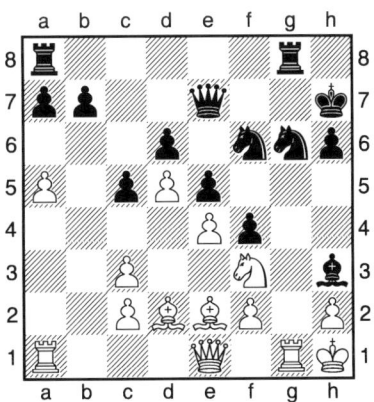

26...Tg7!

Alle zur Party einladen! Auch der Ta8 und die Dame werden noch in Stellung gebracht, und erst danach folgt die Entscheidung.

27.a6 b6 28.Lb5 Tag8 29.Ld3 Dd7 30.De2 Lg4 31.h3 Lxf3+ 32.Dxf3 Sh4

Und **0–1**, denn die weiße Dame ist bedroht und nach ihrem Wegzug folgt Dxh3#.

---

3 Dinge zum Merken

1. Ein schwarzer Springer auf g6 kann helfen, die Fesselung des f6-Springers aufzuheben.
2. Ein Flügelangriff mit Bauern funktioniert gut bei geschlossenem Zentrum.
3. Alle Felder können genutzt werden, manchmal kann sogar Sh8 der beste Zug sein – bei Regeln wie „Springer am Rand bringt Kummer und Schand" gibt es Ausnahmen.

Die österreichischen Meister U12 und U14 in Altenmarkt 2011
(von links) Florian Mesaros, Luca Kessler, Vanessa Stallinger und Laura Hiebler

Eine positionelle Katastrophe

Partie 38
Fabian Matt (1509)
Kevin Liao (1683)
ÖM U14, St. Georgen 2007

1.e4 e5 2.Sf3 Sc6 3.Sc3 Sf6 4.d4

Das „Schottische Vierspringerspiel".

4...exd4 5.Sxd4 Lc5 6.Le3 d6??

Bereits der Verlustzug. Notwendig ist 6...Lb6 7.Dd2 0–0 8.0–0–0 mit einer spannenden Stellung, in der Weiß allerdings etwas besser steht.

Wie kann Weiß diesen Fehler bestrafen?

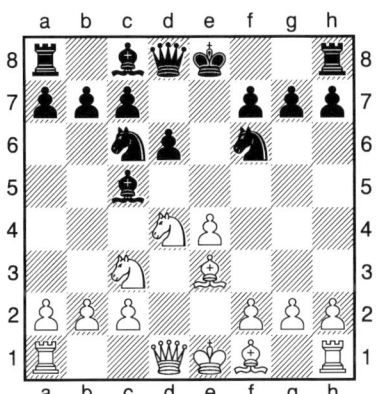

7.Sxc6! bxc6 8.Lxc5! Dxc5

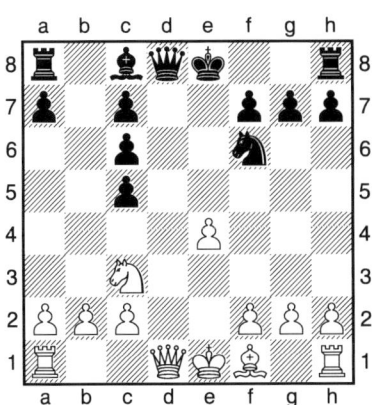

Die schwarze Bauernstruktur ist völlig zerstört und Weiß wird früher oder später die schwachen schwarzen c-Bauern einsammeln.

9.Dxd8+

Der Abtausch ist super, denn die schwarzen Schwächen lassen sich im Endspiel leichter ausnützen.

9...Kxd8 10.0–0–0+ Ke7 11.f3 Le6 12.Ld3?!

Nach 12.Sa4! Sd7 13.Td3+– nebst Tc3 wird bald der erste Bauer fallen.

12...c4 13.Le2 Tab8 14.f4! Lg4?

Weiß kann hier Material gewinnen.

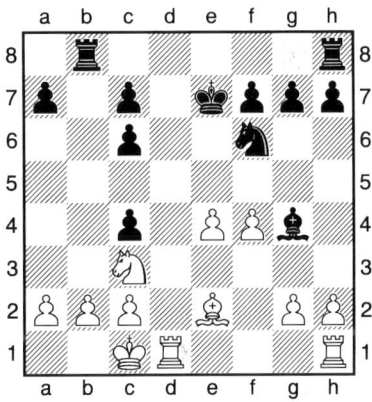

15.Td4?!

So kassiert Weiß nur die c-Bauern ein, aber mit 15.e5! konnte er viel mehr Material gewinnen. Der Verteidiger des Lg4 wird verjagt und der Zwischentausch 15...Lxe2 kostet nach 16.exf6+ Kxf6 17.Sxe2 ebenfalls eine Figur.

15...Lxe2 16.Sxe2 Sd7 17.Txc4

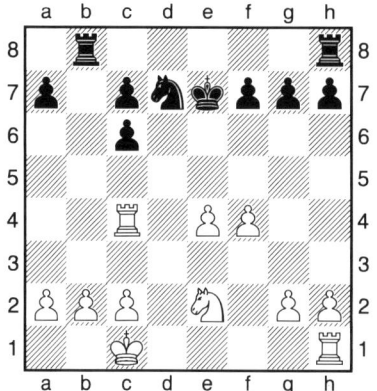

17...c5 18.Td1 Tb7 19.Sg3 g6 20.Tc3 Sb6 21.Txc5 Sa4 22.Te5+ Kf6 23.b3 Sc3 24.Td7 Tf8 25.a4 h5 26.Tc5 Sa2+ 27.Kb2 Sb4 28.Tcxc7 Txc7 29.Txc7 Td8 30.Txa7 Tc8 31.c3 Sd3+ 32.Kc2 Sxf4 33.a5 h4 34.Sf1 Sxg2 35.b4 g5 36.b5 g4 37.b6 h3 38.b7 Tb8 39.a6 Se3+ 40.Sxe3 g3 41.hxg3 Kg5 42.Sf1 1–0

Weiß gewinnt das Endspiel leicht, denn er hat einen Mehrbauern und alle schwarzen Damenflügelbauern sind weiterhin schwach.

3 Dinge zum Merken

1. Von Anfang an konzentriert sein, der entscheidende Fehler kann in jedem Zug geschehen!
2. Eine schlechte Bauernstruktur kann die Partie entscheiden.
3. Im Endspiel kann man gegnerische Schwächen gut ausnützen.

Spiel auf Remis

Partie 39
Severin Kliegl (1865)
Fabian Matt (2169)
ÖM U18, Untersiebenbrunn 2012

1.e4 e5 2.Sf3 Sf6 3.Sc3 Sc6 4.d4

Das „Schottische Vierspringerspiel" ist eine sehr remisträchtige Eröffnung. Diese Partie zeigt schön, wie man damit gegen deutlich stärkere Gegner die Punkteteilung anstreben kann. In der nächsten Partie zeige ich dann, wie Schwarz versuchen kann, die Partie kämpferischer anzulegen.

4...exd4 5.Sxd4 Lb4 6.Sxc6 bxc6 7.Ld3 d5 8.exd5 cxd5

Mit 8...0–0 kann Schwarz auch ein Bauernopfer anbieten, was aber nach 9.0–0 cxd5 nur auf Zugumstellung hinausläuft.

9.0–0 0–0 10.Lg5

Seit einigen Jahren hat 10.h3 durch Partien von Wladimir Kramnik deutlich an Popularität gewonnen, obwohl dies an der ausgeglichenen Einschätzung der Stellung nichts ändert.

10...c6

Schwarz überdeckt den d5-Bauern.

Das unter Jugendspielern beliebte 10...Lxc3?! 11.bxc3 ist nicht so gut für Schwarz, denn der weiße Doppelbauer ist schwer anzugreifen und kann später oft gegen den schwarzen d-Bauern abgetauscht werden. Das Läuferpaar gibt Weiß in dieser offenen Stellung aber etwas Vorteil.

11.Df3 Ld6 12.Tae1 Tb8 13.b3 h6 14.Lxf6 Dxf6 15.Dxf6 gxf6

Wie soll Weiß nun fortsetzen?

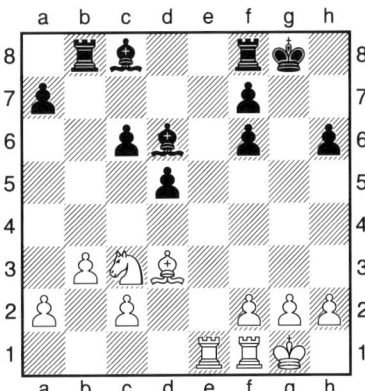

16.Se2!

Der Springer stand auf c3 gefährdet und hatte keine guten Felder. Er soll nun nach f5 überführt werden.

16.Sd1!? nebst Se3 und Sf5 ist ebenfalls gut.

16...Le6?

Ein Fehler, denn im nächsten Zug muss der Läufer wieder weichen. Dabei war ja klar, dass Weiß Se2 gespielt hat, um den Springer auf ein besseres Feld zu überführen. Schwarz ist vermutlich frustriert vom bisherigen Partieverlauf und nicht mehr ausreichend konzentriert. In dieser Partie hat sein Fehler jedoch keine Auswirkung, da Weiß die Partie sowieso nur auf Remis angelegt hat, aber oft kosten solche Nachlässigkeiten einen halben Punkt.

Vernünftig ist 16...c5 17.Sg3 Td8 18.Sf5 Lf8=.

17.Sd4 Ld7 18.Lf5 Le8 19.Ld3?

Weiß ist mit Remis zufrieden und sucht nicht nach Chancen. Dabei hätte er nach 19.Lh3! wegen der besseren Bauernstruktur deutlich besser gestanden. Er droht Sf5 und kann danach durch Aktivierung der Türme den Druck erhöhen.

19...Ld7 20.Lf5 Le8 21.Ld3 Ld7 22.Lf5
½-½

---

3 Dinge zum Merken

1. Mit dem 'Schottischen Vierspringerspiel' kann Weiß gut auf Remis spielen.
2. Nicht jeder Doppelbauer ist schlecht.
3. Die richtige Einstellung ist wichtig – wenn man nur an Remis denkt, wird man seine Siegchancen nicht nutzen!

Mit Risiko zum Erfolg!

Partie 40
Maximilian Ofner (2174)
Gert Schnider (2342)
Open Ratten 2016

1.e4 e5 2.Sf3 Sc6 3.Sc3 Sf6 4.d4 exd4 5.Sxd4 Lc5

Da mir klar war, dass mein Gegner auf Remis spielen wollte, wollte ich ihn mit diesem Zug aus seinen Varianten herausbringen.

6.Sxc6

Am stärksten ist 6.Le3, aber nach 6...Lb6 7.Dd2 0–0 8.0–0–0± ist die Stellung wesentlich spannender als in der Hauptvariante des „Schottischen Vierspringerspiels". Um mit Schwarz gegen einen soliden Spieler zu gewinnen, muss man manchmal ein Risiko eingehen.

6...bxc6 7.Ld3 0–0 8.0–0 Te8

Im Gegensatz zur vorigen Partie spiele ich nicht d7–d5, um mehr Spannung am Brett zu lassen.

9.Lg5 h6 10.Lh4 Ld4!

Dieser Zug überdeckt e5 und f6 und beinhaltet einen tollen Trick.

11.Te1

Wenn Weiß weiter nach dem Schema mit 11.Df3? spielt, kommt er in große Schwierigkeiten.

Wie kann Schwarz hier Material gewinnen?

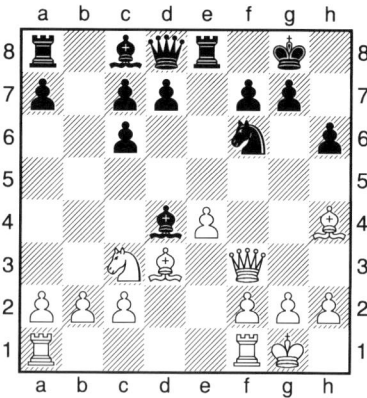

Analysediagramm

Nach 11...g5! 12.Lg3 d5!∓ droht sowohl Lg4 mit Damengewinn als auch dxe4 mit Gewinn von zumindest einem Bauern.

11...Tb8 12.Tb1

Jetzt zeigt sich ein weiterer Vorteil des Läufers auf d4. Schwarz kann mit einer kleinen Kombination bereits einen Bauern gewinnen.

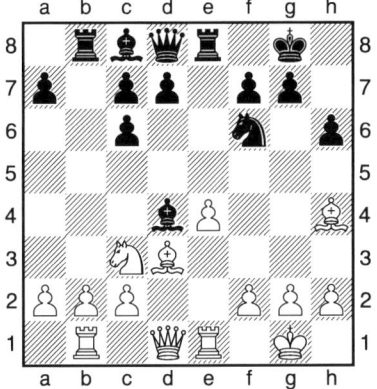

12...d6

In der Partie habe ich über 12...Txb2 13.Txb2 Lxc3 nachgedacht, aber die Variante 14.Tb8! Lxe1 15.Dxe1 g5 16.Lg3 Sxe4 17.Lxe4 d5 18.Dc3 Txe4 19.h3= erschien mir unangenehm. Schwarz hat derzeit zwei Mehrbauern, aber die Fesselung auf der 8. Reihe ist sehr unangenehm. Überhaupt hat Weiß eine sehr aktive Figurenstellung und wird die Bauern vermutlich zurückgewinnen.

13.Dd2 g5!?

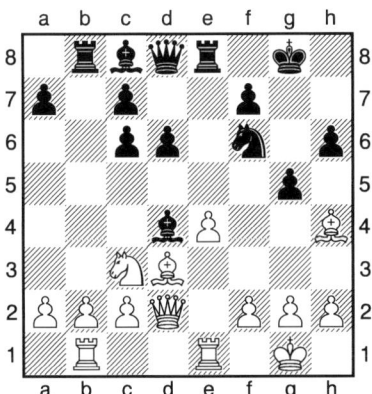

14.Lxg5?

Dieses Opfer ist einfach nicht korrekt, denn Weiß hat zu wenige Angreifer.

14.Lg3 Sh5 ergibt eine ausgeglichene Stellung mit beiderseitigen Chancen. Schwarz kann den Ld4 nach g7 stellen und damit die Königsstellung sichern. Diese Stellung gibt einem stärkeren Spieler auf jeden Fall deutlich mehr Chancen, auf Gewinn zu spielen, als die aus der vorigen Partie.

14...hxg5 15.Dxg5+ Kf8 16.Dh6+ Ke7 17.Sd5+!?

Das sieht zwar gefährlich aus, aber mit genauer Berechnung lässt sich der Angriff abwehren.

17...cxd5

17...Kd7? 18.Dh3+ Te6 19.Sf4

18.exd5+

Wie soll sich Schwarz verteidigen?

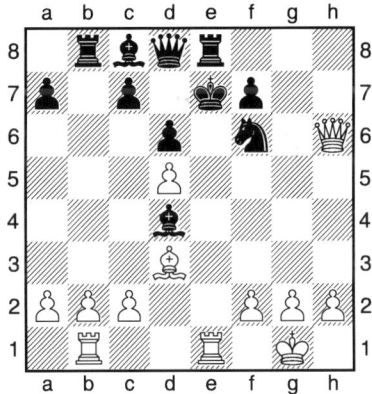

18...Le5!

Das ist der einzige Zug, aber er ist völlig ausreichend. Schwarz hat zwei Figuren mehr und kann eine davon zurückgeben.

– 18...Le6?? 19.Txe6+!± (nicht 19.dxe6 Lxf2+!) 19...fxe6?? 20.Dg7#

– 18...Kd7?? 19.Lf5+ +–.

19.Dd2

Nach 19.f4 Sg4! 20.Dh5 Th8 21.Dg5+ Ke8–+ muss Weiß die Damen tauschen, wenn er eine Figur zurückbekommen will.

19...Sxd5 20.c4 Sf6 21.f4 Le6 22.fxe5 dxe5 23.Txe5

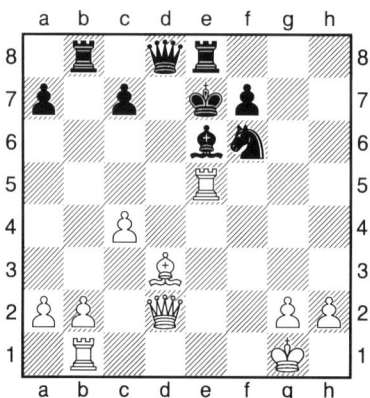

23...Dd4+

Das ist am einfachsten, denn damit erzwingt Schwarz Damentausch.

24.De3 Ted8 25.Lf5 Dxe3+

25...Txb2 gewinnt noch einen Bauern, aber ich wollte nichts mehr riskieren.

26.Txe3 Td2

Mit nur zwei Bauern für die Figur ist Weiß hier völlig verloren.

27.Lxe6

27.Tbe1 Tbxb2 28.Lxe6 Txg2+ 29.Kh1 Txh2+ 30.Kg1 fxe6 31.Txe6+ Kf7–+.

27...fxe6 28.Ta3 Tbxb2 29.Txb2 Txb2 30.Txa7 Kd6 31.c5+ Kc6 32.h3 Sh5 33.Ta6+ Kd5 34.Ta7 Sf4 35.Txc7 Txg2+ 36.Kf1 Txa2 37.c6 Tc2 38.Tf7 Sxh3 39.c7 Kd6 40.Tf3 Sg5 41.Tg3 Sf7 42.Tf3 Txc7 0–1

---

3 Dinge zum Merken

1. Wenn man gegen einen starken Spieler gewinnen will, muss man zu Risiken bereit sein.
2. Für einen erfolgreichen Mattangriff braucht man genügend Angriffsfiguren.
3. Oft ist es gut, einen Teil seines Materialvorteils zurückzugeben, um seine Stellung zu sichern.

Wichtige Motive und Konzepte aus Kapitel 6

Nach Sg6 kann Schwarz die Fesselung abschütteln.

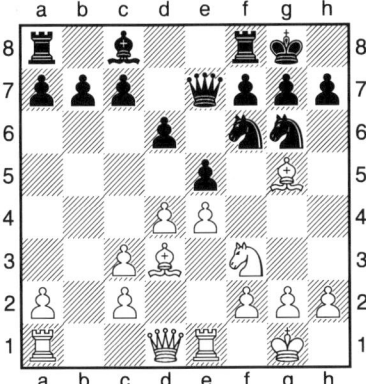

Da der Sg6 das Feld h4 deckt, kann Schwarz mit 13...h6 die Fesselung abschütteln, denn der Läufer kann sich nur auf der Diagonale c1-h6 zurückziehen oder gegen den Springer f6 abtauschen.

Die künstliche Rochade

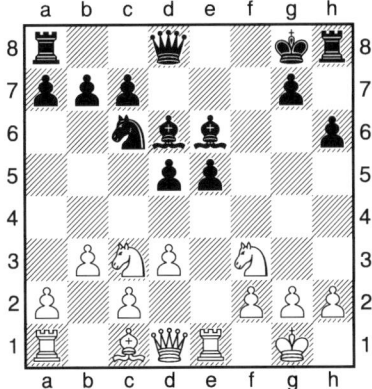

Der schwarze König hatte auf f7 geschlagen, war nach g8 gegangen und jetzt folgt 11...Kh7. Danach kann der Turm nach e8 oder f8 ziehen und Schwarz hat die Rochade „künstlich" erledigt, was übrigens gar nicht so selten vorkommt. Mit dem Läuferpaar und dem starken Zentrum steht er viel besser.

Bauernsturm am Königsflügel

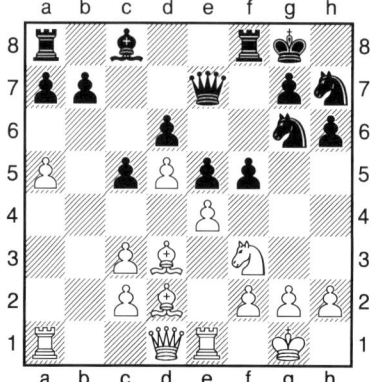

Da das Zentrum geschlossen ist, kann Schwarz mit 17...f4 und späterem g5-g4 einen Königsangriff starten. Der schwarze König ist dabei sicher, denn die weißen Figuren kommen nicht am blockierten Zentrum vorbei an ihn heran.

Abtausch bei gegnerischen Schwächen

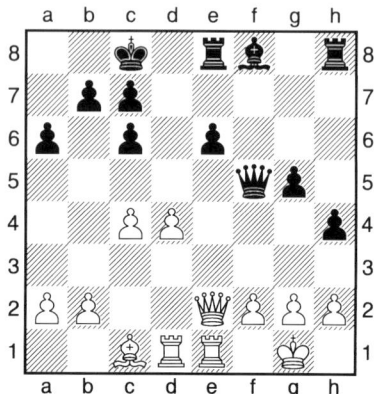

Die schwarzen Bauern auf e6 und g5 sind schwach. Am einfachsten strebt Weiß nun mit 18.De5! ins Endspiel, weil die Schwächen dann leichter zu belagern und zu erobern sind.

Kapitel 7

Spanisch

Abtauschvariante und Nebenvarianten

1.e4 e5 2.Sf3 Sc6 3.Lb5

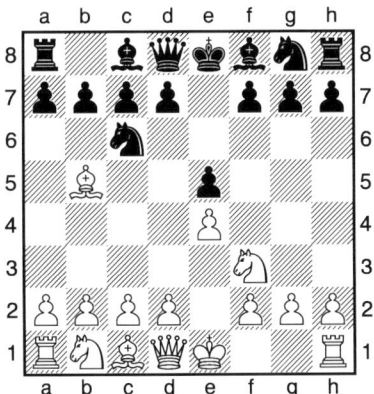

Spanisch ist eine mehr strategisch geprägte Eröffnung als Italienisch und daher für Anfänger weniger geeignet. Im weiteren Verlauf der Schachkarriere sollte sich aber jeder damit beschäftigen, denn Lernende können hier viele typische Pläne und wichtige Ideen zu Bauernstrukturen kennenlernen und verstehen.

Bei österreichischen Jugendmeisterschaften wird bei den jüngeren bzw. Elo-schwächeren Spielern sehr häufig die Abtauschvariante gespielt, mit der wir hier auch beginnen werden. Zusätzlich betrachten wir in diesem Kapitel verschiedene Nebenvarianten.

In diesem Kapitel stelle ich einige wichtige Bauernstrukturen vor, die in der „Spanischen Eröffnung" entstehen können und deren Verständnis sehr nützlich ist – und zwar nicht nur, wenn man selbst Spanisch spielt.

Die interessanten Stellungen aus den Partien dieses Kapitels folgen diesmal erst nach den spanischen Strukturen.

Spanische Strukturen

Eine Möglichkeit, sich mit einer Eröffnung zu beschäftigen, besteht im Studium der entstehenden Bauernstrukturen. Wenn man weiß, wie die jeweilige Bauernstruktur einzuschätzen ist und welche Pläne es dort gibt, hilft das oft mehr als das Erlernen konkreter Varianten. Außerdem verbessert man dadurch insgesamt das Schachverständnis, denn man erlangt Kenntnis von zusätzlichen Musterstellungen, die man als Vergleich heranziehen kann.

1. Die Abtauschvariante

1.e4 e5 2.Sf3 Sc6 3.Lb5 a6 4.Lxc6 dxc6 5.0–0 f6 6.d4 exd4 7.Sxd4 c5 8.Sb3 Dxd1 9.Txd1

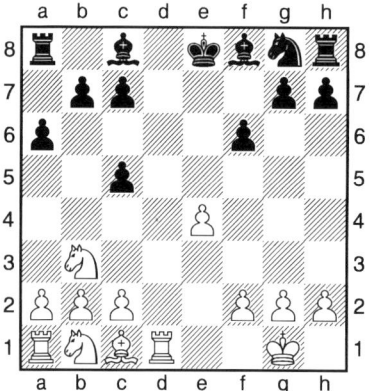

Die typische Bauernstruktur der Abtauschvariante: Weiß hat eine Bauernmehrheit am Königsflügel, während die schwarze Bauernstruktur am Damenflügel durch den Doppelbauern entwertet ist. Schwarz hat als Kompensation dafür das Läuferpaar. Ein Abtausch ins Endspiel ist für Weiß erstrebenswert, wobei ein großer Vorteil vor allem im Bauernendspiel gegeben ist.

2. Die Abtauschvariante mit 5.Sxe5

1.e4 e5 2.Sf3 Sc6 3.Lb5 a6 4.Lxc6 dxc6 5.Sxe5? Dd4 6.Sf3 De4+ 7.De2 Dxe2 8.Kxe2

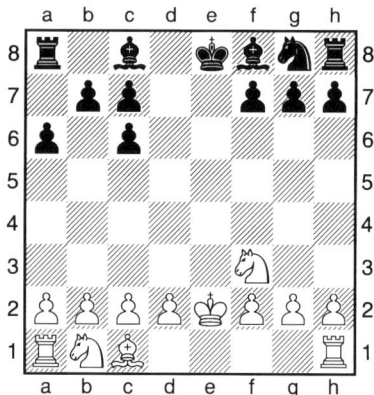

Im Unterschied zur vorigen Stellung steht hier ein weißer Bauer auf d2 statt auf e4. Deswegen hat Schwarz Vorteil, denn die weiße Bauernstruktur kann das schwarze Läuferpaar nicht kompensieren. Der Doppelbauer ist vor allem dann ein Nachteil, wenn er Teil einer Bauernmehrheit ist, denn die Bildung eines Freibauern ist mit einem Doppelbauern deutlich schwerer. Im gegebenen Beispiel kann Schwarz mit seinem vorderen c-Bauern den weißen d-Zentrumsbauern angreifen oder aufhalten.

3. Die Berliner Verteidigung

1.e4 e5 2.Sf3 Sc6 3.Lb5 Sf6 4.0–0 Sxe4 5.d4

Auch 5.Te1 ist hier spielbar. Danach führt 5...Sd6 6.Sxe5 Le7 7.Lf1 Sxe5 8.Txe5 0–0 zu einer Bauernstruktur, wie sie auch in „Russisch" oder der französischen Abtauschvariante entsteht. Schwarz muss hier noch sein Entwicklungsproblem lösen und gleicht dann strukturell aus.

5...Sd6 6.Lxc6 dxc6 7.dxe5 Sf5 8.Dxd8+ Kxd8

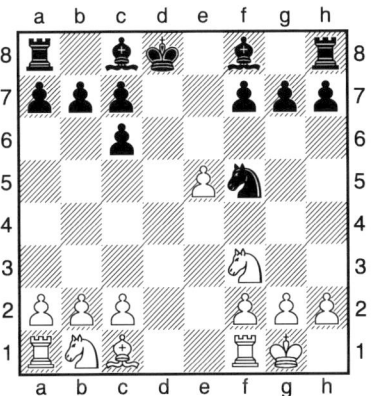

Die Hauptstellung der Berliner Verteidigung. Im Vergleich zur Abtauschvariante steht hier der weiße Bauer bereits auf e5 statt noch auf e4. Das ist ein Nachteil für Weiß, denn Schwarz kann die Felder d5 und f5 nutzen und der e5-Bauer steht mitunter dem schwarzfeldrigen weißen Läufer im Weg. Als Kompensation dafür konnte Weiß auf d8 die Damen tauschen und Schwarz somit an der Rochade hindern. Das ist vor allem deshalb unangenehm, weil Schwarz nun seine Türme nicht so leicht verbinden kann.

4. Der Offene Spanier

1.e4 e5 2.Sf3 Sc6 3.Lb5 a6 4.La4 Sf6 5.0–0 Sxe4 6.d4

6.Te1?! ist hier ungenau, weil Schwarz das Läuferpaar erhält. Nach 6...Sc5! 7.Lxc6 dxc6 8.Sxe5 Le7 entsteht die gleiche für Schwarz vorteilhafte Struktur wie nach 5.Sxe5? in der Abtauschvariante.

6...b5 7.Lb3 d5 8.dxe5 Le6

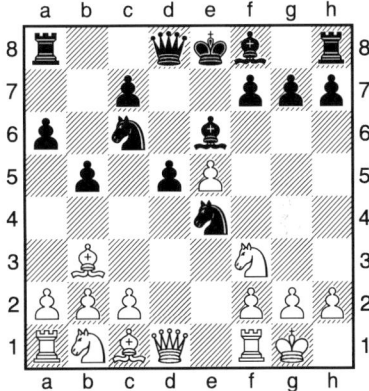

In dieser Hauptstellung des „Offenen Spaniers" gibt es eine ganz eigenständige Struktur. Eine interessante Idee für Weiß besteht darin, c3 zu spielen und dann einen Springer nach d4 zu stellen. Und falls Schwarz diesen abtauscht, erhält er nach c3xd4 einen rückständigen Bauern auf der c-Linie.

5. Die klassische Hauptvariante

1.e4 e5 2.Sf3 Sc6 3.Lb5 a6 4.La4 Sf6 5.0–0 Le7

Jetzt droht Schwarz, auf e4 zu nehmen, weil er danach keine Probleme mehr auf der e-Linie bekommen würde.

6.Te1

Sobald Weiß seinen e4-Bauern deckt, droht er mit Lxc6 nebst Sxe5 einen Bauern zu gewinnen.

6...b5 7.Lb3 d6

Nach 7...0–0 8.c3 kann Schwarz mit 8...d5 den Marshall-Angriff wählen – ein interessantes Bauernopfer mit der Hauptfortsetzung 9.exd5 Sxd5 10.Sxe5 Sxe5 11.Txe5 c6.

8.c3

Sobald Schwarz seinen e5-Bauern deckt, sollte Weiß für seinen Lb3 einen Rückzug sichern, sonst wird nach 8...Sa5 sein Läuferpaar halbiert.

8...0–0 9.h3

Weiß verhindert Lg4, bevor er mit d4 sein Zentrum aufbaut.

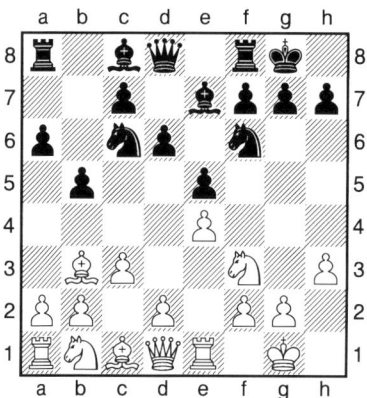

In dieser Hauptstellung will Weiß im nächsten Zug mit d2–d4 ein starkes Bauernzentrum aufbauen. Schwarz versucht üblicherweise, frühestmöglich Druck darauf auszuüben. Drei der wichtigsten Spielweisen sind:

– die Tschigorin-Variante mit 9...Sa5 10.Lc2 c5;

– die Breyer-Variante mit 9...Sb8 10.d4 Sbd7;

– die Saitzew-Variante mit 9...Lb7 10.d4 Te8.

Interessante Stellungen aus Kapitel 7

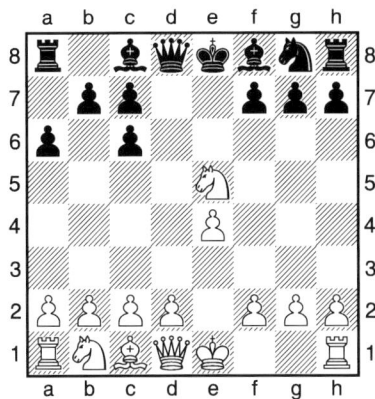

65) Was soll Schwarz hier spielen?
(Partie 41 nach 5.Sxe5)

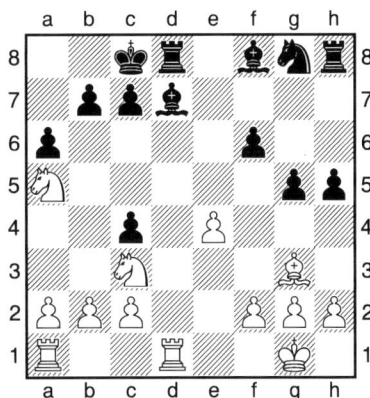

67) Wie kann Weiß Material gewinnen?
(Partie 42 nach 13…h5)

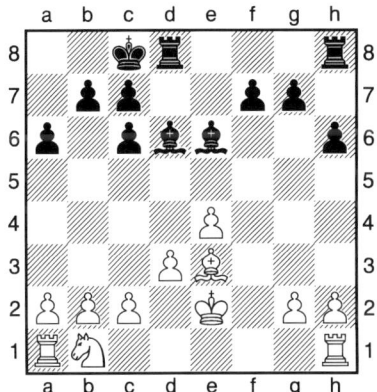

66) Wie soll Schwarz hier fortsetzen?
(Partie 41 nach 14.fxe4)

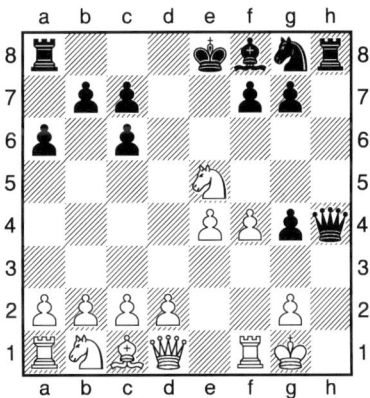

68) Wie setzt Schwarz am schnellsten matt?
(Partie 44 Analysediagramm)

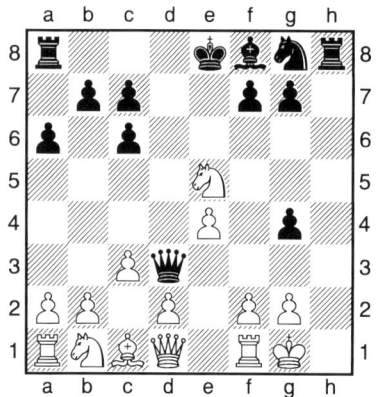

69) Wie kann sich Schwarz noch retten?

(Partie 44 nach 9.Sxe5)

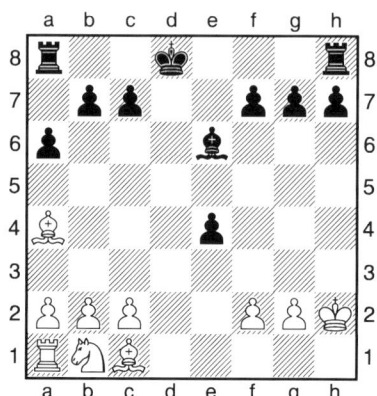

71) Wie soll Weiß die Entwicklung fortsetzen?

(Partie 46 – Analysediagramm)

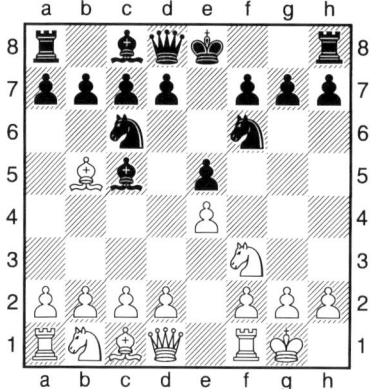

70) Wie kann Weiß das schwarze Spiel ausnutzen?

(Partie 45 nach 4…Lc5)

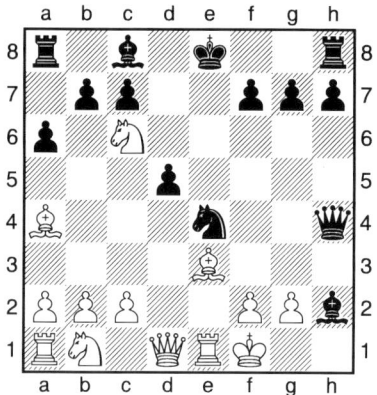

72) Wie soll Schwarz hier fortsetzen?

(Partie 46 nach 11.Le3)

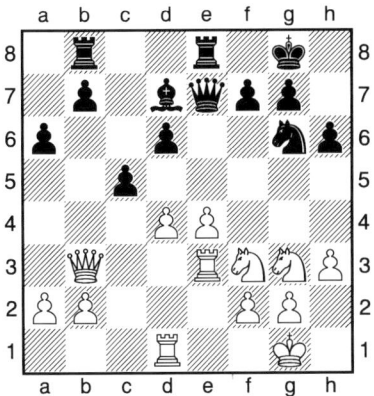

73) Wie kann Weiß einen Angriff starten?

(Partie 47 nach 19...c5)

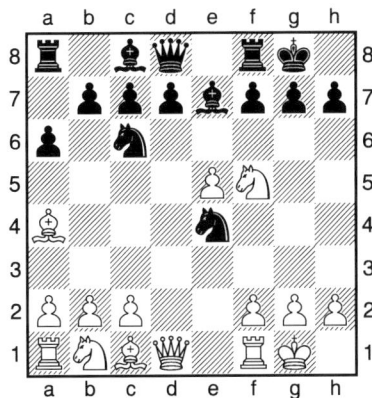

75) Wie soll Schwarz auf Sf5 reagieren?

(Partie 49 nach 9.Sf5)

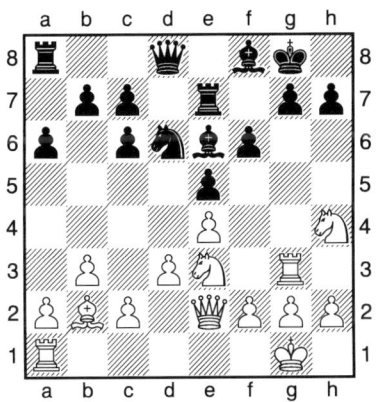

74) Wie kann Weiß weiter angreifen?

(Partie 48 nach 17...Te7)

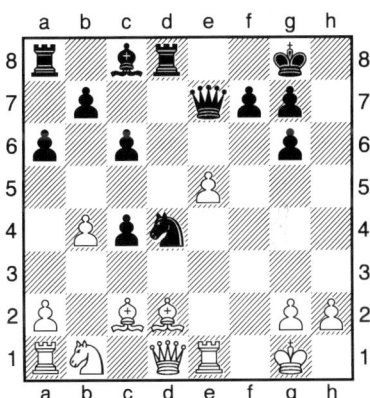

76) Wie kann Schwarz entscheidenden Vorteil erlangen?

(Partie 49 nach 20.Te1)

Ein anfängerhafter Abtausch

Partie 41
Clemens Linhart (1176)
Daniel Kristoferitsch, (1377)
ÖM U10, Velden 2014

1.e4 e5 2.Sf3 Sc6 3.Lb5 a6 4.Lxc6 dxc6 5.Sxe5?

Dieser Zug ist ein Fehler, weil sich damit die weiße Bauernstruktur verschlechtert. Weiß sollte in der Abtauschvariante den d-Bauern gegen den schwarzen e-Bauern tauschen.

Wie bekommt Schwarz den Bauern zurück?

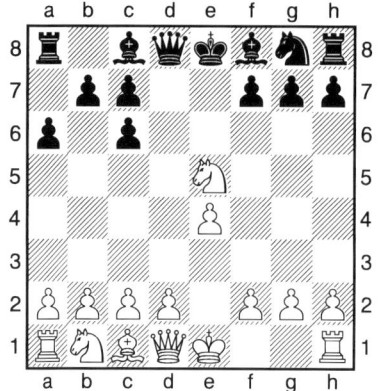

5...Dd4

Ein Doppelangriff gegen den e4-Bauern und den Springer.

6.Sd3?! Dxe4+ 7.De2 Dxe2+ 8.Kxe2

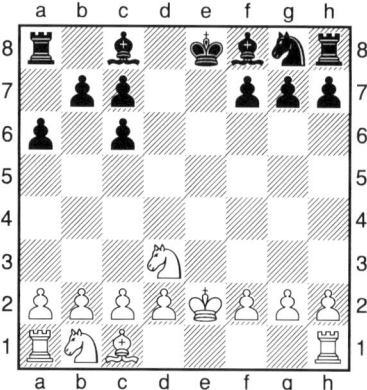

Schwarz steht bereits besser, denn er besitzt das Läuferpaar und der Doppelbauer ist hier kein Problem, denn er kann den weißen d-Bauern aufhalten oder später gegen diesen abgetauscht werden. Außerdem steht der weiße Springer auf d3 schlecht.

8...Ld6 9.f3 Le6

9...Lf5! ist für Weiß noch deutlich unangenehmer, denn nun kann der Springer nur nach e1 ziehen, ohne dass der c2-Bauer verloren geht.

10.Sf2 Sf6 11.d3 h6 12.Le3 0-0-0 13.Se4 Sxe4 14.fxe4

Wie soll Schwarz nun fortsetzen?

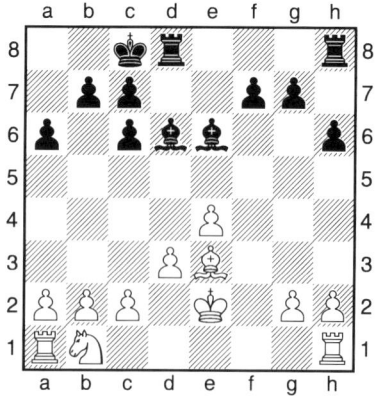

14...Thf8

Daniel hat die richtige Idee, aber noch stärker ist 14...f5!. Denn da Schwarz besser entwickelt ist und das Läuferpaar besitzt, sollte er die Stellung öffnen.

15.h3?!

Weiß sollte sich besser rasch mit 15.Sc3 entwickeln.

15...f5! 16.Sc3 b5!?

Daniel möchte den Sc3 vertreiben und dann auf e4 nehmen.

Noch stärker ist 16...f4!, um eine Bauernmehrheit am Königsflügel zu bilden und die weißen Figuren einzuschränken. Nach beispielsweise 17.Ld2 c5 18.b3 b5 19.Thf1 g5∓ wird Schwarz seine Bauernmehrheit mit h5 und g4 weiter vorrücken und kann dann jederzeit am Königsflügel einen Freibauern bilden.

17.a3 a5 18.Sd1??

Nach 18.exf5 Lxf5 19.Thf1 hat Schwarz nur geringen Vorteil.

Wie kann Schwarz bereits gewinnen?

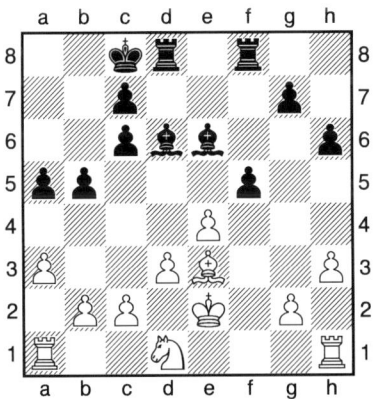

18...fxe4! 19.dxe4 Lc4+

Daniel gewinnt im Angriff. Das Läuferpaar und die zwei Türme sind zu viel für den in der Mitte stecken gebliebenen weißen König.

Daniel Kristoferitsch bei der ÖM U10 2014

20.Kd2 Lg3+

Direkter Materialgewinn war mit 20...Lf4+ 21.Kc1 Txd1+ 22.Kxd1 Lxe3 möglich.

21.Kc1

Jetzt ist der König zwar entkommen, aber der Ta1 spielt nicht mehr mit und Schwarz gewinnt die Bauern am Königsflügel. Der Rest ist Verzweiflung von Weiß.

21...Tf1 22.Txf1 Lxf1 23.b4 a4 24.Lf2 Le5 25.Ta2 Lc4 26.Lh4 g5 27.Lg3 Lxg3 28.Tb2 Lf4+ 29.Se3 Lxe3+ 30.Kb1 Td1#

Daniel konnte im selben Jahr die Österreichischen Meisterschaften U10 gewinnen und ist in seiner Altersklasse in Österreich immer vorne dabei. Seinen bisher größten Erfolg konnte er 2021 beim Open in St. Veit erringen, wo er als 16-jähriger den dritten Platz belegen und seine erste IM-Norm erringen konnte. Damit hat er auch den FM-Titel erreicht.

---

3 Dinge zum Merken

1. Doppelbauern sind gut in der Verteidigung.
2. Wer besser entwickelt ist, öffnet die Stellung!
3. Das Läuferpaar wirkt in offenen Stellungen sehr stark.

Wie man mit der Abtauschvariante gewinnt!

Partie 42
Nico Marakovits (1393)
Benjamin Kienböck (1580)
ÖM U12, St. Veit/Glan 2017

1.e4 e5 2.Sf3 Sc6 3.Lb5 a6 4.Lxc6 dxc6 5.0–0

Der beste Zug in der Abtauschvariante.

1) Nach dem sofortigen 5.d4 entsteht eine ähnliche Stellung wie in der Partie, aber Schwarz spart den Zug f7–f6 ein. Nach 5...exd4 6.Dxd4 Dxd4 7.Sxd4 Ld7 nebst 0–0–0 steht Schwarz bereits angenehmer.

2) Auch 5.Sc3 ist möglich, um den e4-Bauern zu decken und somit Sxe5 anzudrohen; z.B. 5...f6 6.d4 exd4 7.Dxd4 Dxd4 8.Sxd4 Ld7 usw.

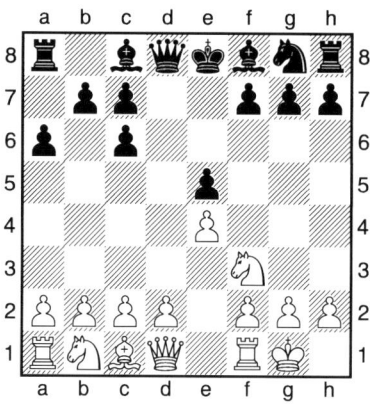

5...f6

Der häufigste Zug, aber ich habe den Eindruck, dass Weiß im entstehenden Endspiel die besseren Chancen hat. Das ist übrigens ein Grund, warum wir immer mal wieder den Abtausch-Spanier vorbereiten, wenn wir davon ausgehen, dass der Gegner die Hauptvariante spielt.

1) Der solideste Zug 5...Lg4 führt häufig zu einem spektakulären Remis; zur entsprechenden Analyse – siehe Partie 44.

2) Die kämpferische Alternative 5...Df6 wird in Partie 43 betrachtet.

3) Es gibt noch viele weitere spielbare Züge; z.B. 5...Ld6, 5...Se7, 5...Le7 und 5...Le6.

6.d4 exd4 7.Sxd4 c5

Schwarz muss die Damen tauschen, um seinen König in Sicherheit zu bringen.

8.Sb3

Hier macht der Springer direkt Druck auf den schwarzen Damenflügel.

8.Se2 ist ebenfalls stark.

8...Dxd1 9.Txd1 Ld7?!

Nach diesem sehr natürlichen Zug will Schwarz lang rochieren, kommt aber in der Folge am Damenflügel unter Druck.

Eine gute Möglichkeit ist 9...Le6 10.Lf4 c4 11.Sd4 0-0-0 12.Sc3 Lf7 mit ausgeglichener Stellung.

10.Lf4 0-0-0 11.Sc3

Hier ist die schwarze Stellung bereits recht unangenehm zu spielen.

Wie soll Schwarz fortsetzen?

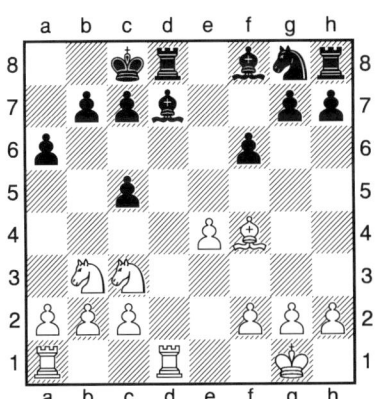

11...c4?

Hier wird dieser Bauer sehr anfällig.

11...Le6! ist der beste Zug, aber damit entwickelt Schwarz keine Figur.

(11...Se7? kostet nach 12.Sxc5 einen Bauern.)

Nach 12.Txd8+ Kxd8 13.Td1+ Kc8 14.Sd5 steht Weiß etwas besser, denn Schwarz muss nun mit 14...Lxd5 15.Txd5 b6± das Läuferpaar aufgeben.

12.Sa5 g5 13.Lg3 h5?

Schwarz möchte den Läufer fangen, aber damit läuft er in die weiße Hauptidee.

Guter Rat ist aber bereits teuer. Am besten entwickelt er sich mit einem Zug wie 13...Se7 weiter und gibt den c4-Bauern her.

Wie kann Weiß gewinnen?

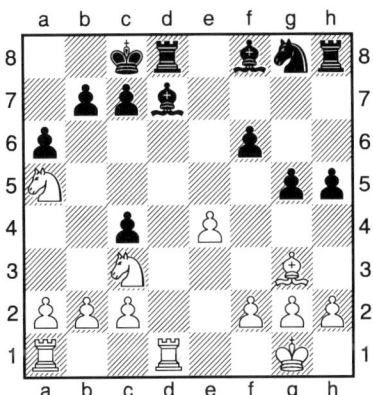

14.Sd5!

Nun lässt sich der c7-Bauer nicht mehr sinnvoll decken.

14...Lc6

– 14...Ld6 kostet nach 15.Lxd6 cxd6 16.Sxc4+– mindestens einen Bauern.

– Und nach 14...c6?? macht 15.Sb6# sofort Schluss.

15.Lxc7 Td7 16.Sxc6 bxc6 17.Sb6+ Kxc7 18.Sxd7

Nachdem Nico entscheidenden Materialvorteil erlangt hat, gewinnt er die Partie leicht.

18...Ld6 19.Sb6 c3 20.b3 Se7 21.Sc4

Lc5 22.Kf1 Sg6 23.g3 h4 24.Kg2 Te8 25.f3 g4 26.f4 Txe4 27.Te1 h3+ 28.Kf1 f5 29.Txe4 fxe4 30.Te1 Se7 31.Txe4 Sd5 32.Te5 Ld4 33.Te4 Lc5 34.Se5 Se3+ 35.Txe3 Lxe3 36.Sxg4 Ld4 37.Ke2 Kb6 38.f5 Ka5 39.Kd3 c5 40.f6 Kb4 41.f7 Lg7 42.Sf6 Ka3 43.Sd7 1–0

Nico ist ein großer Kämpfer und glaubt immer an seine Stellungen. Das führt dazu, dass er sich zäh verteidigt und auch in schlechten Stellungen sich bietende Chancen nutzt. In bisher fünf Turnierpartien gegen Großmeister ist er ungeschlagen und auch ich konnte ihn in unserer einzigen bisherigen Partie nicht besiegen, obwohl ich es über 5 Stunden lang probiert habe. Er steht als 15-jähriger knapp vor dem FM-Titel und wird es sicher noch viel weiter bringen.

Nico Marakovits bei der ÖM U12 2017

---

3 Dinge zum Merken

1. Weit vorgerückte Bauern können anfällig werden.
2. Der c7-Bauer ist in der spanischen Abtauschvariante ein gutes Angriffsziel für Weiß!
3. Nicht mit unnötigen Bauernzügen die Entwicklung vernachlässigen!

Auf Bauernstruktur gespielt

Partie 43
Daniel Karner (1410)
Philipp Wendl (1432)
ÖM U12, St. Kanzian 2018

1.e4 e5 2.Sf3 Sc6 3.Lb5 a6 4.Lxc6 dxc6 5.0–0 Df6

Wir wussten, dass der Gegner oft Abtauschspanisch spielt, und hatten daher eine Fortsetzung vorbereitet, die er sicher nicht kannte. Dieser Zug provoziert erfolgreich den weißen Fehler zwei Züge später.

6.d4 exd4

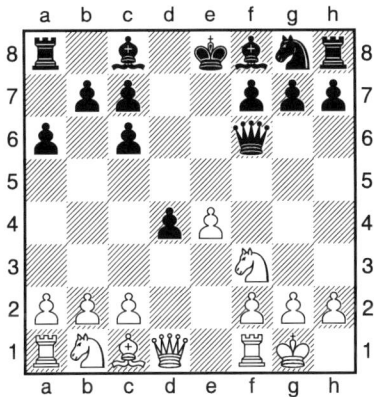

7.e5?

Dieser aktive Zug greift die Dame an, aber hier steht der Bauer schlechter, denn er schränkt den eigenen Läufer ein und gibt den schwarzen Figuren die Felder d5 und f5.

7.Lg5 Dd6 8.Sxd4 Ld7 9.Sc3 Se7 ist eine Hauptvariante.

7...Dg6 8.Sxd4 Ld7

Schwarz steht bereits klar besser. Er rochiert groß, der e5–Bauer blockiert die weißen Figuren und das schwarze Läuferpaar wird sicherlich ein wichtiger Faktor werden.

9.f4

In dieser typischen Situation hat Weiß einen Bauern auf die falsche Feldfarbe gestellt und nun folgt ein weiterer, der den Läufer noch mehr einschränkt.

9...0–0–0

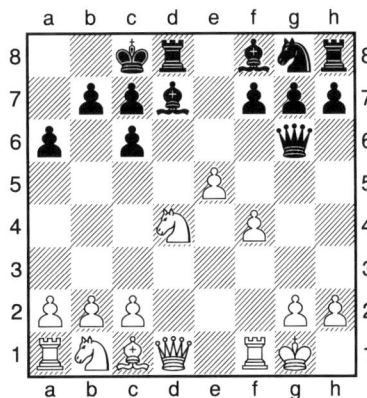

10.f5??

Weiß übersieht die Fesselung auf der d-Linie und verliert direkt.

Nach einer Fortsetzung wie 10.Df3 Sh6 11.Sc3 Lc5 übernimmt Schwarz die Kontrolle über das wichtige Feld f5 und steht viel besser.

10...Lxf5 11.Txf5 Dxf5 12.Le3 Dxe5 13.Dg4+ Kb8 14.Dh3 Txd4 15.Sc3 Td8 16.Te1 Lc5 17.b4 Dxc3 0–1

---

3 Dinge zum Merken

1. (Zentrums-)Bauern nicht auf die Farbe des eigenen Läufers stellen.
2. Die Gegenüberstellung Turm – Dame ist für die Damenseite sehr gefährlich!
3. Provokante Züge können rasch zum Erfolg führen.

Ein bekanntes Remis

Partie 44
FM Georg Halvax (2292)
FM Gert Schnider (2355)
Kreis Süd Einzelmeisterschaft 2016

1.e4 e5 2.Sf3 Sc6 3.Lb5 a6 4.Lxc6 dxc6 5.0–0

Mit der spanischen Abtauschvariante hatte ich überhaupt nicht gerechnet, denn mein Gegner spielte üblicherweise Schottisch.

5...Lg4

Ich wollte meine üblichen Varianten vermeiden und solide spielen, um nicht in eine Vorbereitung zu laufen.

6.h3 h5!

Ein typischer Zug, wenn der Gegner schon rochiert hat.

7.c3

Nach kurzem Überlegen gespielt. Mein Gegner hatte nur meine übliche Variante nach 5...f6 vorbereitet und wollte mich dort überraschen.

Wenn Weiß weiterspielen möchte, wählt er meist 7.d3 Df6 8.Le3 und das Endspiel nach 8...Lxf3 9.Dxf3 Dxf3 10.gxf3 Ld6 bietet gleiche Chancen.

Den Läufer zu nehmen ist schlecht, denn nach 7.hxg4? hxg4 ist die h-Linie offen und Weiß kann den Springer nicht mit 8.Sxe5?? retten wegen 8...Dh4 9.f4.

Wie setzt Schwarz am schnellsten matt?

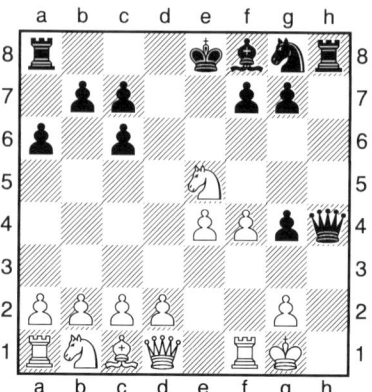

Analysediagramm

9...g3! blockiert das Fluchtfeld f2 und selbst nach dem sinnlosen 10.Dh5 Txh5 folgt Matt im nächsten Zug.

7...Dd3

Nimmt die Einladung zum Remis an.

7...Df6 ist eine Möglichkeit, das direkte Remis zu vermeiden; z.B. 8.d4 Lxf3 9.Dxf3 Dxf3 10.gxf3 exd4 11.cxd4 mit einem Endspiel, das wegen des Bauernzentrums optisch angenehmer für Weiß erscheint. Die Stellung ist allerdings ausgeglichen; der weiße Raumvorteil ist hier nicht so nützlich, denn da bereits zwei Leichtfigurenpaare abgetauscht wurden, hat Schwarz keine Probleme, vernünftige Felder für seine Figuren zu finden.

8.hxg4 hxg4 9.Sxe5

Weiß hat nun eine Figur und einen Bauern mehr.

Wie kann sich Schwarz retten?

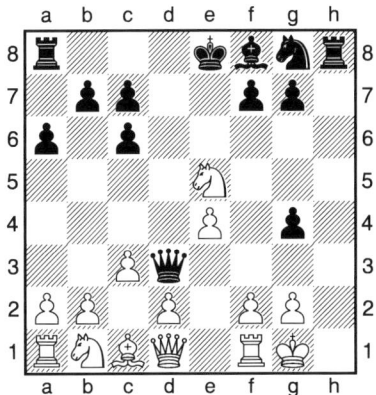

9...Ld6!
Ein Damenopfer als Vorbereitung für ein Dauerschach.

10.Sxd3
Ganz selten versucht ein Weißspieler, das Dauerschach mit 10.Sxg4 zu vermeiden. Schwarz sollte darauf 10...Sf6! antworten, und da Schwarz nach 11.Sxf6+? gxf6 12.e5 0–0–0! entscheidenden Angriff hätte, muss Weiß mit 11.Te1! Sxg4 12.Dxg4 Lh2+ 13.Kh1 Lg3+ doch noch ins Remis durch Dauerschach einwilligen.

10...Lh2+ 11.Kh1 Lg3+ ½-½
Mit diesem Dauerschach wurden natürlich schon viele Partien beendet. Das älteste mir bekannte Beispiel ist Adorjan – Karpow, Groningen 1967.

---

3 Dinge zum Merken
1. Gegnerische Vorbereitung zu vermeiden ist oft gut, wenn der Gegner etwas Unerwartetes spielt.
2. Die offene h-Linie kann gegen die kurze Rochade tödlich sein.
3. Scharfe Theorievarianten führen oft zu einem forcierten Remis.

Spanisch ist nicht Italienisch!

Partie 45
Alexander Zaytsev (1248)
Simon Freilinger (1101)
ÖM U12 St. Kanzian 2018

1.e4 e5 2.Sf3 Sc6 3.Lb5 Sf6 4.0–0!
Der e4–Bauer muss nicht gedeckt werden, denn solange der schwarze König ungeschützt auf der e-Linie steht, bekommt Weiß seinen Bauern immer zurück.

4...Lc5?!
Schwarz spielt Spanisch wie Italienisch, was allerdings gleich mehrere Nachteile hat.

Was ist die beste Fortsetzung für Weiß?

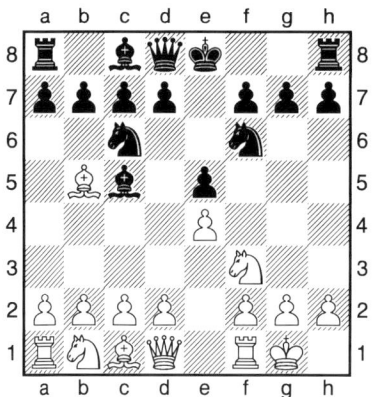

5.Te1?!
Es war noch immer nicht nötig, den e4–Bauern zu decken, und mit dem Textzug vergibt Alexander eine Chance, sehr aktiv fortzusetzen.

1) Die Idee 5.Sxe5! kennen wir bereits aus dem „Italienischen Vierspringerspiel". Der weiße Läufer steht auf b5 und wird daher durch das Zurückschlagen nicht bedroht.

5...Sxe5

(Etwas besser, aber sehr kompliziert ist 5...Sxe4 6.De1 Sxe5 7.d4 Le7 8.dxe5 mit nur etwas weißem Vorteil.)

Nach 6.d4 hat Weiß angesichts des besseren Zentrums Vorteil; z.B. 6...a6

(6...Ld6?? analog zum „Italienischen Vierspringerspiel" ist hier ein grober Fehler wegen 7.dxe5 Lxe5 8.f4 Ld6 9.e5 Lc5+ 10.Kh1 mit entscheidendem Angriff.)

7.Le2 d6 8.dxc5 Sxe4 9.cxd6 Dxd6 und Weiß besitzt das Läuferpaar in einer Stellung mit offenem Zentrum.

2) 5.c3!? mit der Idee, d2-d4 zu spielen, ist ebenfalls stark. Der e4–Bauer hängt noch immer nicht; z.B. 5...Sxe4?!

(5...0–0 ist hier vernünftiger auch wenn Weiß nach 6.d4± ein starkes Zentrum und somit etwas Vorteil hat.)

6.De2 d5

(6...Lxf2+ 7.Kh1! d5 8.d3 kostet eine Figur.)

7.d3 Sf6 8.d4 und Weiß bekommt den Bauern mit deutlichem Vorteil zurück.

5...d6 6.c3 Lg4??
Notwendig ist 6...0–0 7.d4 Lb6 8.h3 und Weiß besitzt etwas mehr Raum.

Wieso ist 6…Lg4 bereits der entscheidende Fehler?

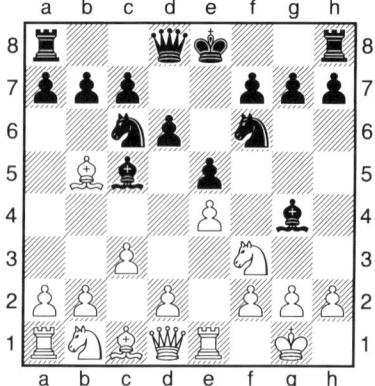

7.d4! Lxf3

Der beste Versuch ist 7...exd4 8.cxd4 Lb4 9.Te3 0–0, aber auch hier kann Weiß Material gewinnen. Und zwar mit 10.Da4!+–, denn der Sc6 ist doppelt angegriffen und Schwarz hat kein sicheres Feld für den Lb4.

8.gxf3! Lb6 9.d5

Jetzt ist direkt eine Figur weg und Schwarz kann sich auch nicht mehr mit a6 und b5 retten, weil der Läufer auf b6 diesem Manöver im Weg steht.

9...a6 10.La4 Dd7 11.dxc6 bxc6 12.De2

Mit der Mehrfigur gewinnt Alexander nun leicht.

12...0–0 13.Df1 De8 14.Dg2 Kh8 15.Kh1 Sh5 16.Tg1 Tg8 17.Le3 Dd7 18.Sd2 d5 19.exd5 Dxd5 20.Lb3 Dd7 21.Tad1 Df5 22.Dg4 Dg6 23.Dxg6 hxg6 24.Lxf7 Tgf8 25.Lxg6 Sf6 26.Lxb6 cxb6 27.Sc4 b5 28.Sxe5 Tad8 1–0

Alexander Zaytsev bei der ÖM U12 2018

---

3 Dinge zum Merken

1. Man sollte sich nicht einfach nach ein und demselben Schema entwickeln, sondern auf die gegnerischen Züge reagieren.
2. Mit c3 und d4 kann man einen unvorsichtigen Gegner rasch überrollen.
3. Von Beginn an aufmerksam sein – ein taktischer Trick ist schon in den ersten Zügen möglich!

Eine trickreiche Variante im offenen Spanier

Partie 46
Fabian Hechl (1754)
Simon Lemsitzer (1581)
ÖM U12, St. Veit/Glan 2016

1.e4 e5 2.Sf3 Sc6 3.Lb5 a6 4.La4 Sf6 5.0–0 Sxe4

Das ist die offene Variante der spanischen Partie – kurz: der offene Spanier.

6.d4! exd4!?

Die „Rigaer Variante" ist äußerst trickreich, aber objektiv nicht ganz korrekt.

In der Hauptvariante 6...b5 7.Lb3 d5 8.dxe5 Le6 bekommt Weiß den Bauern zurück und es entsteht eine spannende Stellung.

7.Te1 d5 8.Sxd4

Scheinbar ist Schwarz verloren, denn Weiß droht sowohl auf c6 zu schlagen, als auch mit f2–f3 eine Figur zu gewinnen.

Wie kann Schwarz noch weiterkämpfen?

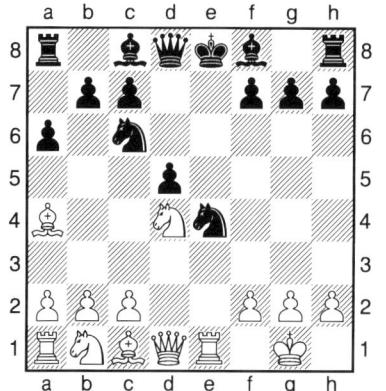

8...Ld6! 9.Sxc6 Lxh2+

Das ist die Idee der ganzen Variante: Die weiße Königsstellung soll geschwächt und der König somit erreichbar gemacht werden. Dieser Trick kann allerdings nur gespielt werden, wenn ein Remis für Schwarz in Ordnung ist.

Wie soll Weiß auf dieses Opfer reagieren?

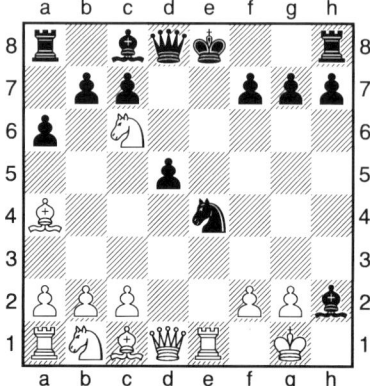

10.Kf1??

Danach erhält Schwarz starken Angriff für die geopferte Figur.

1) 10.Kxh2?! führt nach 10...Dh4+ 11.Kg1 Dxf2+ 12.Kh2 Dh4+ 13.Kg1 zum Remis durch Dauerschach – wie beispielsweise in der Partie IM Khaled Mahdy (2388) – FM Gert Schnider (2384), Landesliga 2016.

2) Richtig ist 10.Kh1!, aber nach 10...Dh4 muss Weiß noch einige gute Züge finden, um Vorteil zu erreichen – und zwar 11.Txe4+! dxe4 12.Dd8+! Dxd8 13.Sxd8+ Kxd8 14.Kxh2 Le6.

In diesem Endspiel spielt Weiß mit zwei Leichtfiguren gegen einen Turm und zwei Bauern, was eigentlich materiell ziemlich ausgeglichen ist. Allerdings kann Schwarz nicht leicht einen Freibauern bilden und die weißen Figuren werden sehr aktiv, weshalb Weiß deutlich besser steht.

Wie soll Weiß die Entwicklung fortsetzen?

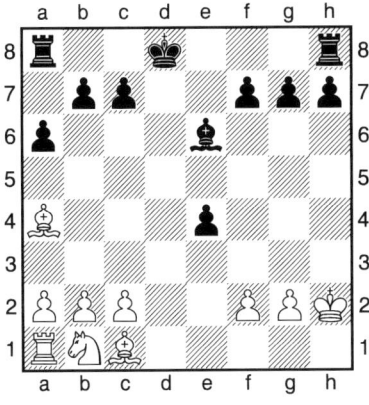

Analysediagramm

a) Ein Fehler wie 15.Sc3? kann schnell passieren. Nach 15...c5!∓ gewinnt Schwarz eine Figur, denn der La4 kann sich nicht vor der Folge b5 nebst c4 retten – auch nicht mit 16.a3 c4! nebst b5.

b) Nach den vernünftigen Alternativen 15.Le3±, 15.Lf4± oder 15.c3± steht Weiß hingegen deutlich besser.

10...Dh4 11.Le3

Wie soll Schwarz hier fortsetzen?

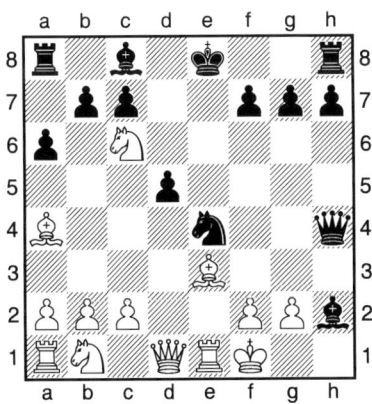

11...0–0!

Simon Lemsitzer bei der ÖM U12 2016

Zuerst wird der eigene König in Sicherheit gebracht und erst danach der Angriff fortgesetzt.

12.Sd4

Weiß rettet die Mehrfigur, aber der schwarze Angriff ist zu stark.

12.Dxd5 nützt Weiß auch nichts, Nach der möglichen Folge 12...Ld6! 13.Sd4 Le6! 14.Sxe6 fxe6 15.Dxe6+ Kh8–+ zwingt die Drohung Txf2+ nebst Matt Weiß zu großen Opfern.

12...Lg4!

Simon entwickelt sich mit Tempogewinn.

13.Sf3 Dh5 14.Sbd2 c5 15.c3 b5 16.Lc2

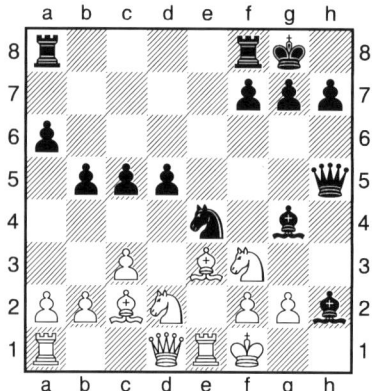 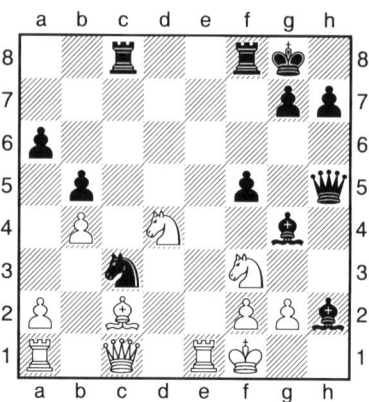

16...f5!

Schwarz gewinnt weiter Raum und schränkt die weißen Figuren immer mehr ein. Weiß hat keine sinnvollen Züge und verliert nun rasch.

17.b4 Sxc3 18.Dc1 d4 19.Lxd4

Weiß gibt die Figur zurück, aber das hilft ihm auch nicht mehr.

19.Lg5 c4–+ ändert allerdings auch nichts an der Einschätzung der Lage.

19...cxd4 20.Sxd4 Tac8 21.S2f3

21...Kh8?

Simon hält die Stellung zu Recht für gewonnen und will jedes Risiko vermeiden. Zu diesem Zweck vermeidet er Schachs auf der Diagonale a2–g8, aber übersieht dabei etwas Wesentliches.

Mit 21...Lb8 konnte er den Läufer auf ein sicheres Feld stellen und der Dame den Weg nach h1 freimachen, was nach beispielsweise 22.Dg5 Dh1+ 23.Sg1 h6 leicht gewonnen hätte.

22.De3?

Glück gehabt, denn der Gegner sieht es auch nicht!

Mit 22.Dg5 konnte Weiß Damentausch erzwingen und sich somit Rettungschancen verschaffen. Und wegen des gefährdeten Lh2 kann Schwarz die Dame nicht wegziehen.

22...Sd5 23.Dd2 Sf4 24.Te7 h6 25.Se1 Tfe8 26.De3 Txe7 27.Dxe7 Te8 und **0–1**, denn Weiß verliert die Dame oder wird auf e2 mattgesetzt.

---

3 Dinge zum Merken

1. Tempi sind in offenen Stellungen entscheidend.
2. Auch nach einem Opfer kann man ruhige Züge spielen und seinen König sichern.
3. Rechenfaulheit und übertriebenes Sicherheitsdenken können den Sieg noch gefährden.

Der Großmutter-Springer

Partie 47
Lukas Leisch (1886)
Daniel Morgunov (2036)
ÖM U14, Velden 2015

1.e4 e5 2.Sf3 Sc6 3.Lb5 a6 4.La4 d6
Die verbesserte Steinitz-Verteidigung.
Wie soll Weiß darauf reagieren?

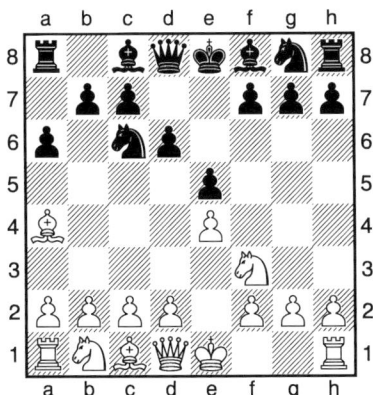

5.h3?!
Das kostet Weiß ein wichtiges Tempo, denn Lg4 droht hier noch gar nicht. Dieser Zug ist im Spanier üblicherweise erst dann gut für Schwarz, wenn Weiß schon d2-d4 gespielt hat.

1) Die aktivste Fortsetzung ist 5.c3! Ld7 6.d4! mit sofortiger Besetzung des Zentrums.

2) Die einfache Fortsetzung der Entwicklung mit 5.0–0 ist ebenfalls stark.

3) Hingegen ist 5.d4?! hier nicht ideal, denn nach 5...b5 6.Lb3 Sxd4 7.Sxd4 exd4 kann Weiß nicht auf d4 zurückschlagen und muss daher einen Bauern opfern. 8.Dxd4?? scheitert an 8...c5 9.Dc3 c4 oder 9.Dd5 Le6 nebst c4.

Wenn Schwarz 4...d6 spielt, stellt er damit eine positionelle Drohung auf, die Weiß mit seiner schwachen Antwort 5.h3 hier ignoriert hat.
Wie soll Schwarz fortsetzen?

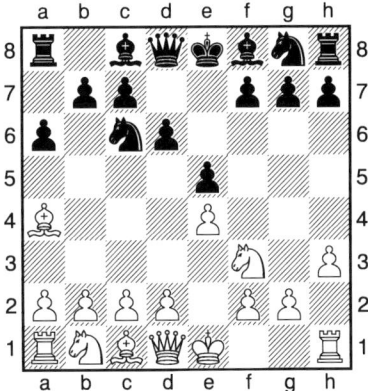

5...Ld7?!
Nach 5...b5 6.Lb3 Sa5 kann Schwarz seinen Springer gegen den starken Läufer tauschen und damit sofort mindestens Ausgleich erreichen.

6.0–0 Sge7
Schwarz wählt einen etwas ungewöhnlichen Aufbau – vermutlich will er als Elo-stärkerer Spieler seinen Gegner aus vertrauten Stellungsbildern herausbringen.

7.d3?!
Mit 7.c3 Sg6 8.d4 konnte Weiß im Vergleich zur Partiefortsetzung ein Tempo sparen.

7...Sg6 8.c3 Le7 9.Te1 h6?!
Danach möchte Schwarz mit Lg5 den schwarzfeldrigen Läufer abtauschen.
Deutlich aktiver ist aber 9...0–0 10.Sbd2 f5 mit Gegenspiel.

10.d4 Lg5

Wie soll Weiß nun fortsetzen?

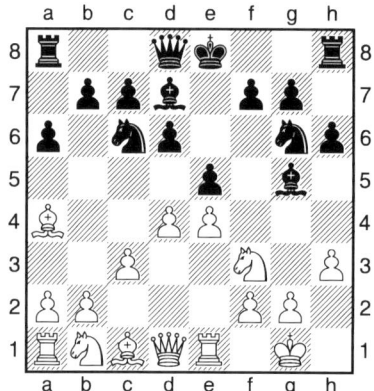

11.Le3?!

Dies erlaubt Schwarz den Abtausch des Läufers und verschwendet sogar ein Tempo, denn Weiß zieht seinen Läufer, der im nächsten Zug vom Brett verschwindet.

1) Mit 11.Sbd2! setzt Weiß die Entwicklung fort und will den Springer über f1 zum Königsflügel bringen. Gleichzeitig wartet er darauf, dass Schwarz rochiert, wonach er auf g5 tauschen kann; z.B. 11...0–0 12.Sxg5 Dxg5 13.Sf3±.

2) Das sofortige 11.Sxg5? hxg5 ist gefährlich, denn nach Öffnung der h-Linie kann Schwarz mit Zügen wie Sf4 und g5–g4 einen Königsangriff starten.

11...Lxe3 12.Txe3 0–0 13.Lb3?!

13.Sbd2 macht mehr Sinn.

13...De7

Mit 13...Sf4! kann der Springer sein Idealfeld in Stellungen dieser Art besetzen. Großmeister Zigurds Lanka sagte in einem seiner Seminare, dies sei „Kasparows Großmutter-Springer", denn Kasparow habe in einer Analyse gesagt, für so einen schönen Angriffsspringer würde er sogar seine Großmutter verkaufen.

14.Sbd2 Tfe8 15.Sf1 Sa5 16.Sg3 Sxb3 17.Dxb3 Tab8 18.Td1

Nun ist eine ausgeglichene Stellung entstanden und Schwarz will jetzt zu viel.

18...exd4?!

18...b6 nebst Tbd8 hält das Gleichgewicht.

19.cxd4 c5?

Das schafft ein Ungleichgewicht in der Bauernstruktur, aber eines, das für Weiß vorteilhaft ist.

Wie soll Weiß einen Angriff starten?

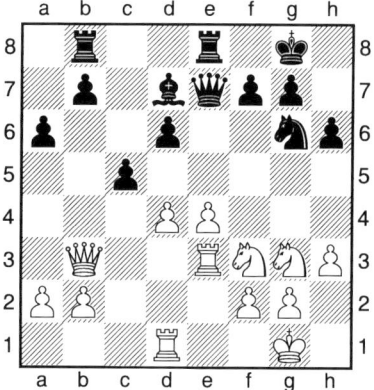

20.dxc5! Dxc5?

20...Le6 21.Db6 dxc5 ist die letzte Chance, auch wenn Weiß hier ebenfalls viel besser steht nach 22.Sf5 Df8 23.Sd6 Te7 24.Dxc5 mit einem gesunden Mehrbauern und aktiverer Stellung.

21.Sf5!

Lukas hat eine Bauernmehrheit am Königsflügel erhalten und nutzt diese nun zum entscheidenden Angriff. Kasparow wäre sehr erfreut über diesen Springer! Wegen der Gegenüberstellung von Te3 und De7 kann Schwarz den „Großmutter-Springer" nicht schlagen.

21...De6 22.Dc3 f6 23.Td6 Df7

Welches ist der K.O.-Schlag?

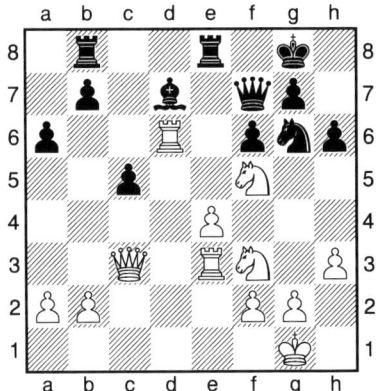

24.Sxh6+!

Dieses Opfer zertrümmert die schwarze Königsstellung.

24...gxh6 25.Txf6 Dh7 26.Sh4! Te6

Oder 26...Sxh4 27.Tg3+ Kh8 28.Tf8#.

27.Tg3 und der Sg6 fällt, daher **1–0**.

---

3 Dinge zum Merken

1. Ein weißer Springer auf f5 (oder ein schwarzer auf f4) ist ein starker Angreifer!
2. Eine Bauernmehrheit am Königsflügel hilft beim Königsangriff.
3. Der Versuch, ein Ungleichgewicht zu schaffen, geht oft nach hinten los.

Angriff in der verzögerten Abtauschvariante

Partie 48
Laura Hiebler (1730)
Min Wu (1439)
ÖM U14 M, Altenmarkt 2011

1.e4 e5 2.Sf3 Sc6 3.Lb5 a6 4.La4 Sf6 5.0–0 Le7 6.Lxc6

Der verzögerte Abtausch erscheint eigentlich unlogisch, weil Weiß den Läufer zuerst nach a4 zieht und zwei Züge später doch auf c6 tauscht. Der Grund dafür besteht darin, dass Schwarz mittlerweile die Stellung der Leichtfiguren am Königsflügel festgelegt hat und nicht mehr auf natürliche Art mit f7–f6 den e5–Bauern decken kann.

6...dxc6 7.d3

Wenn Schwarz sich nicht auskennt, kann Weiß in dieser Variante leicht einen Angriff am Königsflügel bekommen.

Wie soll Schwarz den e5–Bauern schützen?

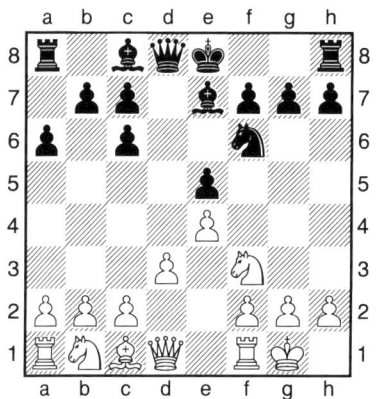

7...Ld6

Der Läufer zieht ein zweites Mal und die schwarzen Figuren stehen nun etwas ungeschickt.

1) Nach dem üblichen Zug 7...Sd7 will Schwarz später f7–f6 spielen und den Springer über f8 oder c5 nach e6 überführen; z.B. 8.Sbd2 0–0 9.Sc4 f6 10.Sh4 Sc5.

2) Eine spannende Stellung entsteht nach 7...Lg4!? 8.h3 Lh5. Wenn Weiß jetzt 9.g4 spielt, muss Schwarz eine Figur opfern, weil er sonst einfach den e5–Bauern verliert – also 9...Sxg4 10.hxg4 Lxg4 mit beiderseitigen Chancen.

8.Sbd2!

Der Springer soll (wie es im Spanier üblich ist) zum Königsflügel gebracht werden.

8.Sc3?! wäre schlecht, denn hier wird der Springer durch den c6–Bauern eingeschränkt.

8...Le6 9.b3 0–0 10.Lb2 Sd7!

Schwarz lässt gezwungenermaßen die richtige Umgruppierung folgen.

11.Te1 f6 12.Sh4 Te8

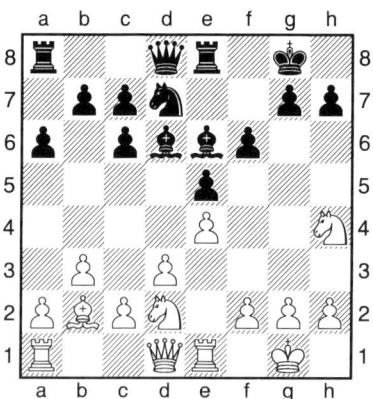

13.Te3

Laura startet nun einen Königsangriff und möchte dafür alle Figuren zur Party einladen!

Laura Hiebler bei der ÖM U14 M 2011

Weniger verpflichtend ist es aber, mit 13.Sf1 nebst Se3 oder Sg3 zuerst den Springer einzuladen.

13...Lf8 14.Tg3 Sb6?

Der Springer zieht in die falsche Richtung und auf ein furchtbares Feld, denn von hier aus kann er wegen des b3-Bauern auf kein aktives Feld gelangen.

Viel stärker ist 14...Sc5 mit der Idee, Lf7 und Se6 zu spielen.

15.Sf1 Sc8 16.Se3 Sd6 17.De2 Te7?

Schwarz wartet einfach nur auf das Ende.

17...a5 mit Gegenspiel am Damenflügel sollte versucht werden.

Wie soll Weiß weiter angreifen?

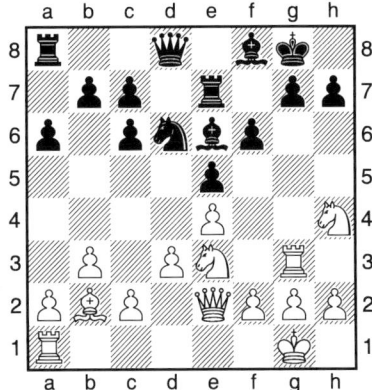

18.Tf1!

Laura bringt zuerst noch die letzte untätige Figur in Stellung.

18...Tf7 19.f4!

Und erst dann startet sie den entscheidenden Angriff. Alle weißen Figuren spielen mit und Schwarz ist bereits ohne ausreichende Verteidigung.

19...exf4 20.Txf4 Kh8 21.Dh5 Kg8 22.Sf3 Kh8 23.Th4 h6 24.Dg6 De7 25.Txh6+! und **1–0**, denn Weiß setzt im nächsten Zug matt.

---

3 Dinge zum Merken

1. Wenn der Gegner angreift, sollte man Gegenspiel suchen.
2. Alle Figuren wollen beim Angriff mitspielen!
3. Springer stehen drei Felder vor einem gegnerischen Bauern schlecht.

Die Variante mit 5.d4

Partie 49
Bardia Galehdari (IRI/2093)
Lukas Handler (AUT/2225)
WM U16, Porto Carras
Griechenland 2010

1.e4 e5 2.Sf3 Sc6 3.Lb5 a6 4.La4 Sf6 5.d4

Keine besonders gute Variante, aber als eine Art Trickversuch kommt sie manchmal aufs Brett.

5...exd4 6.0–0 Le7 7.e5

Die Alternative 7.Te1 ist noch schlechter, denn nach der richtigen Reaktion 7...b5! 8.e5 Sxe5 9.Txe5 d6 10.Te1 bxa4 steht Schwarz bereits besser.

7...Se4!

Das richtige Feld für den Springer, denn von hier aus kann er nach c5, um den La4 abzutauschen.

8.Sxd4 0–0 9.Sf5

Wie soll Schwarz auf den nach f5 vorgedrungenen Springer reagieren?

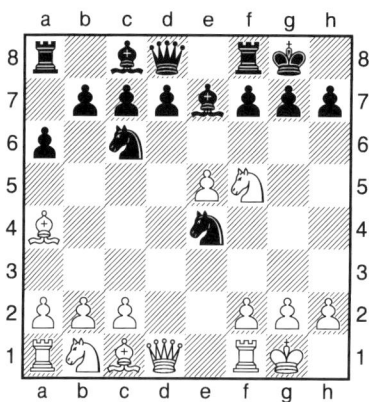

9...d5!

Schwarz setzt einfach die Entwicklung fort und besetzt das Zentrum. Ein Zug des Le7 wäre hingegen ein unnötiger Zeitverlust.

10.Sxe7+

– Auch mit dem üblicheren 10.Lxc6 bxc6 11.Sxe7+ Dxe7 12.Te1 erreicht Weiß keinen Vorteil.

– Und auch 10.exd6 Lxf5 11.dxe7 Sxe7 ist ausgeglichen.

10...Sxe7

Weiß hat nun zwar das Läuferpaar, aber sein Damenflügel ist völlig unterentwickelt. Und nachdem der schwarze Springer das Feld c6 verlassen hat, ist der La4 arbeitslos.

11.b4?!

Weiß möchte den Se4 fangen, aber dieser Zug schwächt die weiße Bauernstellung und vernachlässigt die Entwicklung.

Vernünftiger ist 11.c3 mit der möglichen Folge 11...Sc5 12.Lc2 Lf5!. Schwarz tauscht einen der weißen Läufer ab und gleicht damit zumindest aus.

11...Sg6?!

11...c6! ist eine starke Möglichkeit, denn 12.f3?? (12.c3 Sf5∓) scheitert an 12...Db6+ 13.Kh1 Sf2+.

12.f3 Sg5 13.Lb3 c6 14.c4

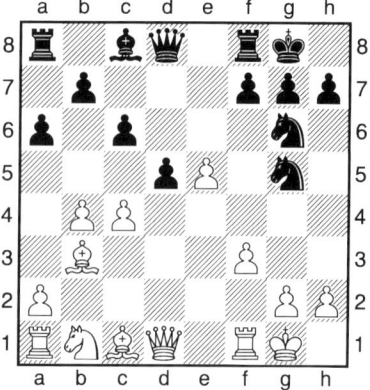

14...De7!?

Lukas plant ein spannendes Figurenopfer.

Einfacher ist 14...dxc4 15.Dxd8 Txd8 16.Lxg5

(Nach 16.Lxc4 Se6∓ hat Weiß Probleme mit dem e5–Bauern und der Entwicklung.)

16...cxb3 17.Lxd8 b2 18.Sc3 bxa1D 19.Txa1 Sxe5 und Weiß hat keine ausreichende Kompensation für den Bauern.

15.f4 dxc4 16.Lc2 Td8 17.Ld2?!

Die richtige Fortsetzung ist 17.De1

(Schlechter wäre 17.Dh5? Se6 18.f5 Sd4 19.fxg6 hxg6∓.)

17...Se6 18.f5 Sd4 19.fxg6 Sxc2 20.Df2

1) Jetzt muss Schwarz die Figur trotzdem opfern: 20...hxg6 21.Dxc2 Lf5 und jetzt nicht 22.Dxc4?? Ld3, sondern 22.Df2 mit einer spannenden Stellung.

2) Woran scheitert 20...Sxa1??

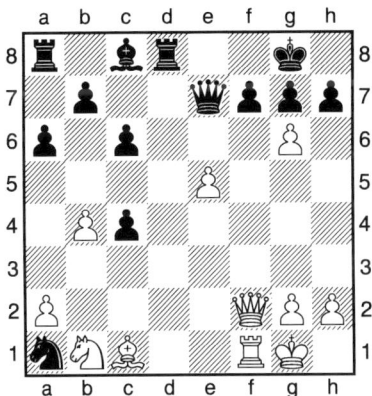

Analysediagramm

21.Lg5!

a) 21...Dxg5 22.Dxf7+ Kh8 23.Df8+ Txf8 24.Txf8#

b) 21...Df8 22.gxf7+ Kh8 23.Lxd8+–

17...Se6 18.f5 Sd4 19.fxg6 hxg6

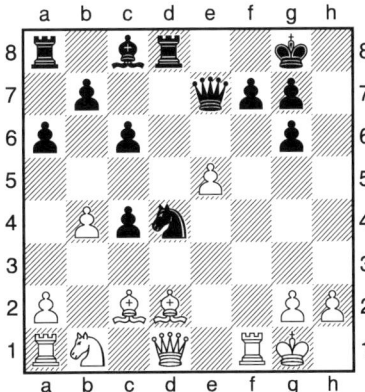

Für die Figur hat Schwarz zwei Bauern und eine aktivere Stellung. Der e5–Bauer wird auch noch fallen und Weiß hat es schwer, seine Figuren zu aktivieren.

20.Te1?

1) Besser ist 20.Kh1 Dxe5 21.Sc3 Sxc2 22.Dxc2 Lf5 23.Db2 Td3 mit beiderseitigen Chancen.

2) Spielbar ist auch 20.Lc3 mit der Idee, nach 20...Sb3 die Dame zu opfern: 21.Dxd8+ Dxd8 22.axb3 mit einer spannenden Materialverteilung von Turm, Läufer und Springer gegen die Dame und zwei Bauern.

Wie kann Schwarz entscheidenden Vorteil erlangen?

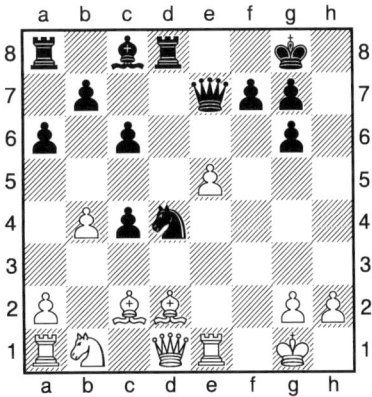

20...Lg4! 21.Dxg4?

Zäher ist 21.Dc1, aber nach 21...Se2+ 22.Txe2 Lxe2 hat Schwarz bereits materiell ausgeglichen und steht viel aktiver.

21...Sxc2 22.Lg5

Damit bricht die weiße Stellung endgültig zusammen.

Nach 22.Dxc4 Sxe1 (nicht 22...Sxa1? 23.Dc3) 23.Lxe1 Td1 wird Weiß allerdings auch nicht mehr lange leben.

22...Dxb4 23.Tf1 Dc5+ 24.Kh1 Dxe5

24...Tf8 gewinnt einfacher.

25.Lxd8 Txd8 26.Dxc4 Sxa1 27.Sc3 Sc2 28.Dxf7+ Kh7 29.Df2

29...Se3

Mit zwei gesunden Mehrbauern spielt Lukas den Sieg sicher heim.

30.Te1 Sg4 31.Dh4+ Dh5 32.Dxh5+ gxh5 33.h3 Sf6 34.Sa4 Td5 35.Te7 Td7 36.Te6 Kg6 37.Sc5 Td1+ 38.Kh2 Kf7 39.Te2 Tb1 40.Se6 Sd5 41.Sg5+ Kg6 42.h4 Tc1 43.g3 b5 44.Sf3 Sf6 45.Te6 Tc2+ 46.Kh3 Txa2 47.Txc6 Kf5 48.Sg5 Sg4 49.Tc5+ Kf6 50.Tc6+ Ke5 51.Tc5+ Kf6 52.Tc6+ Ke7 53.Sf3 Tf2 0–1

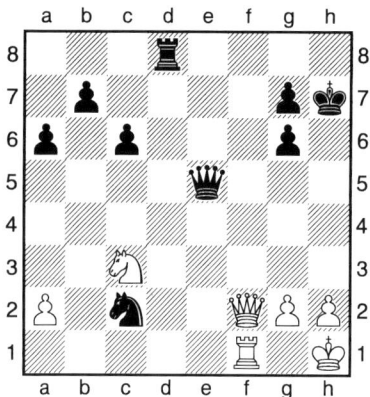

3 Dinge zum Merken

1. Die Variante 5.d4 ist ungefährlich, wenn Schwarz richtig reagiert.
2. Schnelle Entwicklung ist wichtig!
3. (Starke) Opfer bringen den Gegner aus dem Gleichgewicht und erhöhen die Chance, dass er Fehler macht.

Wichtige Motive und Konzepte aus Kapitel 7

Bauernschwäche auf c7

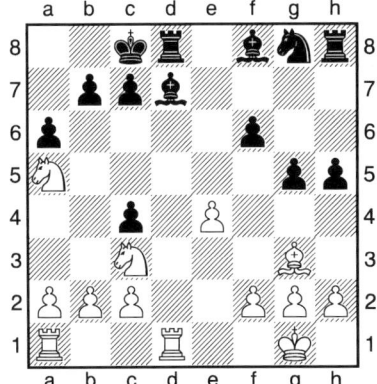

In der spanischen Abtauschvariante ist der c7-Bauer oft schwach. Im vorliegenden Fall gewinnt Weiß mit 14.Sd5 bereits Material. Allgemein ist es so, dass Weiß in dieser Eröffnung eher auf den schwarzen Feldern spielt, denn dort kann er all seine Leichtfiguren einsetzen.

Der fliegende Turm

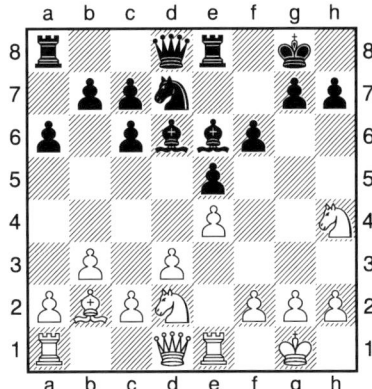

Weiß möchte einen Angriff auf den gegnerischen König starten und braucht dafür möglichst viele Angriffsfiguren. Sehr geschickt kann man dafür den Turm über die 3. Reihe mit Te3 nebst Tg3 in den Angriff bringen. Bei einem solchen Manöver spricht man auch von einem „fliegenden Turm".

Der angegriffene Läufer auf g4

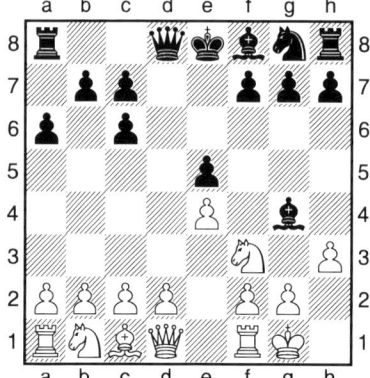

Weiß hat gerade den Lg4 angegriffen. Da er aber bereits rochiert hat und der schwarze Turm noch auf h8 steht, muss Schwarz den Läufer nicht wegziehen. Statt dessen kann er scharf 6...h5 antworten, denn würde der Läufer geschlagen, würde sich die h-Linie für einen starken Königsangriff öffnen.

Bauernmehrheit

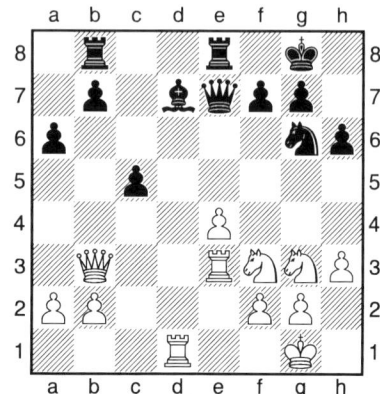

Weiß hat eine Bauernmehrheit am Königsflügel. Diese kann man (bei gleichseitigen Rochaden) häufig zum Königsangriff nutzen, denn der zusätzliche e-Bauer kann ohne Risiko für den eigenen König vorgeschoben werden. Auch deckt dieser wichtige Stützpunkte und 21.Sf5! gibt Weiß entscheidenden Angriff.

Kapitel 8

Spanisch

Die Hauptvariante nach
1.e4 e5 2.Sf3 Sc6 3.Lb5 a6 4.La4 Sf6 5.0-0 Le7 6.Te1 b5 7.Lb3

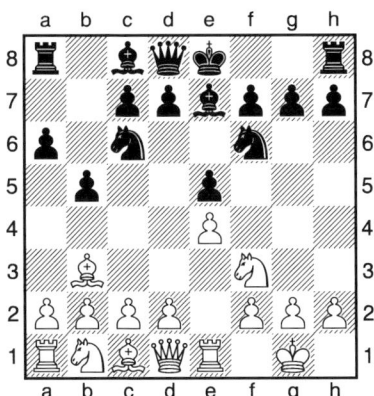

In der spanischen Hauptvariante kann Schwarz versuchen, mit einem Bauernopfer die Initiative zu ergreifen – und zwar mit dem Marshall-Angriff, der nach 7...0-0 8.c3 d5 entsteht. Aber auch die klassischen Hauptvarianten bieten Schwarz jede Menge Chancen zum Spiel auf Initiative. Mit diesen konnten auch meine Schüler schon einige stärkere Gegner besiegen.

In der absoluten Weltspitze ist die Stellung nach 7...d6 8.c3 0-0 9.h3 für Schwarz aber nicht mehr in Mode, denn Weiß kann mit d4 das Zentrum besetzen und erlangt damit dauerhaften Vorteil. Auf etwas niedrigerem Niveau lassen sich die klassischen Hauptvarianten aber weiterhin gut spielen und ich selbst konnte beispielsweise mit der Tschigorin-Variante meine bisher wichtigste Partie gewinnen.

Interessante Stellungen aus Kapitel 8

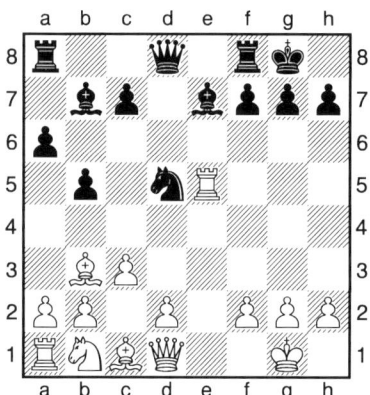

73) Was soll Weiß hier spielen?

(Partie 50 nach 11...Lb7)

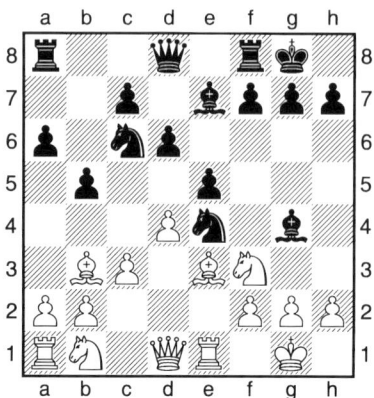

75) Was soll Weiß hier spielen?

(Partie 51 nach 10...Sxe4)

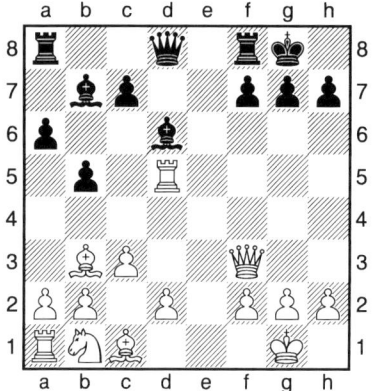

74) Wie nutzt Schwarz die fehlende weiße Entwicklung zum Sieg?

(Partie 50 Analysediagramm)

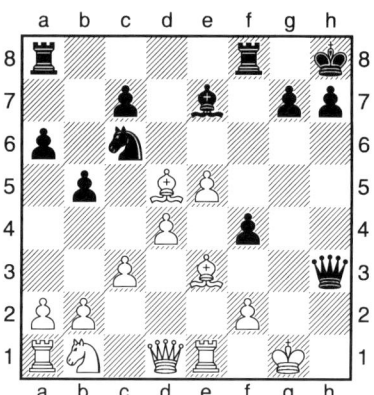

76) Wie kann Schwarz schön gewinnen?

(Partie 51 Analysediagramm)

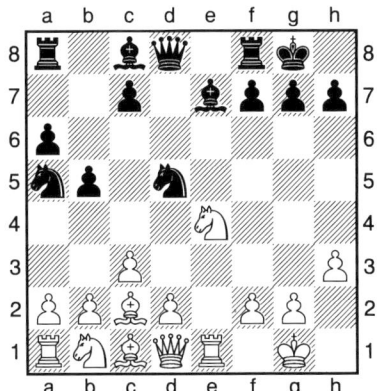

77) Wie startet Schwarz einen starken Angriff?

(Partie 52 nach 13.Sxe4)

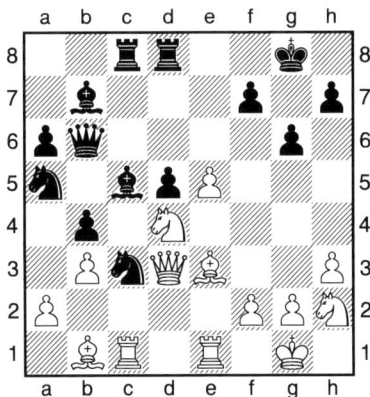

79) Wie kann Weiß einen starken Angriff starten!

(Partie 53 nach 23…Sc3)

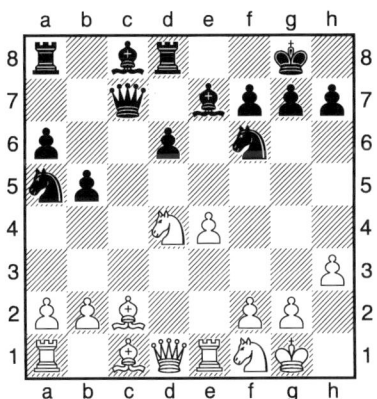

78) Wie kann Schwarz die Initiative übernehmen?

(Partie 53 nach 13.Sxd4)

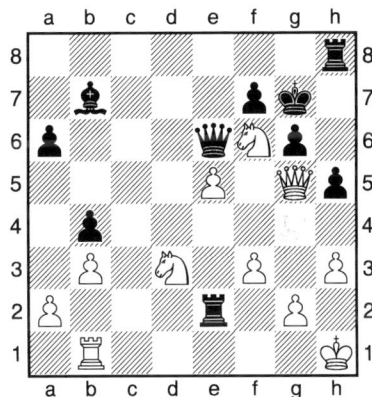

80) Wie entscheidet Schwarz die Partie?

(Partie 53 nach 40.Kh1)

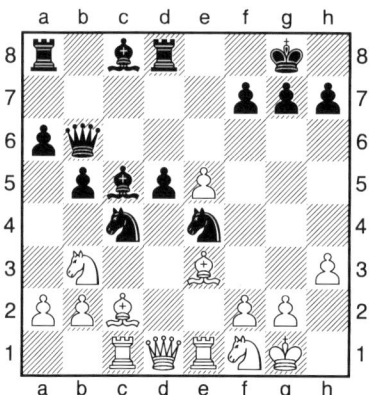

81) Wie erlangt Schwarz großen Vorteil?
(Partie 54 nach 20.Sb3)

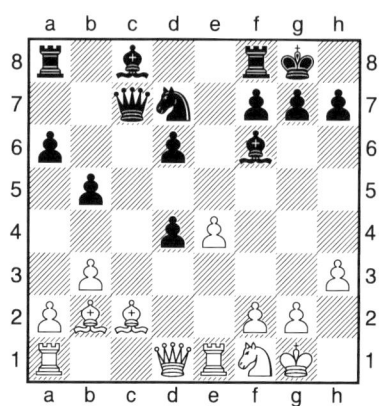

83) Soll Weiß auf d4 schlagen?
(Partie 55 nach 17…Lf6)

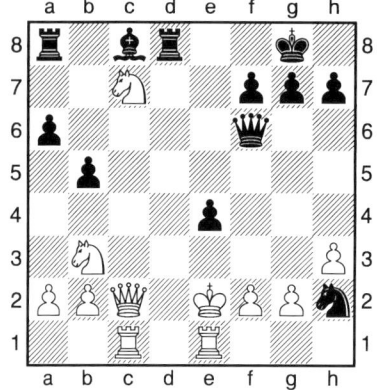

82) Wie entscheidet Schwarz die Partie?

(Partie 54 nach 27.Dc2)

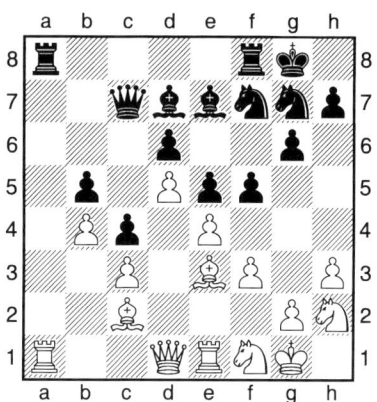

84) Wie gewinnt Schwarz im Mattangriff?
(Partie 56 nach 23.f3)

Der Marshall-Angriff

Partie 50
Jewgeni Keferboeck (1869)
Simon Bruckner (1749)
ÖM U18, St. Veit 2019

1.e4 e5 2.Sf3 Sc6 3.Lb5 a6 4.La4 Sf6 5.0–0 b5 6.Lb3 Le7 7.Te1 0–0

Schwarz möchte den Marshall-Angriff spielen.

7...d6 führt zu den klassischen Hauptvarianten.

8.c3

Weiß lässt den Marshall-Angriff zu. Es gibt mehrere vernünftige Züge, um ihn zu verhindern, wie 8.a4, 8.h3 und 8.d4.

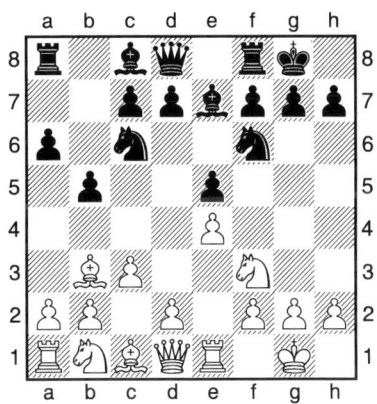

8...d5

Schwarz opfert einen Bauern für schnelle Entwicklung und Angriff.

9.exd5 Sxd5 10.Sxe5 Sxe5 11.Txe5 Lb7!?

1) Nach der Hauptvariante 11...c6 12.d4 Ld6 13.Te1 Dh4 14.g3 Dh3 hat Schwarz gute Kompensation für den geopferten Bauern.

2) 11...Lb7 ist eine interessante und logische Variante, denn von hier aus zielt der Läufer bereits in Richtung des weißen Königs.

Wie soll Weiß darauf reagieren?

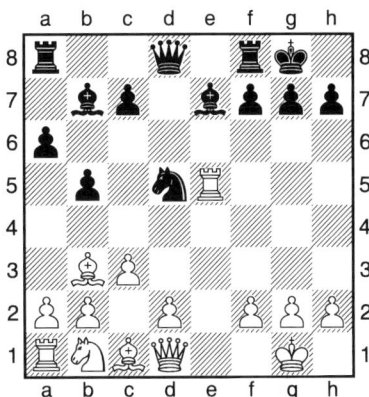

12.Df3!

Weiß stellt seine Dame auf dieselbe Diagonale mit dem schwarzen Läufer, aber da dieser ungedeckt ist, ist der Sd5 gefesselt.

Auf das ebenfalls spielbare 12.d4 antwortet Schwarz am besten 12...Lf6 13.Te1 Te8.

12...c6

Häufiger wird 12...Ld6 gespielt

1) Dabei hofft Schwarz auf den naheliegenden Fehler 13.Txd5??.

Wie gewinnt Schwarz hier?

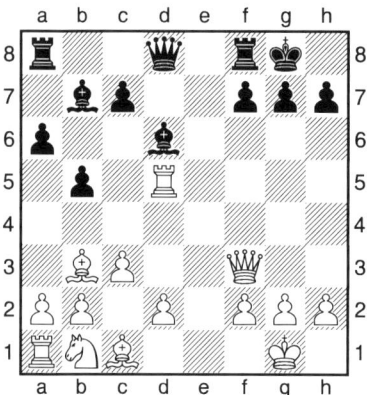

Analysediagramm

Wie soll Schwarz fortsetzen?

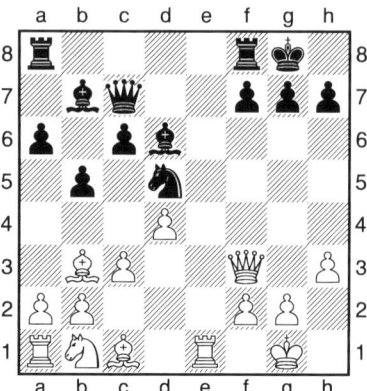

Nach dem trügerisch 'stillen' Zug 13...De7! kann Weiß sich angesichts seines unentwickelten Damenflügels nicht gegen alle Drohungen verteidigen - vorneweg die Invasion auf der e-Linie; z.B. 14.Dd1 Tae8 15.Kf1 Lxd5 16.Lxd5 De5–+.

2) Nach 13.Lxd5 14.Te1 cxd5 15.d4± hat Schwarz das Läuferpaar und damit einige Kompensation für den Bauern. Aber da der Lb7 vom eigenen d5–Bauern eingesperrt ist, hat Weiß etwas Vorteil.

13.d4

13.Lxd5 cxd5 14.d4 Ld6 führt zur selben Stellung, wie die Variante nach 12...Ld6.

13...Ld6 14.Te1 Dc7 15.h3?!

Hier war die letzte Chance, mit 15.Lxd5 cxd5 16.g3 in die Hauptvariante überzuleiten.

15...Tae8!

Normalerweise möchte man kein Material abtauschen, wenn man einen Bauern weniger hat. Hier ist der Turmtausch jedoch sehr günstig für Schwarz, denn Weiß braucht noch einige Züge, um den Ta1 ins Spiel zu bringen.

15...Tfe8! ist natürlich ebenso stark.

16.Txe8?

Weiß sollte mit 16.Tf1 den Turm auf dem Brett behalten, da nach dessen Abtausch die Grundreihe zu schwach wird.

16...Txe8 17.Le3??

Notwendig war 17.Kf1, um die Einbruchsfelder auf der e-Linie zu decken.

Wie kann Schwarz gewinnen?

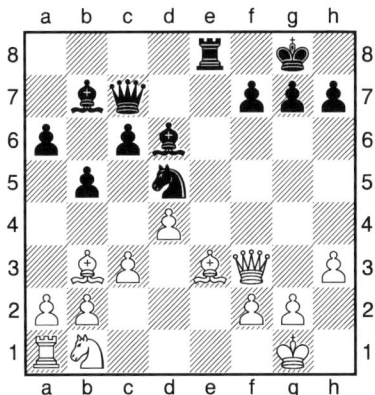

17...Sxe3! 18.fxe3 c5!

Nun spielen alle schwarzen Figuren mit, während der weiße Damenflügel immer noch schläft. Die Öffnung einer Linie wird die Partie entscheiden.

19.Ld5

19.Df2 cxd4 20.exd4 Lg3 ändert nichts, denn wegen der Drohung Te1 verliert Weiß die Dame.

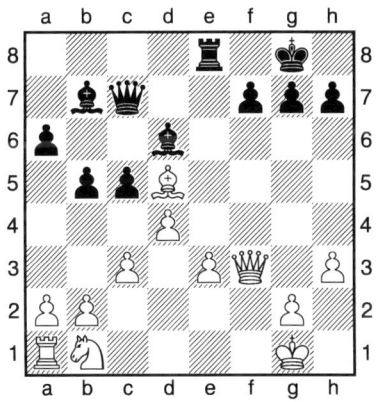

19...cxd4! 20.Sd2

Der Versuch, endlich die Entwicklung abzuschließen, kommt zu spät.

1) Der 'Figurengewinn' 20.Lxb7 scheitert an 20...Txe3 21.Dc6 Te1+ 22.Kf2 Lg3+ 23.Kf3 Df4#.

2) Und 20.exd4 macht den Weg auf die Grundreihe frei: 20...Lxd5 21.Dxd5 Te1+ 22.Kf2 Lg3+ 23.Kf3 Df4#.

20...Txe3 21.Lxb7

Ansonsten geht nach z.B. 21.Df5 g6 22.Dg5 Le7 der Läufer verloren.

21...Txf3 22.Lxf3

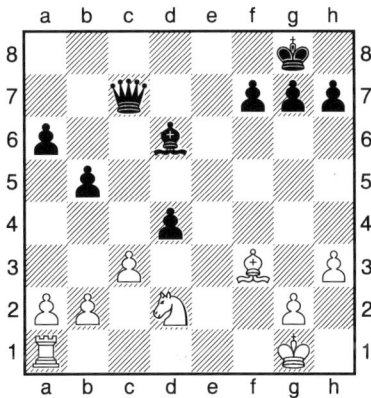

22...dxc3

Schwarz hat entscheidenden Materialvorteil und gewinnt leicht.

23.bxc3 Dxc3 24.Td1 f5 25.Sb3 La3 26.Td7 De1+ 27.Kh2 Ld6+ 28.Txd6 De5+ 0–1

---

3 Dinge zum Merken

1. Im Marshall-Angriff wird oft die weiße Grundreihe schwach.
2. Manchmal ist es richtig, auch bei Materialrückstand abzutauschen, wenn dabei eine wichtige gegnerische Verteidigungsfigur vom Brett verschwindet.
3. Bei Entwicklungsvorsprung sollte man die Stellung öffnen.

Die Yates-Variante

Partie 51
Michael Tölly (1676)
Felix Blohberger (1782)
ÖM U12, Tschagguns 2012

1.e4 e5 2.Sf3 Sc6 3.Lb5 a6 4.La4 Sf6 5.0–0 Le7 6.Te1 b5 7.Lb3 d6 8.c3 0–0 9.d4

Bei der Yates-Variante verzichtet Weiß auf den Zug h3. Damit kann Weiß auch den Marshall-Angriff vermeiden, denn auf 7…0-0 8.d4 folgt oft 8…d6 9.c3 mit Zugumstellung in die Yates-Variante.

9…Lg4

Das ist nun logisch, denn Schwarz übt damit Druck auf den d4–Bauern aus.

10.Le3 Sxe4!?

Dieser kecke Zug führt zu spannenden Verwicklungen.

Am häufigsten folgt der direkte Angriff auf das weiße Zentrum nach 10…exd4 11.cxd4 Sa5 12.Lc2 c5. Schwarz möchte den Vorstoß d4–d5 provozieren, um dann das Zentrum zu blockieren – z.B. mit dem Manöver Sd7 und Lf6. Weiß hingegen will den Vorstoß e4–e5 durchsetzen, um einen Angriff am Königsflügel zu starten.

Wie gewinnt Weiß nach **10…Sxe4!?** Material?

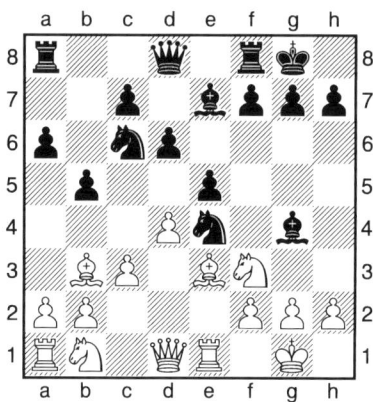

11.Ld5

Diesen Doppelangriff auf beide Springer hat Schwarz eingeplant, denn er kann sich trickreich retten.

11…Dd7! 12.Lxe4 d5! 13.Lc2

Nach der einfachsten Lösung 13.Lxh7+ Kxh7 14.dxe5 hat Schwarz keine ausreichende Kompensation für den Bauern. Angesichts seines Läuferpaars und seines aktiven Spiels bleibt die Partie aber spannend; z.B.: 14…Df5 15.Sd4 Dg6 16.f3 Lh3 17.Dc2 Dxc2 18.Sxc2 Le6∓.

13…e4

Scheinbar bekommt Schwarz nun die Figur zurück, aber Weiß hat noch den Gegenangriff auf den Läufer zur Verfügung.

14.h3

Solider ist 14.Sbd2 exf3 15.Sxf3±.

Wie soll Schwarz nun spielen?

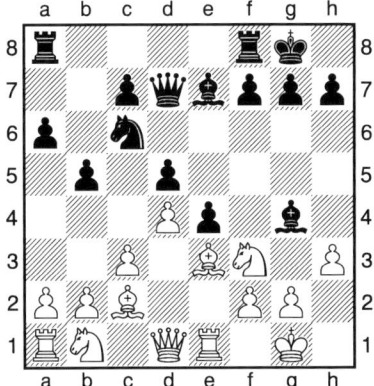

14...Lh5!?

Das ist auch nicht schlecht, aber besser erscheint 14...Lxf3!. Nach der Folge 15.gxf3 Dxh3 16.fxe4 f5! hat Schwarz starken Angriff für die geopferte Figur, der zumindest für ein Dauerschach reichen sollte.

Ich hatte vor einigen Jahren die Gelegenheit, diese Variante auszuprobieren. So nahm die Partie GM Tal Baron (2528) – FM Gert Schnider (2389), Open Bad Gleichenberg 2014, folgenden Verlauf: 17.Lb3?

(Ein möglicher Weg zum Remis besteht in 17.exf5 Ld6 18.Sd2 Lh2+ 19.Kh1 Ld6+ =.)

17...f4! 18.Lxd5+ Kh8 19.e5

Hier gibt es eine geniale Möglichkeit für Schwarz, die Partie direkt zu gewinnen!

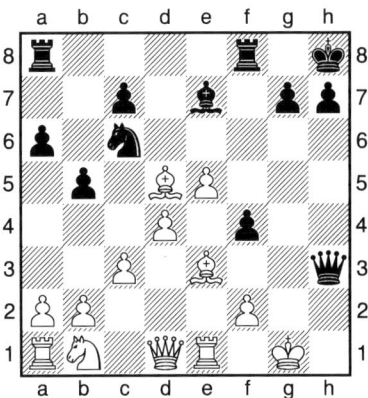

Analysediagramm

1) Direkt gewinnt 19...Lh4! 20.Lg2 fxe3!! 21.Lxh3 exf2+ 22.Kg2 fxe1D und Schwarz hat einen Turm mehr.

2) Auch der Partiezug 19...Tf5?! reicht zum Gewinn, aber in der Folge sind mir noch einige Ungenauigkeiten passiert und Weiß konnte sich retten: 20.Lxf4 Txf4 21.Te4 Taf8 22.Df1 mit späterem Remis.

15.Se5 Lxd1 16.Sxd7 Lxc2 17.Sxf8 Kxf8

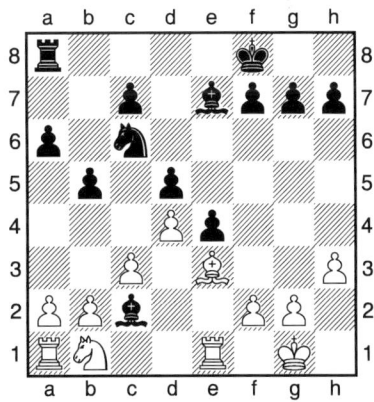

Schwarz hat einen Bauern und einen Läufer für einen Turm erhalten. Die Stellung ist völlig geschlossen und es gibt keine Linien für die Türme, sodass die schwarze Kompensation für die Qualität ausreicht.

18.Sd2 Ld3?!

Nach der vernünftigen Fortsetzung 18...Ld6 19.Sb3 a5 20.Sc1 f5 gewinnt Schwarz auf beiden Flügeln Raum und will Linienöffnung vermeiden.

19.Sb3 h6?!

Schwarz spielt planlos.

20.Sc1 Lc2 21.a3?!

Das schwächt unnötig das Feld b3.

Stark ist beispielsweise 21.Lf4 Ta7 22.Te2 Ld1 23.Td2 Lh5 24.g4 Lg6 25.Se2 mit weißem Vorteil.

21...g5 22.f3 f5?

Richtig ist 22...Sa5, um die schwachen Felder b3 und c4 anzupeilen.

Wie kann Weiß in Vorteil kommen?

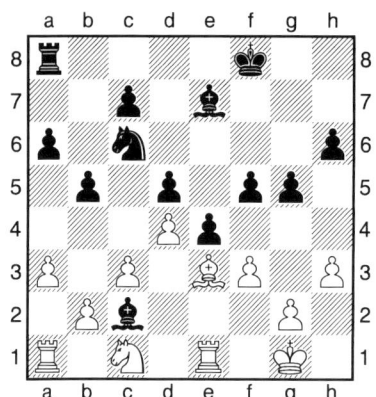

23.fxe4?

23.Te2! gewinnt einen Bauern, denn der Lc2 hat kein gutes Feld mehr; z.B. 23...Ld3

(23...Ld1? 24.Td2 La4 25.b3 kostet den Läufer.)

24.Sxd3 exd3 25.Td2±

23...dxe4?

Nach 23...Lxe4∓ stünde der Läufer völlig stabil und Schwarz würde die Stellung dominieren.

24.Tf1 f4 25.g3! f3 26.Tf2 Ld1

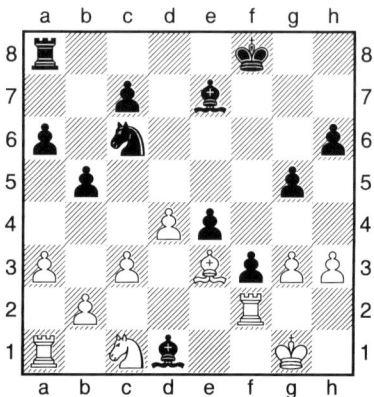

27.Td2!

Nun verliert Schwarz Material, weil der Läufer eingesperrt ist.

27...f2+ 28.Txf2+ Kg7 29.Se2 Lb3 30.g4 Tf8 31.Txf8 Kxf8

Weiß sollte leicht gewinnen, aber eine Partie ist erst aus, wenn das Ergebnis unterschrieben ist. Weiß spielt nun viel zu passiv.

32.Lf2?!

Nach 32.Sg3 Ld5 33.Sf5 gewinnt Weiß den nächsten Bauern.

32...Ld6 33.Sg3?! e3! 34.Le1 Sa5

Nun hat der Le1 keinen Zug und damit ist auch der Ta1 eingesperrt.

35.Sf5 Lf4 36.Sxh6?

36.Lg3!± aktiviert den Läufer und ermöglicht damit auch Te1.

36...Sc4 37.Sf5 Sd2

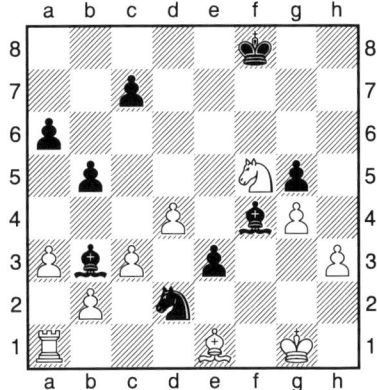

Eine ungewöhnliche Stellung: Weiß ist völlig eingesperrt, sein König wird von Sd2, Lf4 und Bauer e3 festgehalten, der Turm hat nur die Felder a1 und c1 und er muss auch noch aufpassen, dass der schwarze Freibauer nicht verwandelt werden kann.

38.Kg2 ½-½

Hier nahm Schwarz das Remisgebot seines Gegners an. Die Stellung ist ausgeglichen, denn auch Schwarz kann keine Fortschritte erzielen, ohne es Weiß zu ermöglichen, sich zu befreien.

---

3 Dinge zum Merken

1. In geschlossenen Stellungen kann eine Leichtfigur beinahe so stark sein wie ein Turm.
2. Figuren mit wenig Beweglichkeit können leicht eingesperrt werden.
3. In Gewinnstellung sollte man nicht zu passiv spielen.

Das Gajewski-Gambit

Partie 52
Razik Azad (2122)
Lukas Handler (2078)
ÖM U16, Fürstenfeld 2009

1.e4 e5 2.Sf3 Sc6 3.Lb5 a6 4.La4 Sf6 5.0–0 Le7 6.Te1 b5 7.Lb3 d6 8.c3 0–0 9.h3

Die klassische Hauptstellung der spanischen Eröffnung.

9...Sa5

In der Tschigorin-Variante geht der Springer mit Tempo dem c-Bauern aus dem Weg. Der Nachteil besteht aber darin, dass er auf a5 oft lange aus dem Spiel bleibt.

1) In der Breyer-Variante 9...Sb8 soll der Springer nach d7 gebracht werden. Dort steht er besser als auf a5, aber dafür gewinnt Schwarz kein Tempo durch den Angriff auf den Lb3.

2) Die Saitzew-Variante 9...Te8 hat den Nachteil, dass Schwarz nach 10.Sg5 mit 10...Tf8 die Stellung wiederholen muss. Allerdings kann man nach 11.Sf3 gegen schwächere Gegner eine andere Fortsetzung wählen, um ein frühes Remis zu vermeiden.

10.Lc2

(siehe nächstes Diagramm)

10...d5!?

Das Gajewski-Gambit war zum Zeitpunkt dieser Partie noch nicht allgemein bekannt. Wir haben vor allem die Partie Mazi – Freitag aus der Österreichischen Bundesliga genau besprochen, da wir Azad für einen materialistischen Spieler hielten.

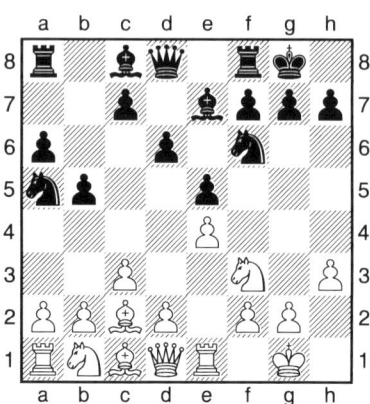

11.exd5

Die Ablehnung 11.d4! ist sehr stark für Weiß und macht das Gambit zu einer schlechten Wahl für ein dauerhaftes Repertoire.

11...e4 12.Sg5?!

Weiß möchte sein Läuferpaar nicht aufgeben und läuft direkt in unsere vorbereitete Idee hinein.

12.Lxe4 Sxe4 13.Txe4 Lb7 14.d4 Lxd5 15.Te1 Ld6 gibt Schwarz vernünftige Kompensation.

12...Sxd5 13.Sxe4

Wie kann Schwarz einen starken Angriff starten?

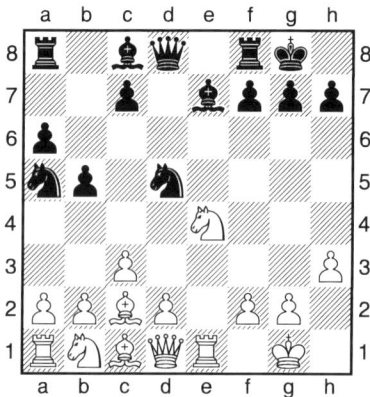

13...f5!

Schwarz startet den entscheidenden Angriff, bevor Weiß seine Entwicklung abschließen kann.

14.Sg3 f4 15.Se4

Unsere Musterpartie war Mazi (2377) – Freitag (2406), 2. Bundesliga 2009: 15.Sf1 f3! 16.g3? Dd7–+, 0–1 nach 33 Zügen.

15...f3!

Dieser Vorstoß zerstört die weiße Königsstellung.

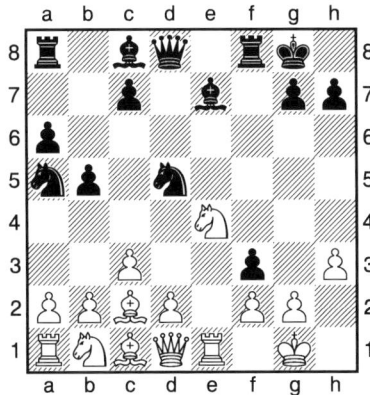

16.g3?

16.d4 fxg2 17.Sg3 sollte versucht werden, aber nach 17...g6 steht Schwarz ebenfalls bereits besser.

16...Lxh3 17.d4 De8

17...Dd7! mit dem Plan Lg2 nebst Dh3 ist der genauere Weg.

18.Dd3? Dh5 19.Sbd2 Lg2 0–1

---

3 Dinge zum Merken

1. Lernen Sie aus den Partien von Spitzenspielern, denn diese können als Muster für Ihre eigenen Partien dienen!
2. Entwicklungsvorsprung sollte man zum Angriff nutzen.
3. Ein vorrückender f-Bauer kann die gegnerische Königsstellung zerstören.

Aktives Spiel in der Tschigorin-Variante

Partie 53
FM Vladislav Kovalev (BLR/2307)
Lukas Handler (AUT/2115)
EM U16, Albena (Bulgarien) 2009

1.e4 e5 2.Sf3 Sc6 3.Lb5 a6 4.La4 Sf6 5.0–0 Le7 6.Te1 b5 7.Lb3 d6 8.c3 0–0 9.h3 Sa5 10.Lc2 c5 11.d4 Dc7

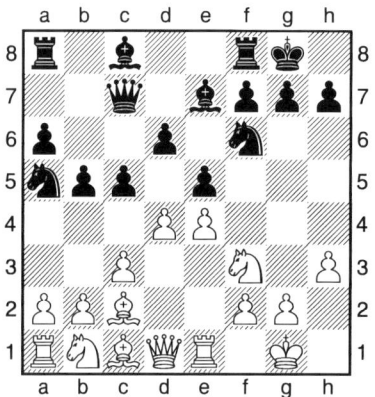

12.Sbd2

12.d5!? ist hier ein starker Versuch, gegen den Sa5 zu spielen. Weiß schließt das Zentrum und den Damenflügel und spielt am Königsflügel auf Angriff. Aus diesem Grund ist die Tschigorin-Variante in den letzten Jahren aus der Mode gekommen.

12...cxd4 13.cxd4 Td8!?

Ein interessanter Zug, der auf einen kleinen Trick abzielt.

14.Sf1

Hier ist Weiß mit 14.b3 erfolgreicher, was noch klarer auf das Problem des Sa5 hindeutet. Weiß spielt aber den normalen Plan, den Springer nach g3 zu überführen, und reagiert nicht darauf, dass Schwarz mit Td8 von der Hauptvariante abgewichen ist.

14...exd4 15.Sxd4?!

Das ist hier bei weitem der häufigste Zug, allerdings ist er wegen der schwarzen Antwort nicht besonders gut.

Sowohl 15.Lf4 als auch 15.Sg3 sind stärker als der Partiezug.

Wie kann Schwarz hier die Initiative übernehmen?

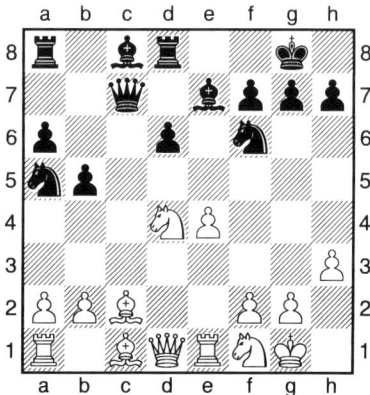

15...d5!

Zu einem günstigen Zeitpunkt (die weißen Figuren stehen unglücklich – vor allem die Dame gegenüber dem schwarzen Turm) strebt Schwarz die Öffnung der Stellung an und übernimmt somit die Initiative.

16.e5 Se4 17.Lf4

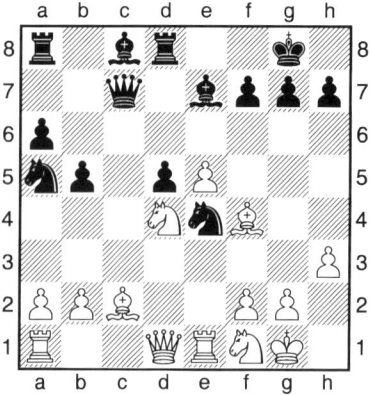

17...Db6

Mit dem noch stärkeren Zug 17...Lc5 hat eine steirische Jugendspielerin einige Jahre später die amtierende Europameisterin ihrer Altersklasse besiegt (siehe nächste Partie).

18.Le3 Lc5 19.b3 b4 20.Dd3 g6 21.Sh2

Besser ist die Besetzung der einzigen offenen Linie mit 21.Tac1.

Wie soll Schwarz die Entwicklung fortsetzen?

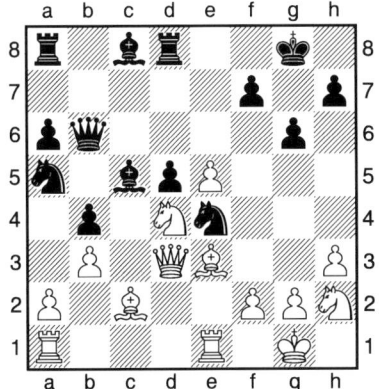

21...Lb7?

21...Ld7 ist stärker, denn dann kann der Sh2 nicht über g4 nach f6 (bzw. h6) und außerdem behält Schwarz das wichtige Feld e6 unter Kontrolle.

22.Tac1

22.Sg4! wäre angesichts seines gefährdeten Königs unangenehm für Schwarz.

22...Tac8 23.Lb1?

23.Sg4! war wiederum stark.

23...Sc3?

Mit welchem Zug kann Weiß die gegnerische Königsstellung lockern?

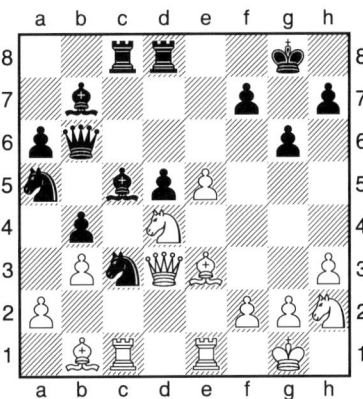

24.Sg4?!

Mit 24.e6! fxe6 25.Sg4+− konnte Weiß sich starken Angriff verschaffen, denn es droht einfach Sxe6.

24...Sc6 25.Sf3?

Mit 25.Sxc6 Txc6 26.Lg5± konnte Weiß die Kontrolle über die schwarzen Felder am Königsflügel übernehmen.

25...Lxe3 26.Txe3 d4 27.Tee1 Se7 28.Sg5 Dc6 29.f3 Kg7

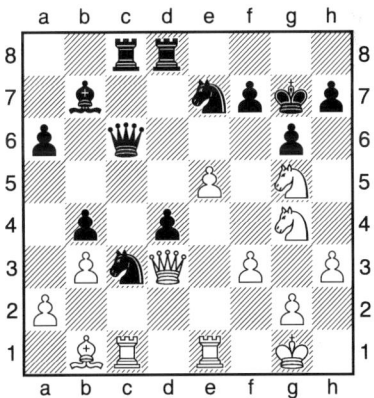

30.Kh2?

Danach übernimmt Schwarz völlig die Kontrolle.

Zu starkem Angriff für Weiß führt 30.e6! f6 31.Sf7± gefolgt von 31...Sg8.

Schlechter wäre 31...Tf8 32.Dd2 Sg8 33.Sxf6! Sxf6 34.Dh6+ Kg8 35.Lxg6+–.

30...h6 31.Se4 Sf5 32.Sef6?! De6 33.Dd2 Sxb1 34.Txb1 h5 35.Sf2 Se3 36.Txe3 dxe3 37.Dxe3 Tc2 38.Dg5 Th8?!

38...Lxf3! 39.Tf1 Db6 gewinnt sofort einen Bauern.

39.Sd3 Te2 40.Kh1??

Nach den besseren Zügen 40.Tf1 oder 40.Te1 konnte Weiß noch kämpfen.

Wie entscheidet Schwarz die Partie?

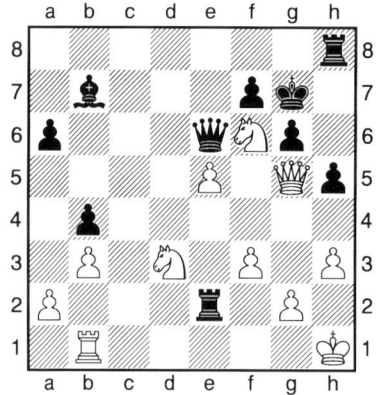

40...Lxf3! 41.gxf3 Dxh3+ 42.Kg1 Dxf3 43.Tf1 Dxd3 44.Sxh5+ Kg8 45.Dd8+ Dxd8 0–1

So schlägt man die Europameisterin mit der Tschigorin-Variante!

Partie 54
WIM Mai Narva (EST/2203)
Jasmin-Denise Schloffer (AUT/1868)
WM U16 M, Porto Carras (Griechenland) 2015

Jasmin-Denise Schloffer bei der ÖM U16 M 2015

1.e4 e5 2.Sf3 Sc6 3.Lb5 a6 4.La4 Sf6 5.0–0 Le7 6.Te1 b5 7.Lb3 d6 8.c3 0–0 9.h3 Sa5 10.Lc2 c5 11.d4 Dc7 12.Sbd2 cxd4 13.cxd4 Td8!? 14.Sf1 exd4 15.Sxd4?! d5! 16.e5 Se4 17.Lf4

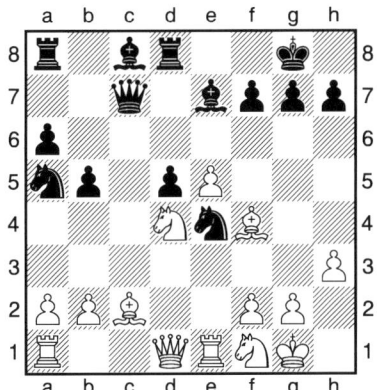

17...Lc5! 18.Tc1?!

Notwendig ist 18.Se3 Db6 mit einer spannenden Stellung.

18...Db6 19.Le3 Sc4 20.Sb3?!

Wie kann Schwarz bereits hier großen Vorteil erlangen?

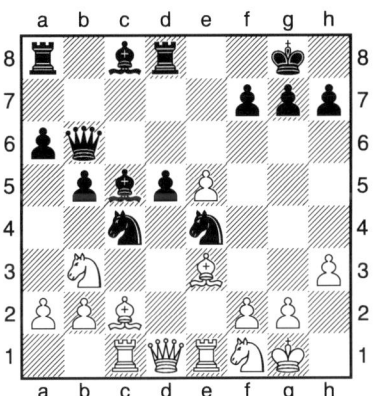

20...Lxe3?!

Schwarz verpasst die sehr starke Möglichkeit 20...d4!

1) Nach 21.Lf4 d3 bricht die weiße Stellung zusammen.

2) Auch 21.Lxe4 dxe3 22.Lxa8 exf2+ 23.Kh1 Txd1 24.Texd1 Lf8−+ ist hoffnungslos.

3) Am besten wäre noch 21.Sxd4 Sxf2! 22.Lxf2 Lxd4∓.

21.Sxe3 Sxe5 22.Lxe4?

22.Dd4 Dxd4 23.Sxd4 schüttelt den Druck ab und verspricht Weiß einige Kompensation für den Bauern.

22...dxe4 23.Sd5 Dd6 24.Sc7 Sf3+!?

Noch stärker ist 24...Df6! 25.De2 Sf3+! 26.gxf3 Lxh3.

25.Kf1

25.gxf3 Dg6+ kostet Weiß die Dame.

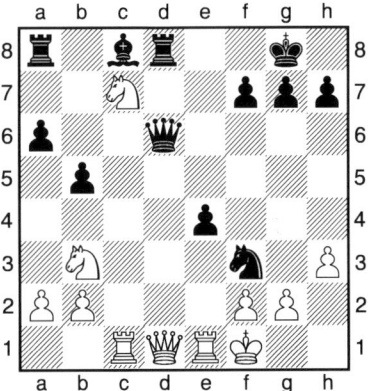

25...Sh2+!

Eine starke praktische Entscheidung, denn die Gegnerin muss sich nun überlegen, ob sie mit einem Remis einverstanden ist.

26.Ke2?

Weiß weicht der Zugwiederholung aus, läuft aber in ein Mattnetz.

Nach 26.Kg1 wiederholt Schwarz mit 26...Sf3+ 27.Kf1 einmal die Stellung und setzt dann stark mit 27...Df6∓ fort; z.B. 28.Sxa8 Txd1 29.Texd1 Le6.

26...Df6! 27.Dc2

Wie entscheidet Schwarz die Partie?

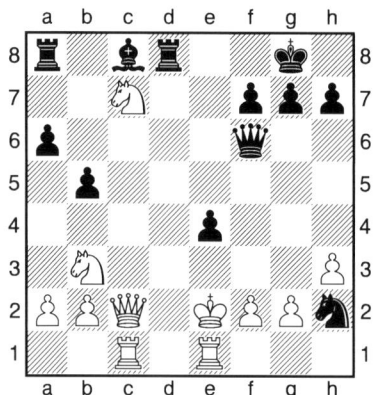

27...e3!

Danch wird die weiße Königsstellung zertrümmert.

27...Lxh3! gewinnt ebenfalls, denn 28.gxh3 scheitert an 28...Df3#.

28.f3

28.fxe3 Lxh3!

28...Lxh3 29.Dc3

29.Sxa8 Lxg2

29...Dh4 30.Dxe3 Lxg2 31.Sd2 Tac8 32.Sxa6 Txc1 33.Txc1 h6 34.Sc5 Dh3 35.Sce4 Kh8 36.Tc7

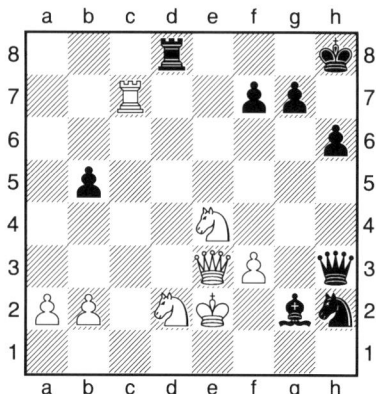

36...Lxf3+!

Eine hübsche Schlusspointe.

37.Sxf3 Df1# 0–1

Ein toller Sieg für Jasmin, denn WIM Mai Narva hatte ein paar Monate zuvor die EM U16M gewonnen.

---

3 Dinge zum Merken

1. Erfolgreiche Tricks zielen darauf ab, dass der Gegner natürliche Züge macht.
2. Eine Zugwiederholung kann den Gegner psychologisch unter Druck setzen.
3. Mit guter Vorbereitung und aktivem Spiel kann man auch deutlich stärkere Gegner besiegen.

Die spanische Hauptvariante

Partie 55
Stefan Kreiner (1950)
Christoph Maier (1810)
ÖM U16, Wien 2011

1.e4 e5 2.Sf3 Sc6 3.Lb5 a6 4.La4 Sf6 5.0–0 Le7 6.Te1 b5 7.Lb3 d6 8.c3 0–0 9.h3 Sa5 10.Lc2 c5 11.d4 Dc7 12.Sbd2 cxd4 13.cxd4 Sc6

Mit diesem am häufigsten gespielten Zug wird das weiße Zentrum direkt weiter unter Druck gesetzt.

14.Sf1?!

Die Hauptvariante ist 14.Sb3 a5 15.Le3 a4 16.Sbd2±.

14...Sxd4 15.Sxd4 exd4 16.b3

Wie kann Schwarz hier die Initiative übernehmen?

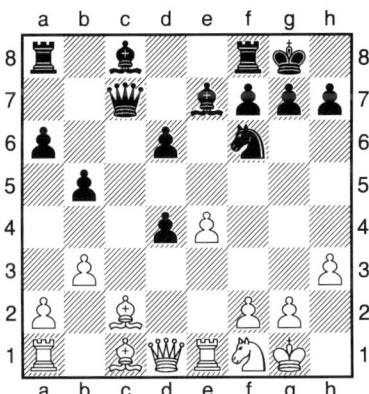

16...Sd7?

Ähnlich wie in der Td8-Variante ist 16...d5! auch hier sehr stark. Nach 17.exd5 Lb7 steht Schwarz sehr aktiv, aber Weiß kann dem Verlust noch um ein Haar entkommen, denn nach 18.Dxd4 Sxd5 19.Lb2 Lf6 rettet die Mattdrohung 20.Dd3 mit der möglichen Folge 20...g6 21.Lxf6 Sxf6= gerade noch die Figur.

17.Lb2 Lf6

Kann Weiß auf d4 den Bauern zurückgewinnen?

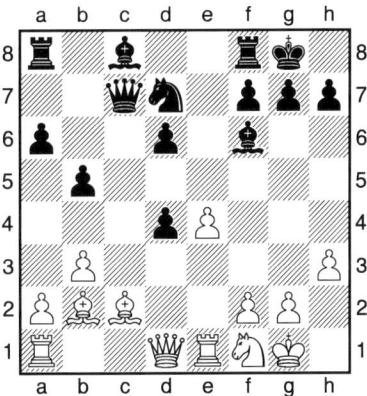

18.Lxd4!

Tatsächlich ist der Rückgewinn des Bauern möglich, wie die Anmerkung zu 19...Dc5 zeigt.

18...Lxd4 19.Dxd4

Angesichts des schwachen d6-Bauern hat Weiß Vorteil.

19...Dc5

Der Läufer hängt nicht, denn nach 19...Dxc2?? 20.Tec1 ist die Dame gefangen.

20.Ted1 Lb7 21.Tac1 Sf6 22.Se3 Tfe8

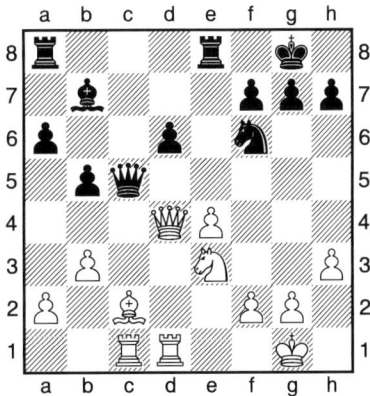

23.Dxd6?

Weiß sollte zuerst mit 23.f3± den e-Bauern sichern, denn dieser schränkt die schwarzen Leichtfiguren ein und ist viel stärker als der schwarze d6–Bauer.

23...Dg5?!

Richtig ist 23...Dxd6 24.Txd6 Lxe4 25.Lxe4 Sxe4 26.Td7± und Weiß besitzt aktivere Türme, was aber zum Sieg nicht reichen sollte.

24.f4 Dh5?

24...Dg6 25.e5 Dg3 26.Dd3± ist noch nicht so klar.

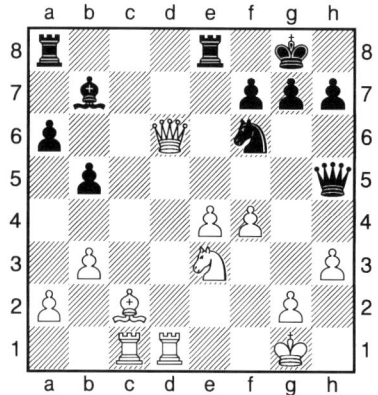

25.e5!

Weiß behält den Mehrbauern und die schwarzen Figuren kommen in Schwierigkeiten.

25...Tac8

Nach 25...Se4 26.Lxe4 Lxe4 27.Td4 Lb7 28.Tc7+− stehen alle weißen Figuren aktiver als ihre Gegenspieler.

26.exf6 Txe3 27.Dd7

Alles hängt und außerdem hat Schwarz auch noch Probleme mit der Grundreihe.

27...Dc5

27...Tb8 scheitert an 28.Dxb7! Txb7 29.Td8+.

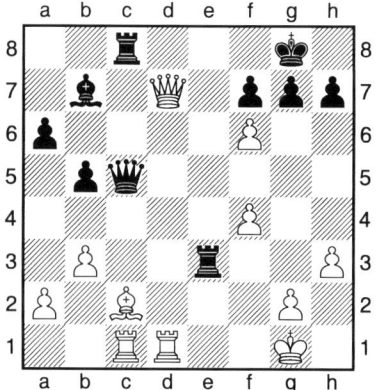

28.Lxh7+! Kxh7 29.Txc5 Txc5 30.Dxf7 1–0

---

3 Dinge zum Merken

1. Schwarz möchte häufig den Zug d6-d5 durchsetzen.
2. Das Bauernzentrum kann die gegnerischen Leichtfiguren gut einschränken.
3. Eine Dame kann gefangen werden, wenn sie etwas im gegnerischen Lager schlägt.

Meine wichtigste Partie!

Die folgende Partie wurde im April 2017 in der letzten Runde des IM-Turniers in Traun gespielt. Mein Gegner und ich lagen mit 5 aus 8 in Führung und für eine IM-Norm war unbedingt ein Sieg nötig.

Partie 56
FM Bogdan Burlacu (2303)
FM Gert Schnider (2410)
IM-Turnier Traun 2017

1.e4 e5 2.Sf3 Sc6 3.Lb5 a6 4.La4 Sf6 5.0–0 Le7 6.Te1 b5 7.Lb3 0–0 8.c3 d6 9.h3 Sa5 10.Lc2 c5 11.d4 Dc7

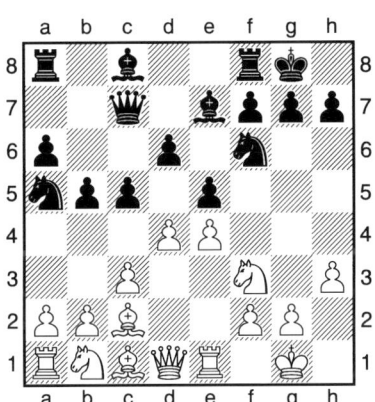

12.b3

Ein ungewöhnlicher Zug. Da mein Gegner bereits 14 Minuten verbraucht hatte, war er ziemlich sicher nicht mehr in der Vorbereitung.

12...Ld7!?

Ein nützlicher Abwartezug: Mal sehen, was der Gegner spielt.

12...cxd4 13.cxd4 Sc6 14.Lb2 Sb4= gefiel mir nicht, da ich für die Norm unbedingt gewinnen musste.

13.Lb2?!

Hier dachte ich an die Rubinstein-Variante, die ich vor Jahren nach dem Buch „A Spanish Repertoire for Black" von Mihail Marin analysiert hatte.

Auch hier ist 13.d5 noch stark.

13...c4

So blockiert Schwarz den c3–Bauern und sperrt den Lb2 ein.

14.b4 Sc6

14...exd4 15.cxd4 Sc6 erschien mir zu riskant wegen 16.e5!? gleich hier oder nach einigen Vorbereitungszügen.

15.d5

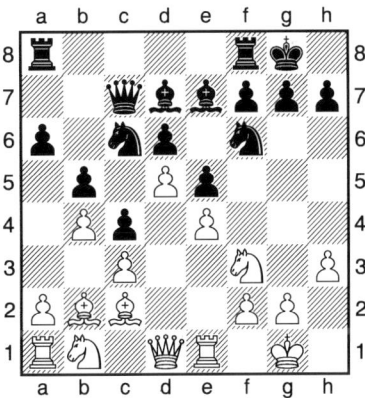

15...Sd8

Nun ähnelt die Stellung der Rubinstein-Variante, aber nach der bald erforderlichen Rezentralisation mit Lc1 hat Weiß zwei Tempi verloren. Der schwarze Plan besteht darin, die Springer nach f7 und g7 zu bringen und dann einen Angriff am Königsflügel zu starten.

16.Sbd2

16.a4 Tb8 17.Lc1 ist sicher eine bessere Reihenfolge, aber mir gefiel auch diese Stellung gut. Schwarz spielt im Stile des Königsinders und Weiß wird mit der offenen a-Linie nicht viel anfangen können. Objektiv steht Weiß hier aber immer noch besser, denn der schwarze Angriff braucht sehr lange.

16...g6

16...a5 habe ich kurz überlegt, aber ich wollte wie im Königsinder gewinnen – einfach g6 und f5 mit Königsangriff.

17.Sf1

17.a4 sollte noch immer gespielt werden, solange der Sd8 noch kein sinnvolles Feld hat.

17...Sh5 18.Lc1?! f6!

Damit wird dem Springer das Feld f7 verschafft und Weiß kann den gegnerischen Turm nicht mehr von der a-Linie vertreiben!

19.a4

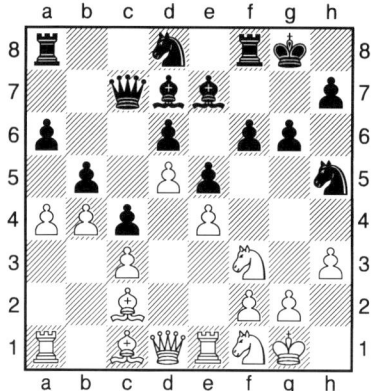

19...Sf7 20.axb5?

Weiß sollte hier nicht tauschen, denn die a-Linie kann auch für Schwarz nützlich werden. Außerdem lief dieser Abtausch nicht weg.

Ich hatte 20.g4 erwartet und wollte darauf 20...Sf4 antworten.

(Nach 20...Sg7 21.Se3 kommt Schwarz nicht gleich zu f6–f5.)

Nach den weiteren Zügen 21.Lxf4 exf4 22.Sd4 Se5 entsteht eine Stellung, die ich angesichts des schlechten Lc2 als leicht vorteilhaft eingeschätzt hatte. Objektiv ist sie aber nach 23.Dd2 g5 24.Sh2 h5= ziemlich ausgeglichen.

20...axb5 21.Le3 Sg7 22.S3h2 f5 23.f3?

Nun sind alle weißen Leichtfiguren eingesperrt.

Weiß war zu 23.exf5 (mit oder ohne vorherigen Turmtausch) verpflichtet.

Wie gewinnt Schwarz hier?

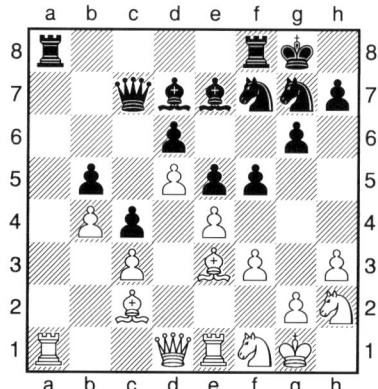

23...Lh4!

Indem er sofort die schwachen schwarzen Felder unter Beschuss nimmt.

23...f4 24.Lf2 Db7 sollte auch gewinnen, denn Weiß hat keine sinnvollen Züge mehr, während Schwarz sowohl auf der a-Linie als auch am Königsflügel spielen kann.

24.g3

Die Alternative 24.Te2 f4 25.Ld2 h5 26.Le1 Txa1 27.Dxa1 Lxe1 28.Txe1 Db7–+ ist ebenfalls furchtbar für Weiß. Schwarz kann die a-Linie übernehmen und die weißen Leichtfiguren sind alle in der weißen Hälfte eingesperrt.

24...Lxg3!

Zuerst wollte ich 24...f4 spielen, aber

25.gxh4 fxe3 26.Sxe3 erschien mir weniger klar als die Partiefortsetzung.
25.Sxg3 f4 26.Lxf4 exf4 27.Se2

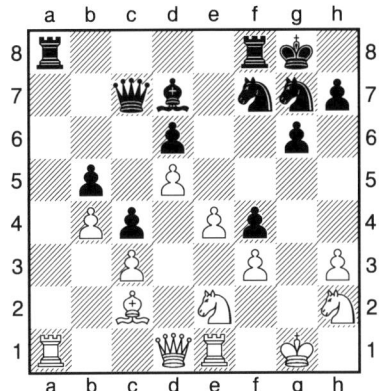

27...Txa1
Lenkt die Dame vom Königsflügel ab.
28.Dxa1 Db6+
Damit wird auch noch der Se2 abgelenkt.
29.Sd4 Dd8!
Die Dame nimmt Kurs auf den gegnerischen König.
30.Kh1 Dh4 0–1
Da der weiße König völlig offen steht, kann Weiß dem Mattangriff nichts mehr entgegensetzen.

Damit hatte ich das Turnier gewonnen und, was viel wichtiger war, meine dritte IM-Norm erzielt. Für den IM-Titel benötigt man eine internationale Elozahl von zumindest 2400 und drei IM-Normen – also Turnierergebnisse mit einer Elo-Leistung von mindestens 2450, wobei auch die Stärke der Gegnerschaft gewisse Kriterien erfüllen muss. Das heißt, mit dieser Partie hatte ich mir meinen IM-Titel erspielt.

---

3 Dinge zum Merken

1. Die Kenntnis von Vergleichsvarianten hilft bei der Planfindung.
2. Wenn man eine Linie öffnet, sollte man sicher sein, dass sie nicht vom Gegner genutzt wird.
3. Optimismus kann helfen – ich hatte die Stellung mehrmals deutlich besser eingeschätzt, als sie tatsächlich war, und habe mich deswegen getraut anzugreifen.

Wichtige Motive und Konzepte aus Kapitel 8

Einschränkung durch Bauern

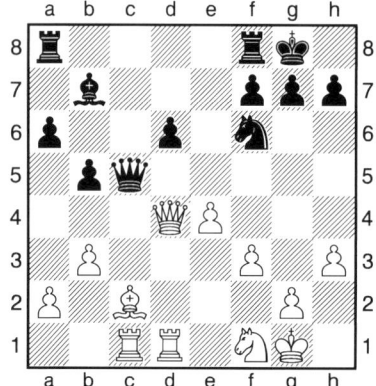

Die Bauern f3 und e4 nehmen den schwarzen Leichtfiguren alle aktiven Felder und schränken vor allem den Lb7 dauerhaft ein. Eine ideale Art, ein Bauernzentrum zu nutzen.

Wichtige Verteidiger tauschen

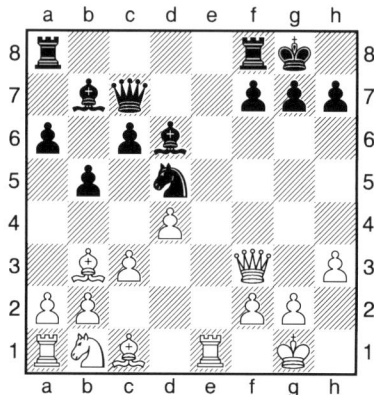

Der Te1 sichert die weiße Grundreihe, während der Ta1 noch ein paar Züge braucht, um aktiv zu werden. Schwarz versucht daher, den wichtigen Verteidiger der Grundreihe mit 15...Tae8 abzutauschen.

Angriff mit Entwicklungsvorsprung

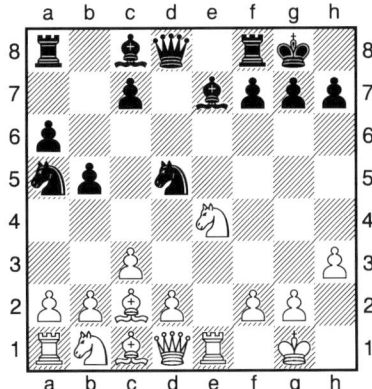

Da der weiße Damenflügel noch überhaupt nicht entwickelt ist, startet Schwarz mit 13...f5 einen sehr starken Angriff. Der Bauer soll bis f3 vorrücken.

Völlige Einschnürung

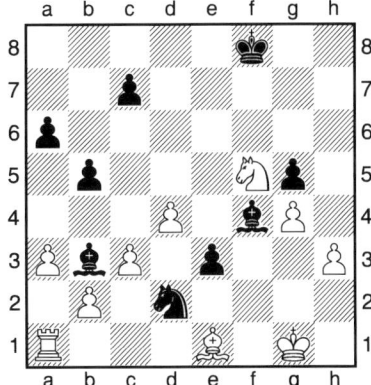

Weiß hat einen Bauern und eine Qualität mehr, aber da Turm, Läufer und König von den gegnerischen Figuren eingesperrt sind, kann er keine Fortschritte erzielen.

Kapitel 9

Verschiedene Gambits

**1.e4 e5 2.f4 – 1.e4 e5 2.d4 – 1.e4 e5 2.Sf3 d5
1.e4 e5 2.Sf3 Sc6 3.d4 exd4 4.Lc4** oder **4.c3**

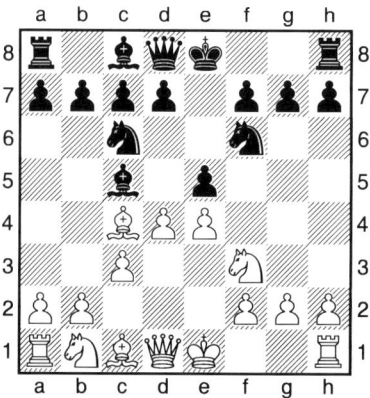

In diesem Kapitel werden Partien zu verschiedenen Gambits gezeigt, die eine tolle Möglichkeit zum Erlernen von Angriffsschach bieten. Außerdem gewöhnt man sich durch die Anwendung von Gambits ab, alles abzutauschen, da ja Endspiele mit einem Minusbauern oder noch mehr Materialrückstand keine gute Idee sind. Mit einem Gambit konfrontiert, gerät der Gegner direkt unter Druck, was die Chance erhöht, dass er bereits nach wenigen Zügen einen entscheidenden Fehler macht. Damit trainiert man das eigene taktische Geschick, denn man muss den Fehler natürlich auch bestrafen.

Ab einer gewissen gegnerischen Spielstärke (die je nach Gambit variiert) lassen sich die Varianten jedoch nicht mehr so gut spielen, denn wenn der Gegner die richtige Verteidigung kennt, verbleibt der Gambitspieler oft einfach mit einem Minusbauern oder der schlechteren Stellung. Um diese Möglichkeit zu veranschaulichen, habe ich ganz am Ende eine meiner Partien kommentiert, in der mein Gegner ein Gambit versuchte.

Interessante Stellungen aus Kapitel 9

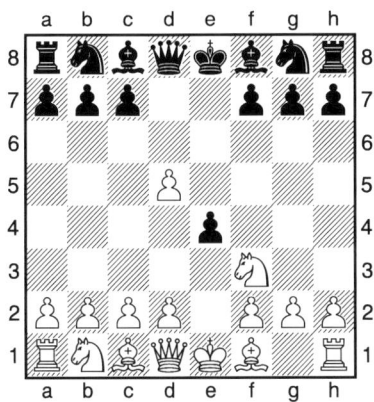

85) Wie soll Weiß auf den Angriff auf den Sf3 reagieren?

(Partie 57 nach 3...e4)

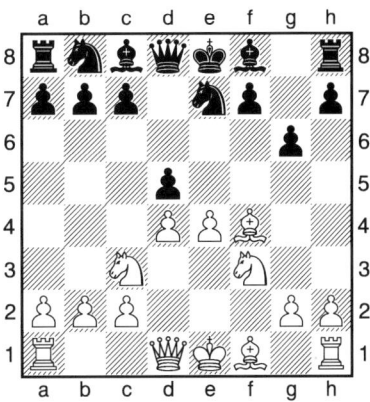

87) Wie kann Weiß seinen Vorteil vergrößern?

(Partie 58 nach 6...d5)

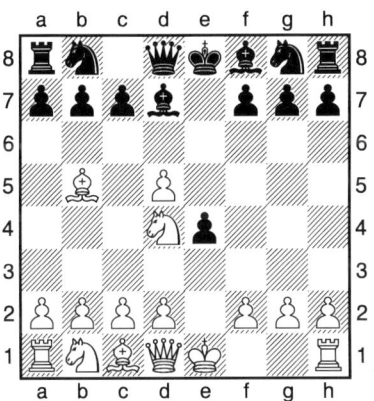

86) Wie kann Schwarz den geopferten Bauern zurückgewinnen?

(Partie 57 nach 5.Sd4)

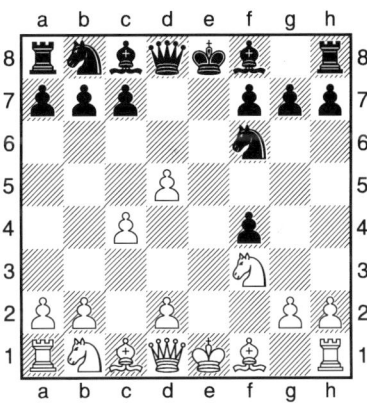

88) Wie soll Schwarz die Entwicklung fortsetzen?

(Partie 59 nach 5.c4)

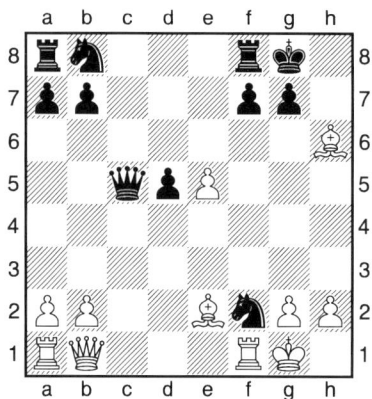

89) Wie kann Schwarz in 3 Zügen mattsetzen?

(Partie 59 nach 18.Kg1)

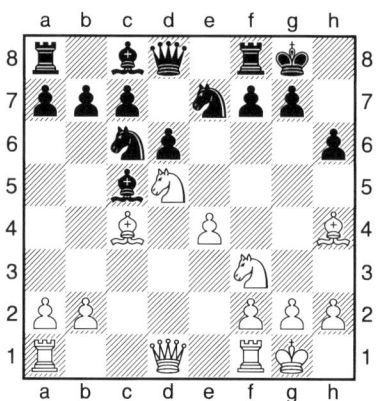

91) Wie gewinnt Weiß eine Figur?
(Partie 61 Analysediagramm)

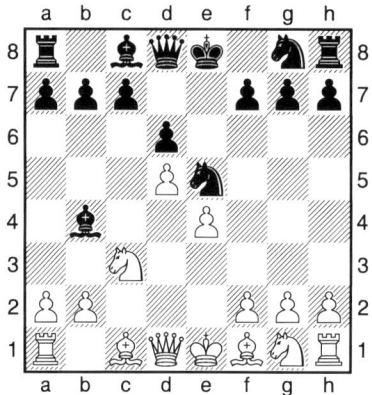

90) Wie kann Weiß Material gewinnen?
(Partie 60 nach 6…Se5)

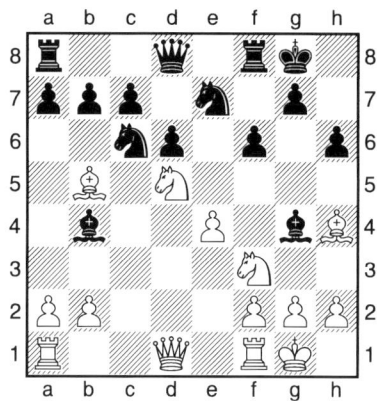

92) Wie kann Weiß Material gewinnen?
(Partie 61 nach 11...f6)

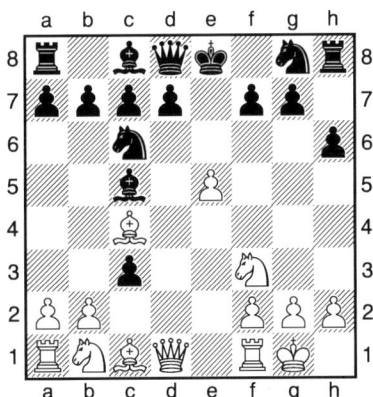

93) Wie kann Weiß stark fortsetzen?
(Partie 62 nach 7...dxc3)

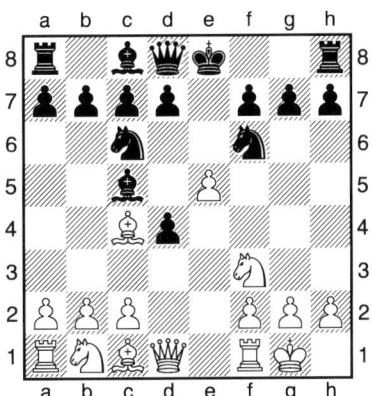

95) Wie soll Schwarz auf den Angriff auf den Sf6 reagieren?
(Partie 64 nach 6.e5)

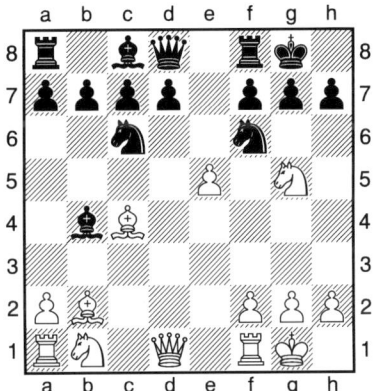

94) Wie kann sich Schwarz noch verteidigen?
(Partie 63 nach 9.e5)

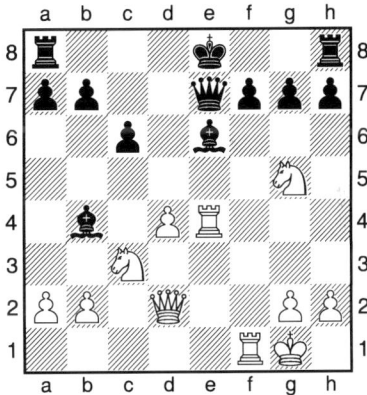

96) Wie soll Schwarz fortsetzen?
(Partie 65 nach 17.Sg5)

Das Elefantengambit

Partie 57
Crina Karina Dodu (1353)
Kerstin Fabian (932)
ÖM U14 M St. Kanzian 2018

1.e4 e5 2.Sf3 d5

Wie soll Weiß am besten auf das forsche Elefantengambit reagieren?

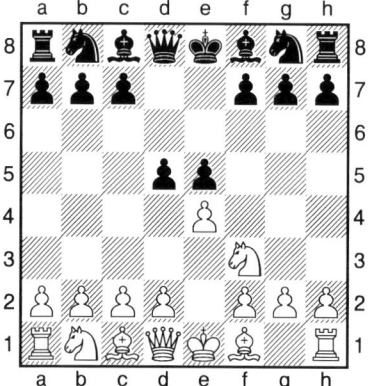

3.exd5!

Das ist die stärkste Antwort, aber Weiß muss noch weitere gute Züge finden.

1) Nach 3.d3?! dxe4 4.dxe4?! (4.Sxe5=) 4...Dxd1+ 5.Kxd1 Sc6 steht Schwarz bereits etwas besser.

2) Nach 3.Sc3? d4 muss der weiße Springer zurück, denn 4.Sd5?? c6 kostet eine Figur.

3) 3.Sxe5 ist spielbar, aber nach der starken Folge 3...Ld6 4.d4 dxe4 will Schwarz auf e5 schlagen und danach die Damen tauschen; z.B. 5.Lc4 Lxe5

Welchen starken Zwischenzug kann man hier spielen, bevor man auf e5 zurückschlägt?

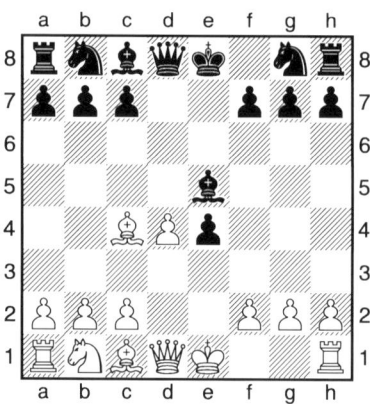

Analysediagramm

6.Dh5!

(Nach 6.dxe5 Dxd1+ 7.Kxd1 Sc6 hat Schwarz etwas Vorteil.)

6...De7 7.Dxe5 Dxe5 8.dxe5 und mit dem Läuferpaar steht Weiß besser.

3...e4

Wie soll Weiß auf den Angriff auf den Sf3 reagieren?

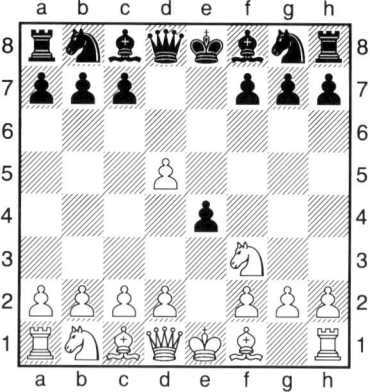

4.Lb5+??

Wenn bereits eine Figur angegriffen ist, sollte man mit Zwischenzügen extrem vorsichtig sein.

4.De2± ist am stärksten, denn dank der Fesselung des e4–Bauern muss der Springer nicht sofort wegziehen.

(4.Sd4?! oder 4.Se5?! gibt Schwarz die Initiative, denn nach 4...Dxd5 ist der Springer schon wieder angegriffen.)

Nach 4...Sf6 5.d3 Dxd5 6.Sbd2 gewinnt Weiß den e4-Bauern und verbleibt mit einem gesunden Mehrbauern, was als Widerlegung des Elefantengambits angesehen wird.

Es muss noch erwähnt werden, dass 6...Lf5? die Sache nur noch schlimmer machen würde, denn mit dem ungeschützten König auf der e-Linie bekäme Schwarz enorme Probleme; z.B. 7.dxe4 Lxe4 8.Sg5 Dxg5 9.Sxe4 De5 10.Sxf6+ gxf6 11.Lf4 Dxe2+ 12.Lxe2 und angesichts von Läuferpaar, besserer Bauernstruktur und Entwicklungsvorsprung steht Weiß auf Gewinn.

Wie soll Schwarz auf **4.Lb5+??** reagieren?

4...Ld7?

4...c6!-+ gewinnt eine Figur, denn nun sind auch nach Einschaltung von 5.dxc6 bxc6 zwei weiße Figuren bedroht.

5.Sd4

Wie soll Schwarz nun fortsetzen?

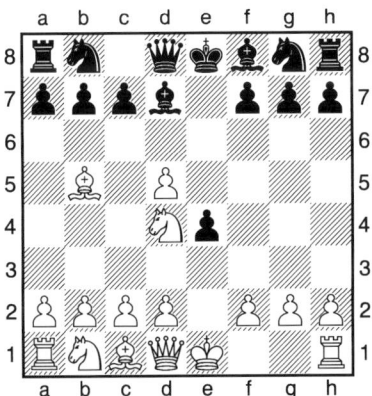

5...Lxb5?

Wer abtauscht – entwickelt den Gegner!

5...Dg5! mit Doppelangriff auf e4 und g2 gewinnt den geopferten Bauern zurück.

6.Sxb5 a6?

So wird Weiß quasi dazu gezwungen, die Stellung des Springers zu verbessern.

– 6...Dxd5?? scheitert natürlich an der Springergabel 7.Sxc7+.

– Eine gute Idee ist aber 6...c6, denn damit gewinnt Schwarz Zeit für die Entwicklung mit beispielsweise 7.dxc6 Sxc6 usw.

7.S5c3 Sf6 8.0–0 Sxd5 9.Sxd5 Dxd5 10.Sc3

Weiß gewinnt Zeit durch Angriff auf die Dame.

10...De5 11.Te1 f5 12.d3 Ld6 13.f4

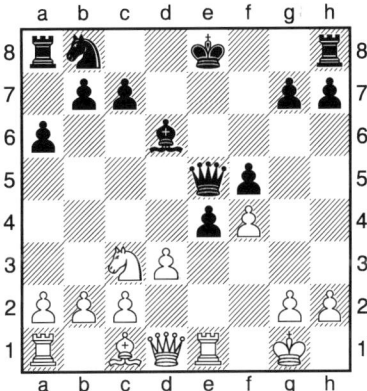

13...De7?

Dame und König auf der e-Linie gegenüber einem feindlichen Turm sind immer ein großes Risiko. Tatsächlich kann Weiß jetzt direkt gewinnen.

Nach 13...Lc5+ 14.Kh1 Dd6± konnte Schwarz noch weiterkämpfen.

14.dxe4 fxe4? 15.Txe4

Weiß gewinnt die Dame und damit die Partie.

15...Lc5+ 16.Kh1 Dxe4 17.Sxe4 Sd7 18.Sxc5 Sxc5 19.De2+ Kd7 20.Le3

Tae8 21.Td1+ Kc6 22.Df3+ Kb6 23.b4
Ka7 24.bxc5 Te7 25.c6+ b6 26.Td7
Txd7 27.cxd7 Td8 28.Dc6 Kb8 29.De6
Ka7 30.De8 1–0

---

3 Dinge zum Merken

1. Dame und König auf derselben Linie kann leicht schiefgehen!
2. Ein Zwischenzug, wenn etwas bedroht ist, kann leicht zu Materialverlust führen.
3. Ein starkes gegnerisches Bauernzentrum sollte man so schnell wie möglich zerstören.

Königsgambit übernimmt das Zentrum

Partie 58
Samuel Strobl (1544)
Noah Zeindl (1310)
ÖM U14, St. Kanzian 2018

1.e4 e5 2.f4

Das Königsgambit ist eine aggressive Eröffnung, mit der Weiß unter Bauernopfer ein starkes Zentrum anstrebt.

2...exf4 3.Sf3

Sofort 3.d4? ist schlechter, denn nach 3...Dh4+ verliert Weiß das Rochaderecht – 4.g3?? Dxe4+ -+.

3...d6

Dieser durchaus vernünftige Zug ist etwas passiv.

3...g5 ist hier vermutlich am stärksten: Schwarz behält einfach den Bauern und Weiß muss zeigen, was er dafür hat. Die entstehenden Varianten sind aber ziemlich kompliziert.

4.d4 Se7?

Hier sollte dann doch 4...g5 geschehen, was zu einer spannenden Partie führt.

5.Lxf4

Weiß hat seinen Bauern zurückgewonnen und ein starkes Zentrum aufgebaut.

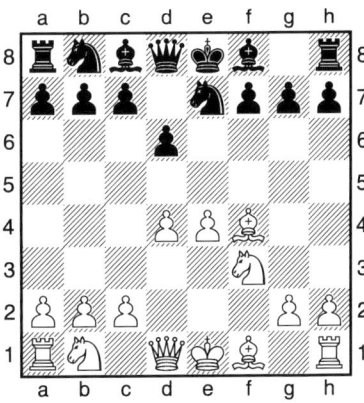

5...g6?!

Mit dem d-Bauern auf d6 macht Schwarz dem Läufer einen Ersatzweg frei, aber das schafft Felderschwächen. Es war besser, die Entwicklung mit 5...Sg6 6.Lg3 Le7 fortzusetzen.

6.Sc3 d5?

Verliert ein weiteres Tempo und schwächt die eigene Stellung.

Nach 6...Lg7 7.Lc4 0–0 8.0–0 steht Weiß besser, aber ihm passiert noch nichts Direktes.

Wie kann Weiß den letzten schwarzen Zug am besten ausnützen?

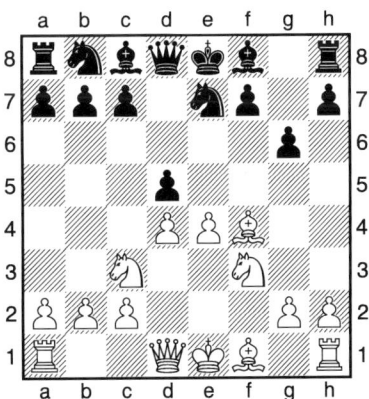

7.Le5!

Nun verliert Schwarz die Möglichkeit zur

kleinen Rochade – eine direkte Folge des vorigen Zuges, der das Feld e5 geschwächt hat.

7...Tg8 8.exd5 Sxd5 9.Sxd5?!

Dieser Tausch hilft Schwarz bei der Entwicklung.

Stärker ist 9.Lc4!, um sich durch den Angriff auf den Sd5 mit Tempo zu entwickeln. Nach der möglichen Folge 9...Sxc3 10.bxc3 Sc6 11.0–0 erhöht Weiß den Druck auf f7 und Schwarz ist bereits verloren.

9...Dxd5 10.Ld3 Ld6 11.0–0 Sc6 12.c4 Da5

Wie setzt Weiß hier am stärksten fort?

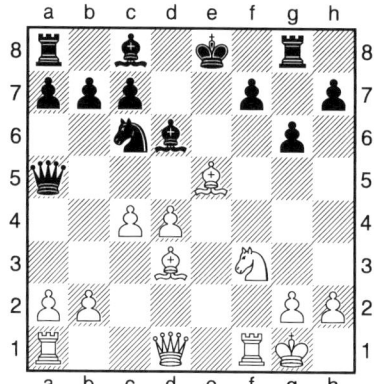

Samuel Strobl bei der ÖM U14 2018

13.Te1?

Am stärksten ist 13.Lxd6! cxd6 14.De2+ Kd8 15.De3 und Weiß steht auf Gewinn. Schwarz findet keinen sicheren Ort für den König und hat viele Felderschwächen (z.B. f6 und h6), sowie schwache Bauern auf d6 und f7.

13...Se7?

Besser ist 13...Sxe5 14.Sxe5 Le6, um im nächsten Zug den König mittels 0-0-0 in Sicherheit zu bringen. Weiß steht immer noch besser, aber nicht mehr auf Gewinn.

14.Lf6

Greift den gefesselten Se7 noch einmal an.

14...Le6 15.Sg5

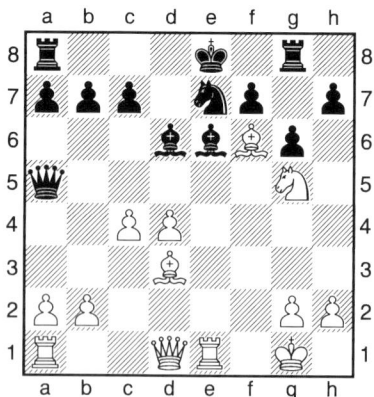

15...Db6

15...0–0–0 verliert nach 16.c5 ebenfalls eine Figur, denn wenn der Ld6 wegzieht, ist der Se7 ungedeckt.

**16.c5 Dxb2 17.cxd6 cxd6 18.Sxe6 fxe6
19.Txe6 1–0**

Denn Schwarz verliert eine weitere Figur.

---

3 Dinge zum Merken

1. Ein Bauernopfer kann zu einem tollen Bauernzentrum führen!
2. Zeitverlust in der Eröffnung führt schnell in den Untergang.
3. Üblicherweise sollte man keine zwei Wege für den Läufer öffnen.

Konter im Zentrum

Partie 59
Elene Kelaptrishvili (1225)
Börte Ragchaasuren (1225)
ÖM U12 M, St. Kanzian 2018

1.e4 e5 2.f4 d5

Dieses sogenannte *Gegengambit* ist eine ebenso sichere wie aktive Alternative zur Annahme des weißen Gambitbauern.

Wie soll Weiß nun spielen?

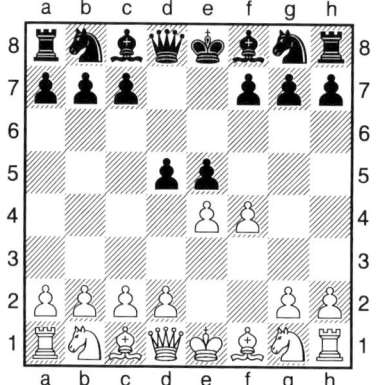

3.exd5

Das ist der richtige Schlagzug.

1) 3.fxe5?? ist ganz furchtbar wegen 3...Dh4+ 4.g3 Dxe4+ oder 4.Ke2 Dxe4+ 5.Kf2 Lc5+ −+.

2) 3.Sf3 ist auch spielbar und würde nach 3...exf4 4.exd5 mit Zugumstellung zur Partie führen.

3...exf4 4.Sf3 Sf6 5.c4

Weiß will den d5-Bauern behalten, aber die rasche Fortsetzung der Entwicklung wäre besser.

Eine natürliche Fortsetzung ist z.B. 5.Lc4 Sxd5 6.0–0 Le7 7.d4=.

Wie soll Schwarz die Entwicklung fortsetzen?

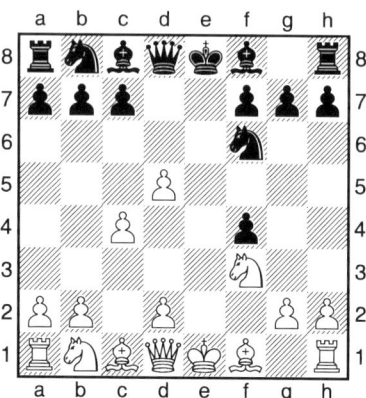

5...c6!

Da der d5-Bauer der schwarzen Entwicklung im Weg steht, muss er beseitigt werden.

6.d4!

Weiß gibt schlauerweise den d5-Bauern her, um die Entwicklung fortzusetzen.

6.dxc6 Sxc6 7.d4 ist sehr gefährlich für Weiß. Nach beispielsweise 7...Lb4+ 8.Sc3 0–0 9.Le2 Lg4 10.0–0 kann Schwarz den nächsten Zentrumsbauern eliminieren.

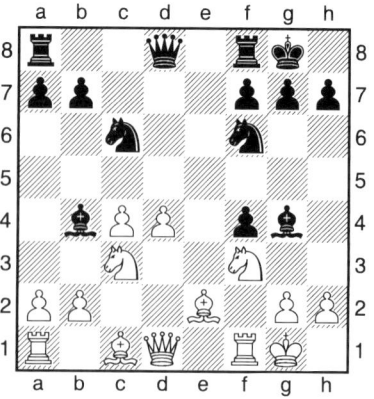

Analysediagramm

10...Lxf3 11.Lxf3 Dxd4+ 12.Dxd4 Sxd4 und nach den weiteren Zügen 13.Lxf4 Lxc3 14.bxc3 Sxf3+ 15.Txf3 Tfc8∓ hat Schwarz wegen der besseren Bauernstruktur etwas Vorteil.

6...cxd5 7.Lxf4 Le6?!

Bei offener e-Linie hat die Entwicklung des Königsflügels und die Rochade Vorrang. Deshalb wäre meine Wahl hier 7...Lb4+ 8.Sc3 0–0.

8.Sg5?!

Bekanntlich sollte man in der Eröffnung nicht unnötig zweimal mit derselben Figur ziehen.

8...Lf5?!

Nach 8...Sc6! 9.Sxe6 fxe6 10.Sc3 Ld6∓ liegt Schwarz in der Entwicklung vorne.

9.Le2 h6 10.Sf3 Ld6 11.Se5 0–0 12.0–0

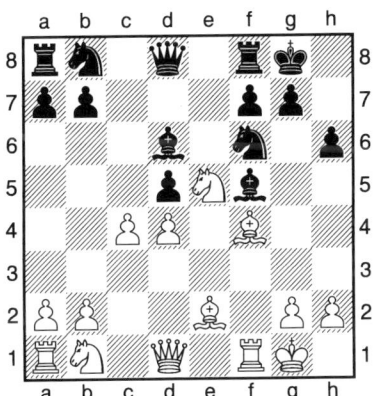

12...De7?!

Schwarz hätte etwas für den ungedeckten Lf5 tun sollen, aber mit dem ungenauen Textzug soll eine falsch berechnete Kombination provoziert werden.

1) 12...Le6 erscheint am vernünftigsten.

2) 12...Lxb1 13.Txb1 Sc6 ist ebenfalls stark. Unter Aufgabe des Läuferpaars hat Schwarz die Entwicklung abgeschlossen.

3) Nach 12...Sc6?? verliert Schwarz wirklich eine Figur.
Nämlich wie?

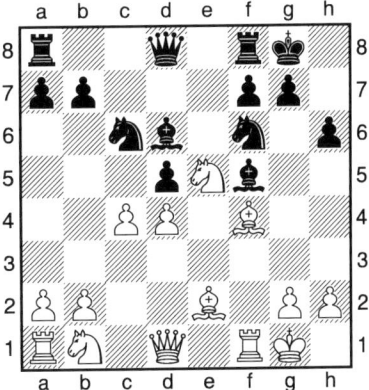

Analysediagramm

13.Sxc6! bxc6 14.Lxd6! Dxd6 15.Txf5. Weiß hat durch zwei Abtäusche die f-Linie für den Turm geräumt und den ungedeckten Lf5 gewonnen.

13.Lxh6?! Lxb1!

Nach diesem offenbar übersehenen Zwischenzug kann Schwarz den Lh6 schlagen.

14.c5??

Weiß musste mit 14.Dxb1 zurückschlagen.

1) 14...Sc6! 15.Sxc6 Dxe2 ist am stärksten, denn es hängen zwei weiße Figuren und nach Abtausch einer weiteren Figur ist der weiße Angriff nicht mehr so gefährlich.

2) Nach 14...gxh6 15.Df5 hat Weiß hingegen angesichts der offenen schwarzen Königsstellung Kompensation für die Figur
So wäre hier beispielsweise 15...Sfd7?? ein grober Fehler.

Wie kann Weiß hier entscheidenden Angriff erhalten?

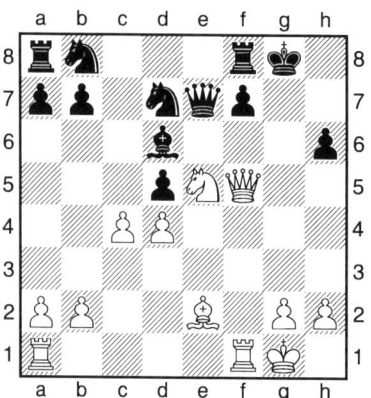

Analysediagramm

16.Ld3! droht Matt auf h7 – und nach 16...f6 17.Dg4+ Dg7 18.De6+ oder 17...Kh8 18.Sg6+ gewinnt Weiß Material.

14...Lxe5 15.dxe5 Dxc5+ 16.Kh1 Se4 17.Dxb1 Sf2+

17...gxh6 gewinnt eine Figur, aber Börte hat ein schönes Ende erspäht.

18.Kg1?

Nach der erzwungenen Folge 18.Txf2 Dxf2 hat Schwarz Materialvorteil und beide weißen Läufer hängen.

Schwarz setzt in 3 Zügen matt.

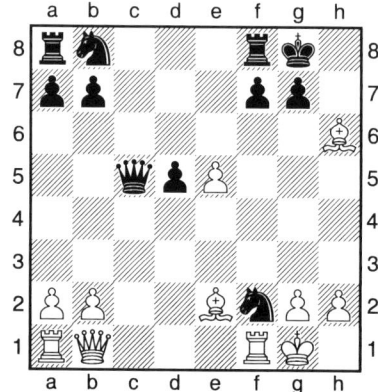

18...Sh3+ 19.Kh1 Dg1+ 20.Txg1 Sf2# 0–1

Ein wunderschönes ersticktes Matt!

---

3 Dinge zum Merken

1. Vorgerückte und deshalb störende gegnerische Zentrumsbauern sollte man möglichst durch Abtausch eliminieren.
2. Bei offener e-Linie sollte man zuerst den Königsflügel entwickeln.
3. Man sollte in der Eröffnung nicht ohne guten Grund zweimal mit derselben Figur ziehen!

Mit dem Nordischen Gambit zum Figurengewinn

Partie 60
Nico Marakovits (1655)
Lucas Jordao Goncalves (1493)
EM U12 Lettland 2018

1.e4 e5 2.d4 exd4 3.c3

Auch beim Nordischen Gambit opfert Weiß einen Bauern für schnelle Entwicklung.

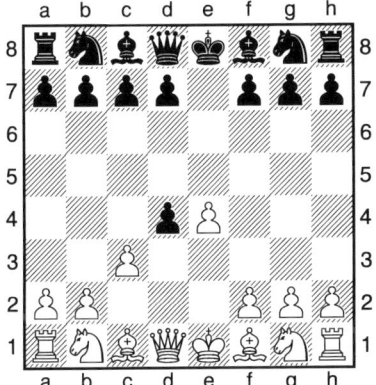

3...Sc6

Schwarz kann das Gambit annehmen oder auf verschiedene Arten ablehnen, aber dabei sollte er unbedingt um das Zentrum kämpfen.

1) Eine sinnvolle Art, das Gambit abzulehnen, besteht in 3...Sf6 mit der möglichen Folge 4.e5 Sd5 5.Dxd4 Sb6 6.Sf3 Sc6=.

2) Und eine andere in 3...d5!? mit der möglichen Folge 4.exd5 Dxd5 5.cxd4 Sc6 6.Sf3=.

3) Sehr stark ist 3...De7!, denn Weiß kann den e4-Bauern nicht gut decken. Es könnte folgen 4.cxd4 (4.Ld3? d5 ist furchtbar für Weiß.) 4...Dxe4+ 5.Le3 und Weiß bekommt etwas Entwicklungsvorsprung für den geopferten Bauern. Eine Analyse dazu gibt es in Partie 65.

4.cxd4 Lb4+?!

Wenn Schwarz mit 4...d5! das gegnerische Zentrum bekämpft, kann dies nach 5.exd5 Dxd5 zu der Variante mit 3...d5 überleiten.

Und nach 5.e5 muss Schwarz sofort mit 5...f6! das weiße Zentrum angreifen.

5.Sc3 d6?!

Jetzt steht Weiß mit seinem starken Bauernzentrum deutlich besser und musste dafür nicht einmal etwas opfern.

6.d5 Se5??

Nach 6...Lxc3+ 7.bxc3 Sce7 8.Ld3 hat Weiß klaren Vorteil, da sein starkes Zentrum die schwarzen Figuren einschränkt.

Wieso war der Partiezug ein grober Fehler?

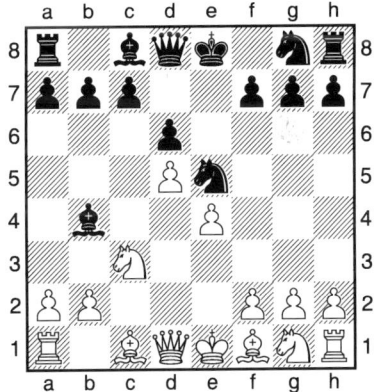

7.Da4+!

Weiß gewinnt durch einen Doppelangriff eine Figur. Lustigerweise konnte Nico auf diese Art bei derselben EM gleich *zwei* Partien gewinnen.

7...Ld7 8.Dxb4 Sf6 9.Lf4

Jetzt muss Weiß nur noch Figuren abtauschen und die Partie ruhig zu Ende spielen.

9.Dxb7 ist natürlich auch möglich, aber nicht notwendig.

9...Sg6 10.Lg5 0–0 11.Dd4 Se5 12.Le2 De7 13.f4 c5 14.dxc6 Sxc6

Weiß steht auf Gewinn, aber wie setzt er hier am genauesten fort?

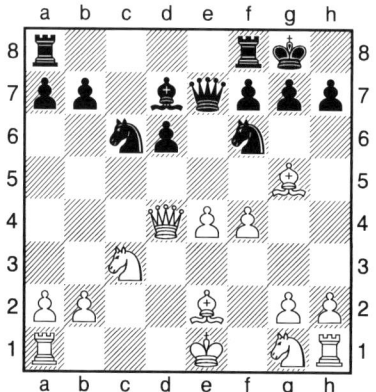

15.Lxf6!

Dieser starke Zwischenzug reißt die schwarze Königsstellung auf.

15...gxf6 16.Dd2 Le6 17.f5 Ld7 18.Sd5 Dd8 19.Dh6

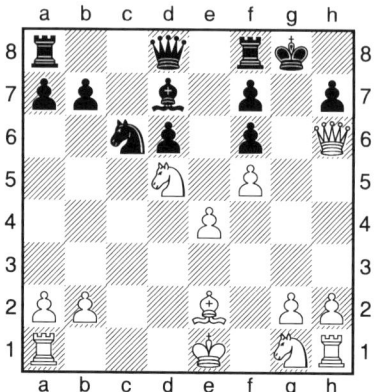

Da Weiß nun Sxf6+ nebst matt auf h7 droht, muss Schwarz weiteres Material aufgeben.

19...Lxf5 20.Sxf6+ Kh8 21.exf5

Mit zwei Mehrfiguren gewinnt Weiß leicht.

21...Da5+ 22.b4 Dxf5 23.g4 Dc2 24.Tc1 Dg6 25.Dxg6 fxg6 26.Sd5 Tae8 27.Kd2 Te5 28.Sc3 Sxb4 29.Sf3 Te7 30.a3 Sc6 31.Tce1 Tef7 32.Thf1 Tf4 33.h3 h6 34.Sh4 Td4+ 35.Kc2 Tc8 36.Sxg6+ Kg7 37.Sh4 d5 38.Sf5+ 1–0

---

3 Dinge zum Merken

1. Ein Gambit kann man auch ablehnen – und manchmal ist das schlauer!
2. Das gegnerische Zentrum sollte rasch zerstört werden.
3. Auch in Gewinnstellung weiterhin aktiv spielen, dann kann man die Partie rasch entscheiden.

Taktische Chancen im Göring-Gambit

Partie 61
Jonas Feiertag (1074)
Paul Pilshofer (1063)
ÖM U10, St. Kanzian 2018

1.e4 e5 2.Sf3 Sc6 3.d4 exd4 4.c3 dxc3
Schwarz nimmt das Gambit an.
5.Sxc3

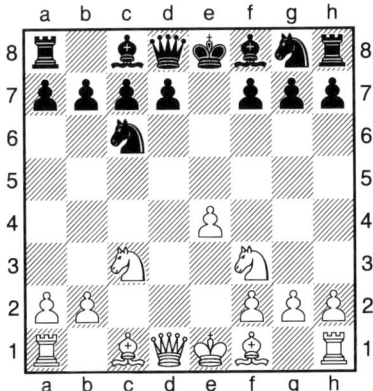

5...Lb4!
Das ist ein guter Zug, denn Schwarz entwickelt eine Figur und erhält die Möglichkeit, wenn nötig auf c3 zu tauschen.
6.Lc4 Sge7 7.0–0 0–0
7...Lxc3 ist eine sinnvolle Alternative, denn nach der Rochade ist der Sc3 nicht mehr gefesselt.
8.Lg5
Mit 8.Sd5!? kann Weiß dem Abtausch auf c3 aus dem Weg gehen.
8...h6 9.Lh4
Weiß hat für den geopferten Bauern eine schöne Entwicklung und eine stärkere Kontrolle über das Zentrum. Die Stellung ist im Gleichgewicht, aber Schwarz muss genau spielen, um nicht Opfer irgendwelcher taktischen Tricks zu werden.
9...d6?
9...Lxc3 10.bxc3 d6 ist die solide Fortsetzung.
10.Sd5!
Wie soll Schwarz sich verteidigen?

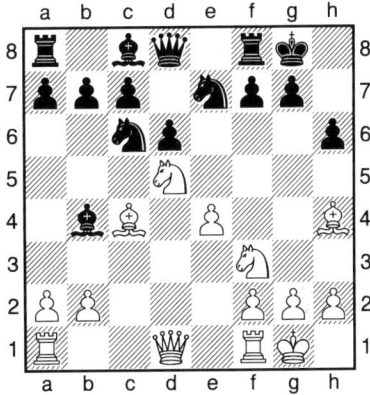

10...Lg4??
Das ist nur einer von vielen möglichen Fehlern. Wenn eine Seite so aktiv steht wie Weiß hier, kann der Gegner leicht eine der vielen Drohungen übersehen. Im Folgenden möchte ich ein paar taktische Möglichkeiten besprechen.

1) 10...Le6!± ist die letzte Chance, denn nun kann Weiß nicht mit dem Springer auf b4 nehmen, ohne den Lc4 zu verlieren.

2) Nach dem schweren Fehler 10...Lc5?? gewinnt Weiß eine Figur.

Und zwar wie?

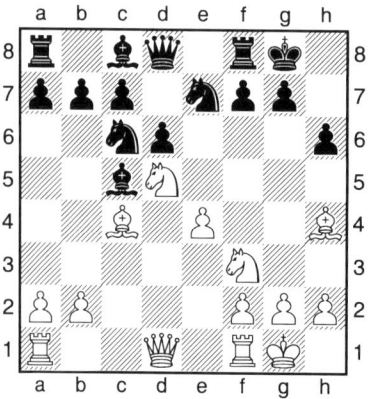

Analysediagramm

11.b4! Lb6

(11...Lxb4 12.Lxe7 Überlastung – der Sc6 kann nicht gleichzeitig auf e7 und auf b4 decken.)

12.b5 Weiß jagt den Sc6 fort, wonach der Se7 verloren geht.

3) 10...g5?

Wie soll Weiß hier reagieren?

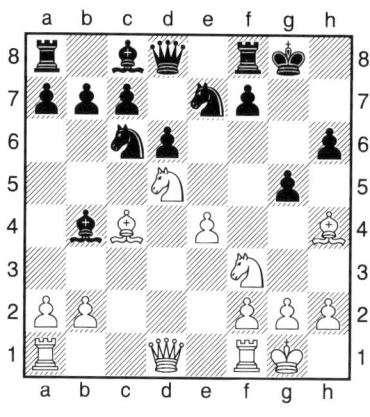

Analysediagramm

Nach **11.Lxg5! hxg5 12.Sxg5+–** gefolgt von Dh5 bekommt Weiß entscheidenden Angriff.

4) 10...a5?? deckt zwar den Lb4, aber Weiß kann wiederum eine Figur gewinnen.

Und zwar diesmal wie?

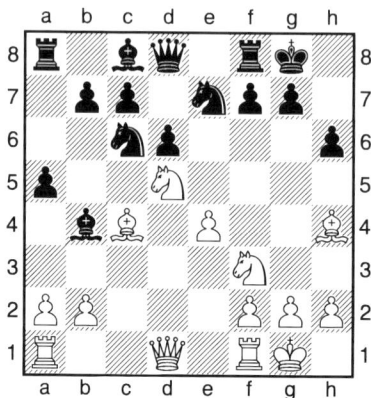

Analysediagramm

Nach **11.a3! Lc5 12.b4! La7 13.b5+–** wird erneut der Verteidiger des Se7 angegriffen.

Zurück zur Partiestellung nach **10...Lg4??**.

Weiß gewinnt eine Figur?

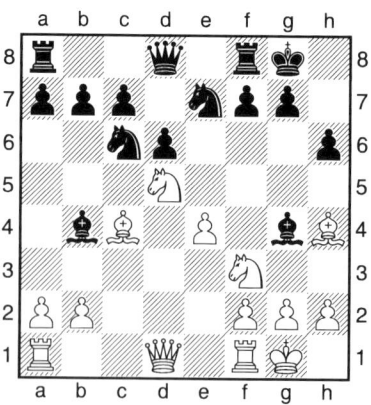

11.Lb5??

11.Lxe7! Überlastung **11...Sxe7 12.Sxb4+–**

11...f6??

11...Lxf3 12.Dxf3 g5 rettet Schwarz gerade noch.

Wie gewinnt Weiß eine Figur?

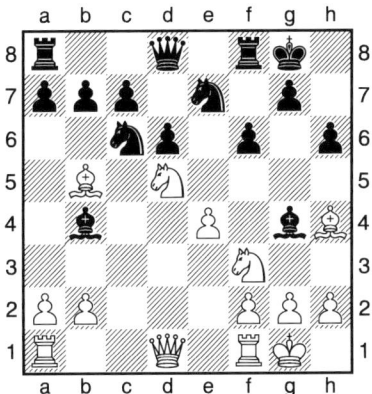

12.Db3?!

Das ist auch stark, aber nicht so direkt wie die richtige Lösung 12.Sxb4! Sxb4 13.Db3+ +– mit Doppelangriff.

12...Le6 13.Tad1?

13.Lc4 stellt enorme Drohungen auf, vor allem den Abzug Sxe7+. Und nach 13...Kh7 stellt sich erneut die Frage:

Wie gewinnt Weiß eine Figur?

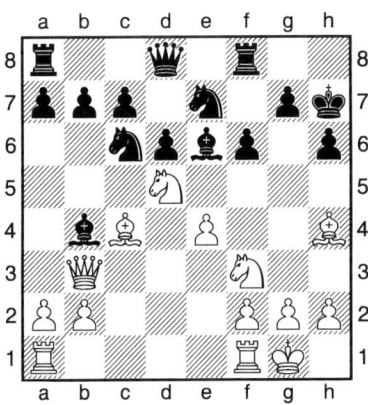

Analysediagramm

Auf 14.Sxe7 Lxc4 folgt der Zwischenzug 15.Sxc6! und die schwarze Dame ist nun auch bedroht. Weiß gewinnt nach 15...bxc6 16.Dxc4 oder 15...Lxb3 16.Sxd8 Taxd8 17.axb3.

13...a6? 14.Lc4 Kh7

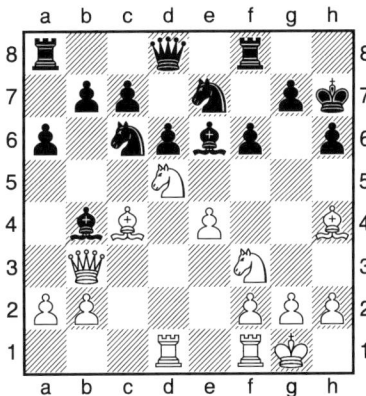

15.Sxe7??

Hier funktioniert die gleiche Variante wie in der Anmerkung zu 13.Lc4 nicht mehr, weil am Ende der Td1 hängt.

Nach 15.Sxf6+! gxf6 16.Lxe6 hat Weiß den Bauern zurückgewonnen und die schwarze Königsstellung ist extrem gefährdet.

15...Lxc4 16.Sxc6 Lxb3 17.Sxd8 Lxd1 18.Se6 Lxf3 19.Sxf8+ Txf8 20.gxf3

Nun hat Schwarz einen Bauern mehr und die bessere Bauernstellung. Und da zusätzlich der weiße Lh4 ziemlich aus dem Spiel ist, steht Schwarz in diesem Endspiel völlig auf Gewinn.

20...h5 21.Tc1 g5??

Im Bestreben, den weißen Läufer zu gewinnen, verliert Schwarz einige Bauern mit Tempo. Man sollte in Gewinnstellung konzentriert bleiben und nicht zu gierig werden.

Einfach gewinnt 21...c6–+.

22.Txc7+ Kg6 23.Txb7 Lc5

Wie kann Weiß seinen Läufer retten?

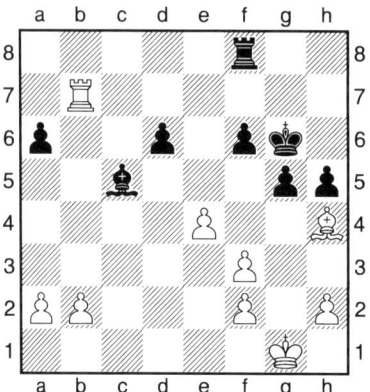

24.b4!

24.Lg3 h4 25.b4! geht ebenfalls.

24...gxh4

Nach 24...Ld4 25.Lg3 kann der weiße Läufer noch nach d6.

25.bxc5 dxc5 26.Tc7

Ein ausgeglichenes Turmendspiel ist entstanden. Der weiße Turm steht aktiver, aber dafür ist der König ziemlich eingesperrt.

26...h3! 27.Txc5 Tb8 28.Kf1 Tb1+ 29.Ke2

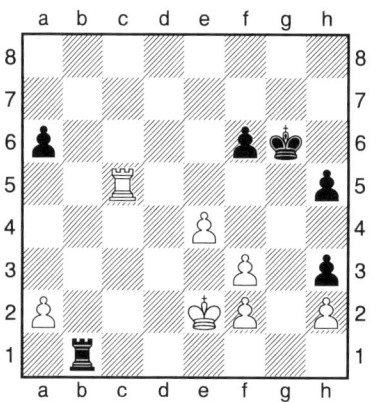

29...Tb2+

29...Th1 ist interessant, um den h3–Bauern durchzubringen. Nach 30.f4 Txh2 31.Kf3 Tg2 32.Tc1 hält Weiß diesen allerdings auf und die Partie sollte remis enden.

30.Ke3 Txa2 31.f4 a5 32.e5 a4??

Richtig ist 32...fxe5 33.fxe5 Kf5=.

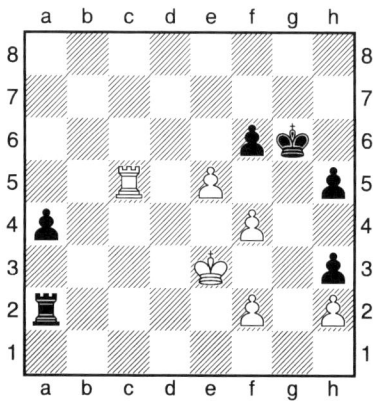

33.e6?

Mit 33.Tc6! konnte Weiß den f6–Bauern fesseln und gewinnen, wonach er mit seinen verbundenen Freibauern gewinnen sollte.

33...a3? 34.Ta5?

34.Tc8 sichert die Umwandlung des e6–Bauern.

34...Ta1 35.Kf3?

35.f5+!+– gewinnt noch für Weiß; z.B. 35...Kg5 36.Ke2 Tb1 37.Txa3 Kxf5 38.e7 Tb8 39.Txh3 nebst Te3.

35...a2 36.e7 Kf7 37.Ta7 Ke8

Nun sollte die Partie mit einem Remis enden, denn beide Seiten können ihre Stellung nicht verbessern.

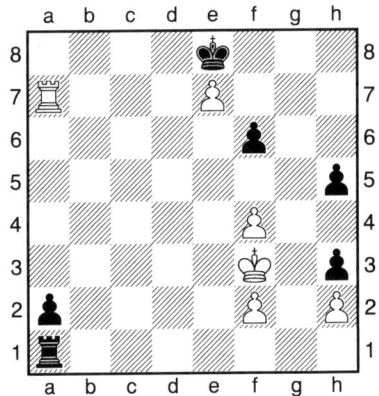

38.Ta5?

Damit verliert Weiß den e7-Bauern, wonach Schwarz mit seinem starken Freibauern Gewinnchancen erhält.

38.Ke2 Kf7 39.Kf3 Ke8 mit Remis wäre ein logisches Ende gewesen.

38...Kxe7 39.Txh5??

39.f5 ist noch immer remis, denn Schwarz kommt mit dem Turm nicht aus der Ecke, ohne seinen a2-Bauern zu verlieren.

39...Td1 40.Th7+ Ke6 41.f5+ Kxf5 42.Th5+ Kg6 43.Txh3 a1D 0–1

---

3 Dinge zum Merken

1. Mit aktiven Figuren hat man viele taktische Möglichkeiten!
2. Immer alle Schach- und Schlagzüge berechnen!
3. In Gewinnstellung nicht zu gierig werden!

Partie 62-64
Drei schnelle Angriffssiege

Partie 62
Kata Vicze (1656)
Simona Hanzlikova (1145)
ÖM U12 M, St. Veit 2018

1.e4 e5 2.Sf3 Sc6 3.d4 exd4 4.Lc4

Weiß nimmt erst einmal nicht auf d4 zurück, sondern entwickelt schnell die Figuren, um direkte Drohungen aufzustellen.

Wie soll Schwarz darauf reagieren?

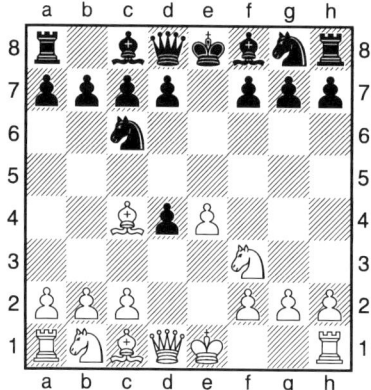

4...h6?

Schwarz hat Angst vor dem Zug Sg5, aber so ein Tempoverlust ist in einer offenen Stellung ein schlimmer Nachteil.

Außer den normalen Zügen 4...Sf6 und 4...Lc5 ist auch 4...Lb4+ 5.c3 dxc3 spielbar (siehe nächste Partie).

5.0–0 Ld6?

Schwarz will e4–e5 verhindern, aber dieser Zug ist aus taktischen Gründen trotzdem möglich. Außerdem steht der Läufer hier der schwarzen Entwicklung im Weg, weil er den d–Bauern blockiert.

6.e5

Noch stärker ist 6.c3, um die Entwicklung weiter zu beschleunigen. Nach der möglichen Variante 6...dxc3 7.e5 Lc5 8.Db3 De7 9.Sxc3 droht Weiß sehr unangenehm Sd5. Schwarz kann derzeit seinen Sg8 gar nicht entwickeln.

6...Lc5

6...Sxe5?? 7.Te1 kostet wegen der Fesselung auf der e-Linie eine Figur.

7.c3 dxc3?

Das Rückopfer 7...d5! hätte die schwarzen Probleme recht gut gelöst; z.B. 8.exd6 Lxd6 9.cxd4 Sge7±.

Weiß hat nun schon mehrere tolle Möglichkeiten. Welche sind das – oder welches ist zumindest eine davon?

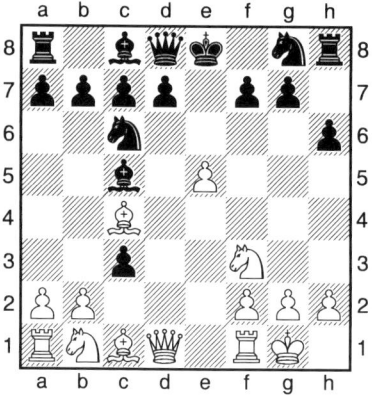

8.Lxf7+!?

Ein Standard-Opfer, bei dem Dd5+ die Figur zurückgewinnt.

8.Db3! ist ebenfalls sehr stark. Damit erreicht Weiß dieselbe Stellung wie in der Variante mit 6.c3.

8...Kf8?

Schwarz sollte besser 8...Kxf7 9.Dd5+ Kg6 10.Dxc5± wählen, denn solange der Läufer auf dem Brett ist, steht der König noch gefährdeter.

9.Sxc3 De7 10.Lb3

Weiß hat den geopferten Bauern zurück und der schwarze König fühlt sich furchtbar. Der Rest geht einfach.

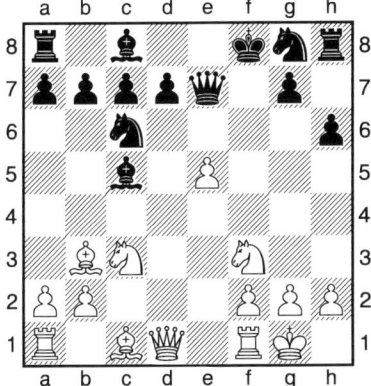

10...b6 11.Le3!?

Denn der Abtausch auf e3 würde zwar die weiße Bauernstruktur verschlechtern, aber die f-Linie für den Angriff öffnen.

11...Lb7 12.Sd5 Dd8 13.Lxc5+ bxc5 14.Dc2 Sge7 15.Sf4 De8 16.Dxc5 g5 17.Sd5 Dd8 18.Sf6 d6 19.Dc4 d5 20.Dc5 Sb8 21.Sd4 Kf7 22.Ld1 Kg6 23.Lh5+ und **1-0** wegen 23...Kg7 24.Se6#.

Partie 63
Dorothea Enache (1485)
Alexander Hörfarter (1111)
ÖM U12, St. Kanzian 2018

1.e4 e5 2.Sf3 Sc6 3.d4 exd4 4.Lc4 Lb4+ 5.c3 dxc3

Was soll Weiß angesichts zweier Minusbauern tun?

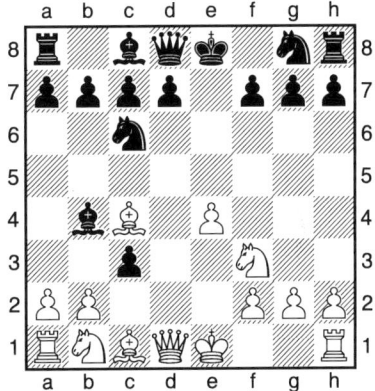

6.0–0!

Das ist die richtige Einstellung, wenn man angreift, denn Bauern sind nicht so wichtig, wenn man auf der Jagd nach dem gegnerischen König ist. Der weiße Entwicklungsvorsprung ist hier bereits ziemlich groß.

6.bxc3 ist natürlich auch möglich.

(6.Sxc3 führt zu Partie 61 Feiertag – Pilshofer.)

Nach 6...La5 7.0–0 Lb6 hat Weiß Kompensation für den Bauern, aber der c3-Bauer steht seinen Figuren im Weg.

6...cxb2

6...Sf6 7.e5 d5! ist eine starke Verteidigung. Nach 8.exf6 dxc4 9.fxg7 Tg8 10.Dxd8+ Kxd8 11.Lg5+ Le7 12.Sxc3 entsteht eine ausgeglichene Stellung. Schwarz gewinnt zwar den g7-Bauern, ist aber schlechter entwickelt und hat eine schlechte Bauernstruktur.

7.Lxb2

Weiß hat zwei Bauern geopfert, aber dafür großen Entwicklungsvorsprung erzielt. Schwarz muss nun sehr genau spielen, um nicht direkt zu verlieren.

7...Sf6 8.Sg5 0–0 9.e5

Wie soll sich Schwarz verteidigen?

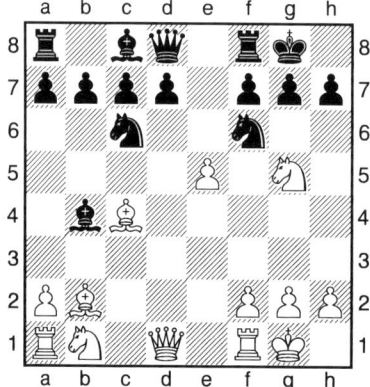

9...Se8??

Dieser passive Zug wird rasch widerlegt.

Für den Verteidiger ist es oft eine gute Idee, Material zu opfern bzw. zurückzugeben. Entsprechend sollte Schwarz mit 9...Sxe5! fortsetzen.

(9...d5 10.exf6 dxc4 kommt auch in Betracht, obwohl Weiß nach 11.Dh5 h6 12.Se4 starken Angriff bekommt.)

Denn nach 10.Lxe5 d5 hat Schwarz drei Bauern für die Figur und kann seine Entwicklung abschließen.

10.Dh5 h6 11.Sxf7 De7 12.Sxh6+ Kh8 13.Sf7+ Kg8 14.Dh8# 1–0

Partie 64
Dorothea Enache (1556)
Selina Jeitler (1181)
ÖM U14 M, St. Veit 2019

1.e4 e5 2.Sf3 Sc6 3.d4 exd4 4.Lc4 Sf6 5.0–0 Lc5?!

5...Sxe4! ist hier stark, obwohl die Öffnung der e-Linie gefährlich aussieht. Die Hauptvariante ist dann 6.Te1 d5 usw.

Wie bekommt Weiß die beiden geopferten Bauern zurück – oder zumindest Kompensation dafür?

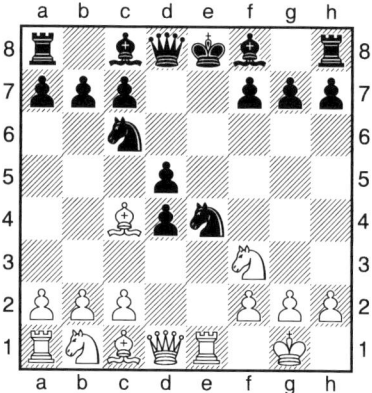

Analysediagramm

7.Lxd5! Dxd5 8.Sc3!. Weiß schlägt als nächstes auf e4 und Schwarz ist gut beraten, auch den zweiten Bauern zurück zu geben, um seine Entwicklung abzuschließen. Z.B.: 8...Da5 9.Sxe4 Le6 10.Seg5 0–0–0 11.Sxe6 fxe6 12.Txe6=.

6.e5

Wie soll Schwarz auf die Bedrohung des Sf6 reagieren?

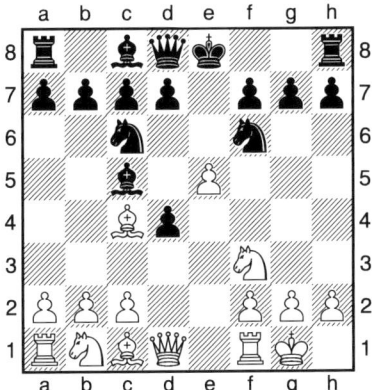

6...d5!

„Auf e5 folgt d5!"

1) Schlechter ist 6...Sg4?!, denn nach 7.Lf4 wird Weiß mit h3 den Springer verjagen.

2) Und 6...Sh5?? scheitert direkt an 7.Sg5 mit Doppeldrohung gegen den Springer und den f7–Bauern.

7.exf6 dxc4 8.Te1+ Le6 9.fxg7 Tg8 10.Lg5

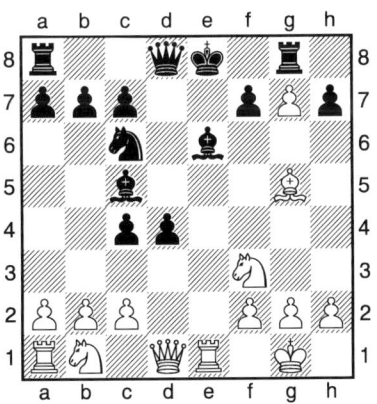

10...Dd6??

Das schenkt Weiß ein wichtiges Tempo, weil der Sb1 auf seinem Weg in den Angriff nun die Dame angreifen kann. Und dieses eine Tempo bedeutet bereits die sichere Niederlage!

1) 10...Le7 ist notwendig – mit der möglichen Folge 11.Lxe7 Dxe7 12.Sxd4

a) 12...Td8 13.c3 Txg7 mit unklarer Stellung.

b) Aber nicht 12...0–0–0, denn da die Dame auf e7 nach 13.Sxc6 mit Schach geschlagen würde, muss Schwarz mit 13...bxc6 14.Df3± zurückschlagen.

2) 10...Dd7?! ist viel besser als die Partiefolge. Nach 11.Sbd2 Txg7 12.Se4 muss Schwarz aber 12...Le7 spielen (und somit im Vergleich zu 10...Le7 ein Tempo verlieren), was nach 13.Lxe7 Dxe7 14.Sxd4± zu bedeutendem Nachteil führt.

11.Sbd2!

Der Springer macht sich sofort auf den Weg nach e4. Damit ist die Partie entschieden.

11...f6 12.Se4 De7 13.Sxf6+ Kf7

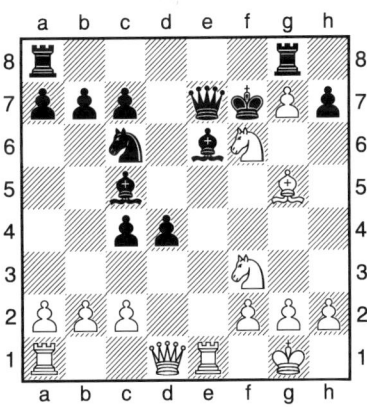

14.Sxd4!

Dorothea kann natürlich auch Material gewinnen, aber sie möchte die Partie im Angriff entscheiden.

**14...Lxd4 15.Dh5+ Kxg7 16.Dxh7+ Kf8
17.Lh6+ Tg7 18.Dh8+** und **1–0**, denn es
folgt matt im nächsten Zug.

---

3 Dinge zum Merken

1. Schnelle Entwicklung und Angriff sind oft wichtiger als Bauern.
2. Auf e5 folgt d5!
3. Hat man Materialvorteil, kann man auch etwas zurückopfern!

Die Siegerinnen bei der ÖM U14 M 2019
(v.l.) Kata Vicze, Katharina Katter und Dorothea Enache

Wie man ein Gambit widerlegt

Partie 65
Stefan Tabak (NED/2142)
IM Gert Schnider (AUT/2427)
Summer Prague Open 2020

1.e4 e5 2.d4 exd4 3.c3

Keine gute Eröffnungswahl gegen einen Trainer, denn mit solchen Varianten beschäftige ich mich regelmäßig und weiß daher auch, wie man dagegen spielt.

3...De7!

Da im Moment auf c3 ein Bauer steht, kann Weiß den e4-Bauern nicht mit dem natürlichen Entwicklungszug Sc3 decken.

4.cxd4 Dxe4+ 5.Le3 Lb4+ 6.Sc3 Sf6 7.Sf3

Weiß hat etwas Entwicklungsvorteil für den geopferten Bauern, aber durch entschlossenes Spiel kann Schwarz sich dauerhaften Vorteil sichern.

7...Sd5! 8.Dd2 De7

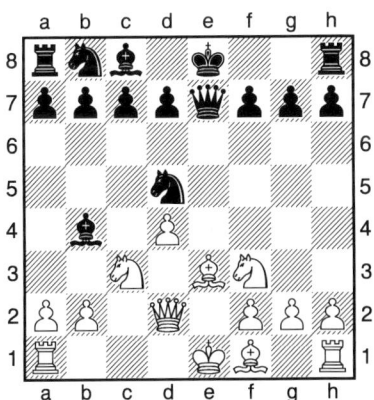

9.Lc4?

9.Ld3 ist geschickter, weil Schwarz im Vergleich zur Partie der Zug c6 fehlt. Nach 9...Sxe3 10.fxe3 d5 11.0-0 Sd7∓ steht Schwarz aber etwas besser. Der Springer will nach f6, um den d5-Bauern zu decken und das wichtige Feld e4 zu kontrollieren.

9...Sxe3 10.fxe3 c6 11.0-0

Ich hatte 11.d5 erwartet, aber nach 11...0-0∓ steht Schwarz trotzdem deutlich besser.

11...d5 12.Ld3 Sd7

12...f5!?∓ verhindert e4 und stabilisiert damit den Vorteil.

13.Tae1 Sf6 14.e4 Sxe4 15.Lxe4 dxe4 16.Txe4

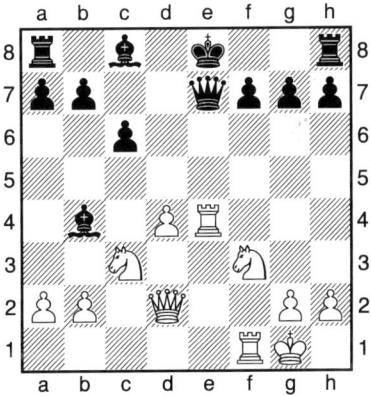

16...Le6

16...Dxe4 17.Te1 Dxe1+ 18.Dxe1+ Le6 19.Sg5 0-0-0 20.Sxe6∓ erschien mir weniger klar, da mit der Dame immer Gegenspiel möglich ist.

17.Sg5

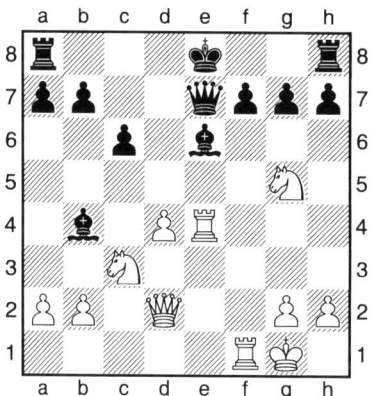

17...0–0!

Schnelle Entwicklung ist wichtig und Schwarz sollte hier nichts riskieren.

18.Tfe1 Tad8

Schwarz will den Mehrbauern zurückgeben und Druck auf den weißen Isolani machen.

19.Kh1?

Weiß ist unzufrieden mit seiner Stellung und möchte die Partie verkomplizieren, aber damit macht er die Sache nur noch schlimmer.

Nach der von mir erwarteten Folge 19.Sxe6 fxe6 20.Txe6 Dd7∓ hat Weiß große Probleme mit dem d4-Bauern.

19...Df6 20.h3?

Weiß bricht völlig zusammen. Zwar hätte Schwarz nach 20.Sxe6 fxe6 21.De2 Txd4 22.Txd4 Dxd4 23.Dxe6+ Kh8 einfach einen gesunden Mehrbauern, aber trotzdem wäre das besser als die Partiefolge.

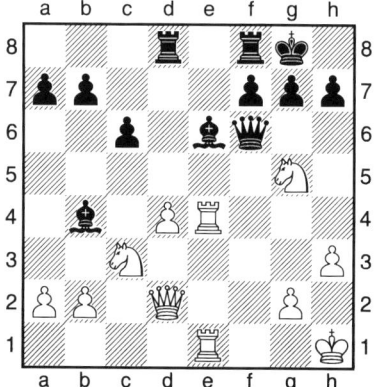

20...Lxa2!

Gewinnt einen zweiten Bauern und entscheidet damit die Partie.

21.Te5 h6 22.De2 Txd4 23.Sxa2 Lxe1 24.Sf3 Lg3 0–1

---

3 Dinge zum Merken

1. Riskante Gambits sollte man nicht gegen zu starke Gegner versuchen.
2. Gewonnene Bauern kann man zurückgeben, um in der Entwicklung aufzuholen.
3. Man sollte dem Gegner nicht die Arbeit abnehmen und die eigene Sache auch in schlechter Stellung nicht aufgeben.

Wichtige Motive und Konzepte aus Kapitel 9

Gambits bieten viele taktische Möglichkeiten

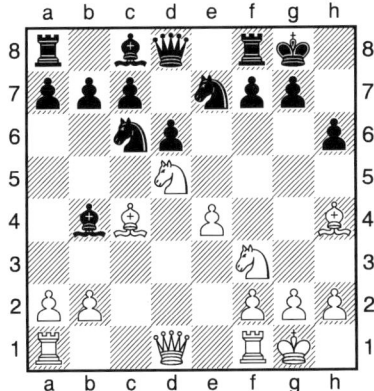

Weiß hat einen Bauern geopfert, aber seine aktiven Figuren bieten viele taktische Möglichkeiten. Es droht beispielsweise Lxe7 Sxe7 nebst Sxb4.

Vorgerückte Zentrumsbauern

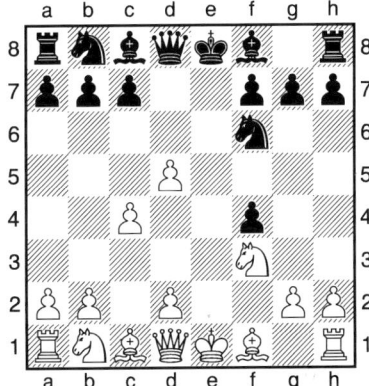

Vorgerückte Zentrumsbauern schränken den Gegner ein. Da er sich nicht gut zu Ende entwickeln kann, sollte er schleunigst versuchen, sie loswerden – wie hier z.B. mit 5...c6!.

Rückopfer können helfen

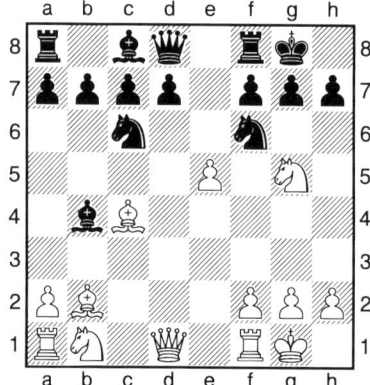

Weiß hat zwei Bauern geopfert, dafür aber starken Angriff erhalten. Das Rückopfer 9...Sxe5! 10.Lxe5 d5! führt zu einer ausgeglichenen Stellung. Schwarz behält den letzten Zentrumsbauern und bekommt einen dritten Bauern für die Figur.

Ersticktes Matt

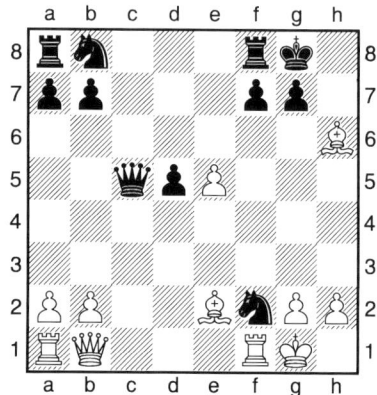

Eine der schönsten und eindrucksvollsten Kombinationen ist das erstickte Matt nach einem eleganten Damenopfer: 18...Sh3+ 19.Kh1 Dg1+! 20.Txg1 Sf2#.